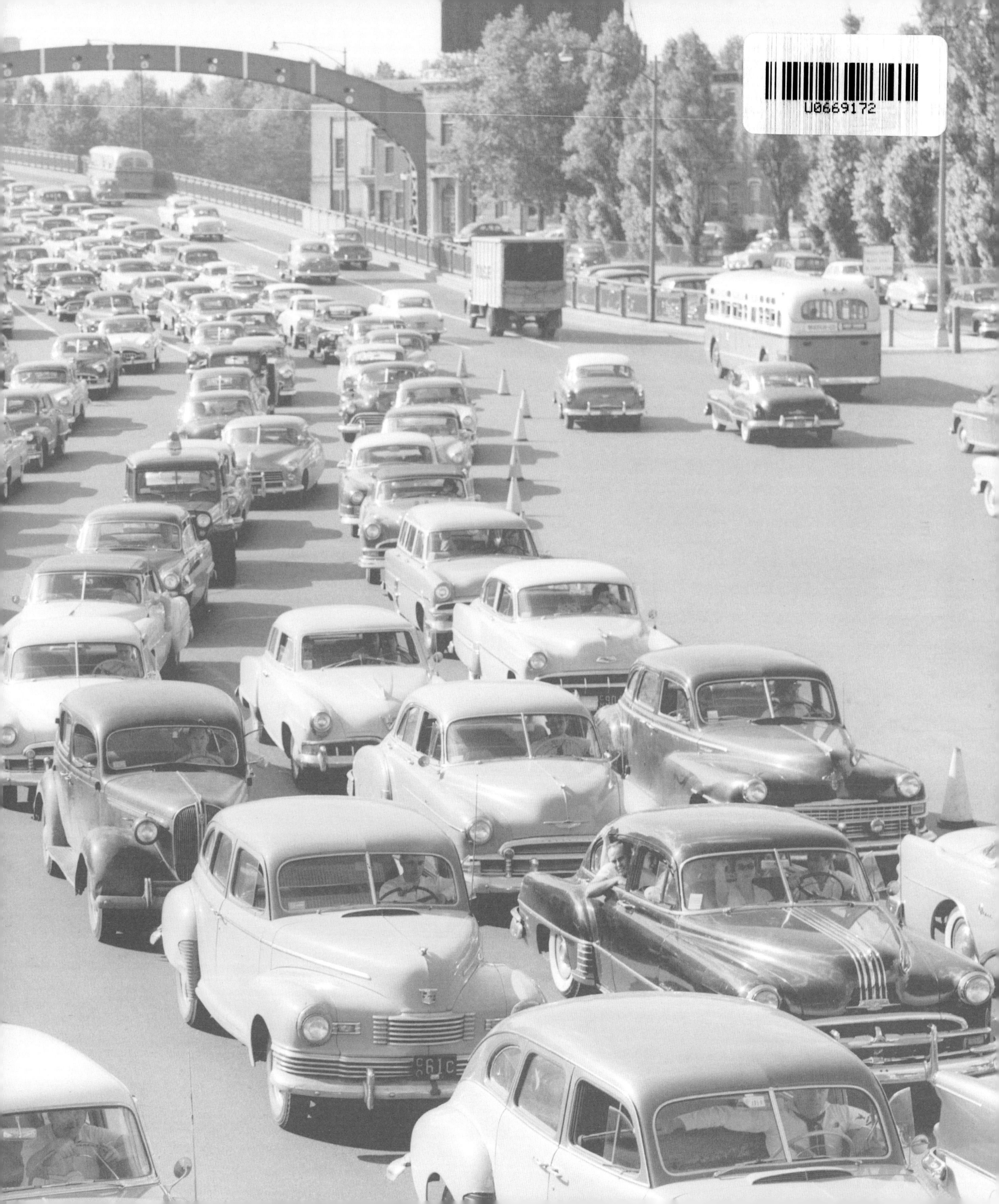

DK

DK世界汽车百科全书

DRIVE

〔英〕贾尔斯·查普曼◎编著　　黄嘉皓◎译

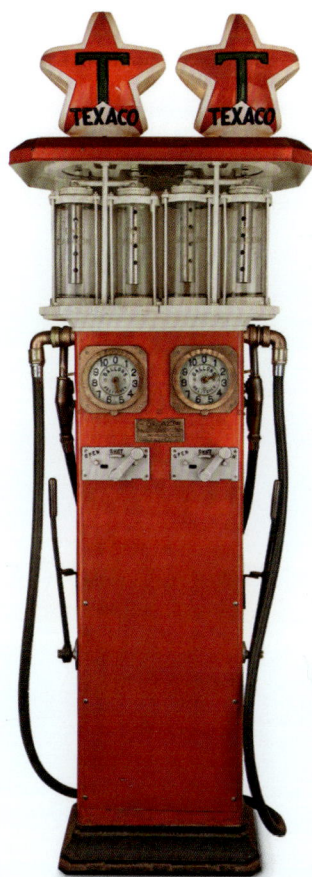

北京科学技术出版社

Original Title:
Drive: The Definitive History of Motoring
Copyright © 2018 Dorling Kindersley Limited
A Penguin Random House
Chinese simplified translation copyright©Beijing Science and Technology
Publishing Co., Ltd.

著作权合同登记号　图字：01-2021-6468
审图号：GS（2021）8114号
本书地图系原书插附地图。

图书在版编目（CIP）数据

Drive：DK世界汽车百科全书 /（英）贾尔斯·查普曼编
著；黄嘉皓译. —北京：北京科学技术出版社，2022.2（2024.6 重印）
书名原文: Drive: The Definitive History of Motoring
ISBN 978-7-5714-1946-2

Ⅰ．①D…　Ⅱ．①贾…　②黄…　Ⅲ．①汽车-青少年读物
Ⅳ．①U469-49

中国版本图书馆CIP数据核字（2021）第230826号

策划编辑：王　晖
责任编辑：王　晖
封面设计：异一设计
图文制作：天露霖
责任印制：李　茗
出 版 人：曾庆宇
出版发行：北京科学技术出版社
社　　址：北京西直门南大街16号
邮政编码：100035
电　　话：0086-10-66135495（总编室）
　　　　　0086-10-66113227（发行部）
网　　址：www.bkydw.cn
印　　刷：北京华联印刷有限公司
开　　本：635 mm×1040 mm　1/16
字　　数：276千字
印　　张：22.25
版　　次：2022年2月第1版
印　　次：2024 年6月第2次印刷
ISBN 978-7-5714-1946-2

定价：268.00元

目　录

作者简介

贾尔斯·查普曼（Giles Chapman）是一名获奖记者，同时还是一位著有40多本汽车主题图书的作家。他在汽车媒体行业工作了35年，是畅销汽车杂志《老爷车与跑车》（Classic & Sports Car）的编辑，为多家报纸和杂志撰稿，同时还是许多作家和出版商的专业顾问。他创立了英国皇家汽车俱乐部年度汽车图书奖，并定期在电视和广播上就汽车和汽车行业问题发表评论。

the frisky, thrifty family car

前 言

无论是在赛车道上还是普通车道上，汽车无时无刻不扮演着一个充满魅力、极具特色、可靠实用的角色。但是汽车从何而来，又将去向何处呢？

汽车的故事要从机械化运输说起——雄心勃勃的发明家们不断尝试，希望用机器来代替马匹。而现在，汽车即将进入一个全新的阶段——代替人类驾驶汽车。

然而汽车的故事不只是汽车本身进化的过程，更是汽车改变世界的过程。汽车变得更快、更安全、更可靠、更舒适，为人们的工作和生活打开了新世界的大门。或许我们已经习以为常，但毫无疑问，汽车扩大了人类的活动范围，给我们提供了广阔的纵横空间。

汽车不仅是从一处前往另一处的交通工具，也是工程与艺术的结晶。一辆好车能够激发我们的情绪、刺激我们的感官、滋养我们的灵魂。

汽车的故事是一个技术与产业的故事，一个浪漫与魅力的故事，一个充满激情、在路上飞驰的故事。

请各位坐好，系好安全带，享受这次旅途吧。

——朱迪·基德（Jodie Kidd）

第一章
汽车的发明

1885—1905

汽车的发明

　　如果将19世纪那些笨重的"机械"和现在这些外表华丽的"商品"放在一起，很难想象它们是同一样东西——汽车。可见，汽车在100多年的发展中有了巨大的飞跃。

　　现在看来，我们的行驶环境似乎完美地满足了汽车行驶的要求，然而最初，无论是城市还是乡村，都没有与汽车相配的道路设施。而正是汽车这一伟大的机械发明，从一开始便立刻引起了道路和社会环境的剧变。

　　早在1820—1850年，铁路因为其可靠性、快捷性而得到了世界各地广泛的关注。也正是铁路与火车的风靡为交通行业注入了新鲜血液，一系列革新接踵而至。然而在城市道路上，蒸汽动力车却未能再现铁路的辉煌。世界上第一辆蒸汽动力车由法国人发明，然而在蒸汽机出现之后，却是整整一个世纪的沉寂。直到125年后，德国人才造出了最早的内燃机车，也就是最早的现代汽车。内燃机车让车辆彻底告别了"马力时代"，转而进入了燃料和机械的时代。

未知的反响

　　然而一开始，整个社会对汽车的接受度并不高。在英国，法律规定汽车只能以接近步行的速度行驶；而在法国，由于一系列严重事故的发生（事故原因包括车辆失控、行人不够小心、牛跑到车道上引起碰撞等），导致赛车被明令禁止。但与繁华热闹的欧洲不同，美洲大陆上更多的是一望无际的大地。在19世纪的欧洲，汽车只是被有钱人当作

19世纪的汽车和司机

早期的电池动力汽车颇具前景

"美洲大陆上
更多的是一望无际的大地……"

玩具；而在同时期的美国，汽车设计师更注重汽车的实用性，更关心零件能用多久、汽车能跑多远。事实上，当时汽车行业那些雄心勃勃的个人、团队乃至公司都遇到了"瓶颈"问题，他们没有办法将汽车设计转化为量产的商品。因此，可以说当时的汽车行业处于一个手工制造的时代、一个充满尝试的时代、一个充满失败的时代。值得一提的是，电力和汽油在最早的汽车行业中具有同等重要的地位。然而当时使用电力并不是出于环保的考虑，只是工程师单纯地觉得使用电力可能更加有利于控制汽车。

可靠性和限制

汽车的机械技术被人们大致掌握后，汽车制造商和顾客都会更关注乘坐的舒适性，充气轮胎的诞生为乘客的乘车体验带来了一次飞跃。而后，随着布置方式、光照系统、雨刮系统等一系列汽车改进措施的实施，汽车也变得更安全、更易于操作。汽车不再只是周末下午消遣的玩具，而是具有了更重要的社会地位的工具。

然而，将汽车作为大规模的运载工具对当时的人们来说仍然遥不可及，最关键的原因是汽车的可靠性还不是太高。因此，为消除民众的质疑，汽车制造商们也开始更加关注汽车的可靠性。慢慢地，随着内燃机的改进和广泛应用，汽车业步入了全新的时代，以不可阻挡之势向前迈进。

可靠性测试为汽车设计带来了新思路

赛车激起了民众们无限的幻想

汽车发明之前

自机械诞生以来，人们一直梦想着能够在陆地上长距离旅行。

最早的道路是人们为了寻找食物和水源踩出来的，这些道路也将各个族群的居住地连接起来。而在 7000 年前车轮发明之后，道路开始承担起交易和商贸的任务。

最初的道路

最早铺设的道路起源于公元前 4000 年的印度次大陆和美索不达米亚地区。之后，古罗马人在拓展疆域时发明了多层路面，并同时设置了专用的直达道路。这些道路不只供军队行走，同时也能够供手推车、战车、牛车使用，这也是全世界最早的交通道路。古罗马的道路是石板路，因此也具有较好的排水性能。

几个世纪之后，英国学者托马斯·特尔福德（Thomas Telford）为道路设计了一定的弧度，可以使雨水从道路两侧流走。在 19 世纪前期，苏格兰工程师约翰·麦克亚当（John McAdam）用大小均等的石头铺设道路，使得路面更加平滑、坚固。他的这一创新被称为"碎石铺路法"，在美国和澳大利亚得以发扬光大。而后，在 20 世纪前期，人们又发明了"焦油碎石铺路法"，顾名思义，即在碎石之中加入了焦油作为黏合剂，这也是现代道路的雏形。

马与行人

马车在 19 世纪晚期之前仍然是人们出行的主要交通工具。然而，马车对公众的环境有着巨大的潜在威胁：在 1898 年的纽约，约有 20 万匹马在路上拉车，而每匹马每天都要排出 11 千克

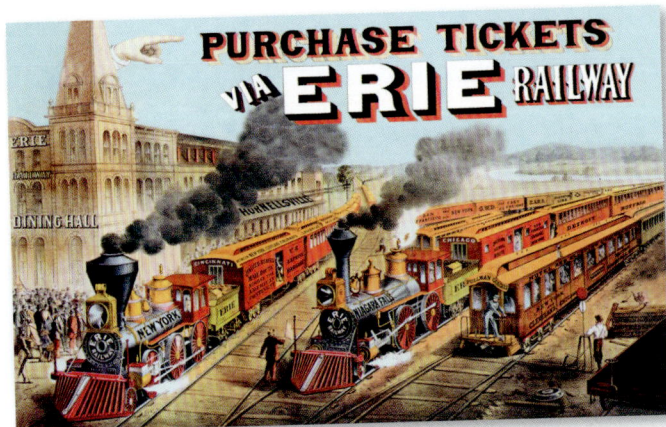

△ 美国的霍内尔斯威尔-伊利湖-宾夕法尼亚铁路，1874
蒸汽汽车在速度、可靠性、安全性上都无法与铁路媲美。

▽ 德国的柏林波茨坦广场，1908
这是机动车被接受后典型的市中心景象。步行者并不畏惧道路中这些巨大的机械，马车仍是运输的主要交通工具。

的粪便。因此，在第一届城市规划大会上，纽约因为卫生问题被点名批评也不足为奇。除了马之外，城市、乡镇、农村的道路也是人们的主要活动地点。在 19 世纪 90 年代末，美国街道上的马车需要每时每刻注意回避行人，因为人群经常会聚集在道路当中。小摊贩会将道路当作集市，小孩也会在道路上毫无顾忌地玩耍，可以说，早期的机动车也对城镇中这种嘈杂的生活产生了威胁。后

来，美国汽车业产生了一个名词——"乡巴佬行人"（jaywalker），以讽刺那些占据车道、阻碍汽车行驶的行人们。

机械的困境

第一辆在道路上行驶的蒸汽汽车是一辆笨拙的长途客车，它拖着一台硕大的蒸汽炉作为动力源。除了笨重的缺点外，当时蒸汽汽车的普及还遇到了其他各种各样的阻碍。1865 年，英国的动力机车法规定，蒸汽汽车的速度应在每小时 6.5 千米以下，以防止对马车的安全造成威胁。这一速度仅仅比人类步行的速度略高一些。这一法律还规定，汽车行驶时至少要有 3 个人负责以下工作：1 个人负责控制方向、1 个人负责添加燃料、1 个人则必须拿着红旗走在汽车前方 55 米处为汽车开路。除此之外，全球各地还发生了一些公众安全问题。在美国克利夫兰，一位母亲和她的孩子被一辆蒸汽汽车碾死，这一事件引起了广大民众的愤怒。有关蒸汽汽车的种种

谣言也因此广泛流传，在民众间引发巨大的恐慌。另一个阻碍汽车发展的原因是当时铁路在欧美的迅猛发展。快速、高效、便宜是铁路列车最大的优势，因此很快就抢走了蒸汽汽车的市场。有轨

电车也满足了人们短距离出行的需求，成为大家的首选。因此站在 19 世纪末的角度，马车和铁路列车将会是未来的主流出行工具，而非蒸汽汽车。

◁ 伦敦的马拉出租车，19世纪末期
车厢非常小，只需要一匹马就能够拉动。乘坐马拉出租车在欧美是非常流行的出行方式。

"人们若使用蒸汽汽车出行，行驶速度将会像鸟飞得一样快，可以达到每小时 15~20英里（24.14~32.19千米）。"
——奥利弗·埃文斯（Oliver Evans），19世纪美国发明家

关键发展
自行车狂潮

自行车刚出现时也不被人看好。德国制造商首先发明了自行车，然而由于其不合理的设计，自行车的骑行非常不舒适，被称为"德莱斯（Dandy）的马""震骨机"等。另外，由于前轮很大而后轮较小，也有人将其称为"便士–法寻"，用2种英国硬币比喻其危险而滑稽的造型。而后，来自考文垂的斯塔利（J. K. Starley）提出可以用脚蹬通过链条驱动后轮。这一全新的设计是对原有自行车的极大改进，也被大家称为"安全的双轮车"。1888年，苏格兰人约翰·博伊德·邓禄普（John Boyd Dunlop）发明了第一种适用于自行车的充气轮胎，骑行从此开始逐渐流行。这一发明引起了世界范围内的改变——人们开始有了私人交通工具这一概念，可以使用自己的交通工具快速到达任何地方。

"安全的双轮车"是最早的私人交通工具之一，图为一幅生动的海报

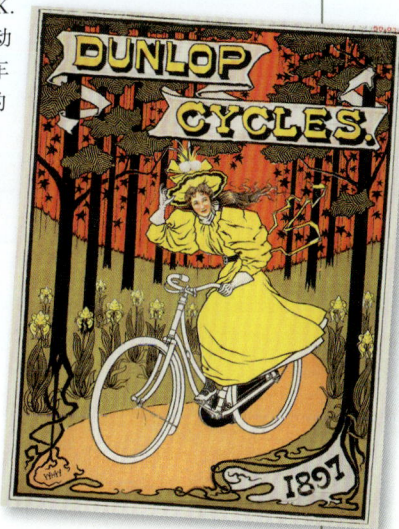

保罗·戴姆勒（Paul Daimler）用世界上最早的四轮机动车载着他的父亲戈特利布·戴姆勒（Gottlieb Daimler），摄于1886年

内燃机

经过19世纪初的尝试后，在卡尔·本茨（Karl Benz）和戈特利布·戴姆勒的推动下，内燃机于19世纪70年代开始加速发展。这两位发明家制造了全球第一辆装有汽油发动机的汽车。

戈特利布·戴姆勒。该画为一幅手工上色的平版印刷画，作于1910年

法籍瑞士人伊萨克·德·里瓦斯（Isaac de Rivaz）也许是第一个发明内燃机并将其作为汽车发动机的发明家。而在1858年，比利时人艾蒂安·勒努瓦（Étienne Lenoir）率先获得了可运行内燃机的专利。那台发动机噪声巨大且效率极低，而且在带动其他部件运转时，噪声会愈发刺耳。尽管如此，这一发明还是惊动了科学界，《科学美国人》（*Scientific American*）甚至夸张地宣称蒸汽机的时代已经结束。

德国科学家尼古拉斯·奥托（Nikolaus Otto）在1861年造出了他的第一台内燃机。到1876年，现在普遍使用的四冲程内燃机已初现雏形。发动机在这4个冲程中将吸入的空气与汽油一起压缩、点燃，经过燃烧后再将废气排出。法国科学家德·罗沙（Alphonse Beau de Rochas）在1862年首先获得了四冲程发动机的专利，但只有奥托真正制造出了一台发动机，而这台发动机的热力循环正是以其发明者命名——"奥托循环"。奥托的这一创新比勒努瓦的发动机更安静、更高效、更可靠，并在10年内售出了30000台，直到1886年奥托将专利交给了德·罗沙。

戴姆勒和本茨

工程师戈特利布·戴姆勒起初与奥托共同工作，但之后在1880年与威廉·迈巴赫（Wilhelm Maybach）另立门户。与此同时，仅仅96千米之外的卡尔·本茨也在努力钻研汽油发动机。本茨在1879年发明了一台小巧的二冲程单缸发动机，并在1885年将这个发动机装在了一辆三轮车上，这也是世界上第一台内燃机机动车。他的妻子贝瑞塔（Bertha）开着这辆车成功地从德国曼海姆到达105千米远的普福尔茨海姆（据说本茨本人并不知道这件事）。

尽管取得了这一系列的成就，本茨的这辆汽车却还是被广泛诟病，原因在于其速度实在太慢，仅仅与人类步行相当。同年，戴姆勒将他的发动机安装在了自行车上。尽管这两位巨匠生前未曾谋面，但随着1926年戴姆勒-奔驰这一品牌的创立，他们终于"相遇"了。

△ 戴姆勒的家庭工坊
戴姆勒和迈巴赫在1883年研发出了他们的第一台内燃机。1885年，他们在自行车上装上了发动机，并将其戏称为"祖父钟"。

▷ 第一台内燃机
这台内燃机由比利时人勒努瓦在1860年研发。但最早的400~500台发动机并未在车辆上使用，而是用于打印报刊。

向商业进军

随着车辆的不断改进以及各国之间愈加频繁的交流，汽车技术也在不断革新，生产许可证也几经易手。法国率先开创了汽车工业，并将汽车引向了成为消费品的道路。

汽车在刚发明时并未被当作一种真正有用的机械，然而这只是开始，其背后有着巨大的商业潜能等着企业家们发掘。卡尔·本茨在1885年发明了第一台内燃机驱动三轮车，仅仅5年后，其"对手"戈特利布·戴姆勒得到了资本的支持并创立了戴姆勒-克莱斯勒汽车公司，即DMG。DMG的主要业务是制造和销售内燃机，他们的第一个生产许可便卖给了法国的庞阿尔-莱瓦索（Panhard et Levassor）机械制造公司。

然而DMG并不满足于此，他们向更多公司出售了生产许可，其中包括了施坦威钢琴（Steinway）和标致（Peugeot），而标致当时的主业是销售自行车和胡椒研磨器。更重要的是，DMG与出生于汉堡的英国人弗雷德里克·西米斯（Frederick Simms）达成了商业合作。

垄断

当时仍是一名工程师的西米斯在1889年与戴姆勒相遇，紧接着西米斯便将戴姆勒的一款汽车引入了英国。1893

△ 皮埃尔·亚历山大·达拉克（Pierre-Alexandre Darracq），1901
1904年，法国人达拉克生产的汽车比法国其余汽车厂的总产量还高10%，这也帮助他在英国找到了销售伙伴。

年，西米斯成为戴姆勒在英国的经销商，同时售卖戴姆勒和庞阿尔的汽车。

很快，西米斯便将自己的英国汽车有限公司和戴姆勒的生产许可卖给了一位精明的企业家哈利·罗森（Harry Lawson），自己开始在英国考文垂生产汽车。不过英国汽车有限公司仍为西米斯保留了顾问的职位。

英国汽车有限公司成立于1895年，吸引了许多汽车制造方面的权威，如托马斯·亨伯（Thomas Humber），进入这一冉冉升起的吸金产业。公司的新老板罗森希望垄断英国整个汽车产业，然而当时他因欺诈被定罪，无法完成这一目标，而西米斯也脱离了公司，开始了全新的汽车事业。罗森的不诚信行为对英国早期汽车的发展造成了不小的伤害。

作为商品的汽车

与此同时，英吉利海峡对岸的德国和法国的汽车工业正在繁荣发展。如果说是德国人将汽车从概念变为现实，那么是法国人将汽车推向了整个社会。阿尔芒·标致（Armand Peugeot）在1896年创立了标致公司，并在1913年成为了法国最大的汽车制造商，年销

▷ 创新设计
法国工程师埃米尔·莱瓦索和雷纳·庞阿尔是汽车发展的关键人物，图中这辆汽油动力汽车"辉腾"是他们19世纪后期所做的创新性变革的典型代表。

喇叭形的挡泥板
两侧用喷漆金属抛光

换挡杆
与转向柱相连

发动机
拥有一对往复式活塞

◁ 12马力（8.83千瓦）的达拉克，1904
该车于1905年被运往伦敦，并通过1953年的电影《老爷车》（Genevieve）引发全球轰动。故事中，这辆车参加了伦敦老爷车大赛，它也因此成为老爷车的代名词。

量高达 10000 辆。

埃米尔·莱瓦索（Émile Levassor）给汽车行业带来了更加深远的影响。当时莱瓦索与他的朋友雷纳·庞阿尔（Rene Panhard）在戴姆勒的授权下共同生产发动机，并在 1888 年参加了戴姆勒和标致组织的技术分享会。会上，莱瓦索提出将发动机从汽车尾部移至头部以便冷却，并且可以将发动机和齿轮变速器通过离合器直接连接。路易斯·雷诺（Louis Renault）以这一提议为基础，在车上安装了传动轴和差速器，这样前置发动机便能

◁ 创新设计
这辆三轮双座小汽车由莱昂波利汽车公司生产。坐在前排的是乘客路易斯·保罗（Louis Paul），后排的是司机查理·劳斯（Charles Rolls，知名汽车品牌劳斯莱斯的创立者之一）。

很好地驱动后轮。这一革命性的进步尽管使车身结构发生了翻天覆地的变化，但仍然被各家公司迅速采纳。自此，汽车不再仅仅是一个"会动的车厢"，而是成为真正意义上的"车辆"。

然而法国汽车的发展并未就此止步。1893 年，汽车爱好者、花花公子德·迪翁侯爵（Marquis de Dion）与工程师乔治·波顿（Georges Bouton）开始生产汽车，并在 1900 年成为了全球最大的汽车制造商。

尽管法国占据了早期的汽车市场，但其霸主地位在 20 世纪 20 年代就被美国取代了。亨利·福特（Henry Ford）在这一过程中起到了重要作用，他大规模生产的 T 型车 1908—1927 年销售量高达 150 万辆。福特曾三度尝试创建汽车企业，均以失败告终，但他这一次的尝试终于改变了世界。

> **"汽车没有故乡……就像经典的爱情一般，因为它们可以轻易地跨过国家的边界。"**
>
> ——伊利亚·爱伦堡（Ilya Ehrenburg），《汽车的命运》（ *The Life of the Automobile* ）

关键发展
"Motorcar" 与 "Automobile"

在1895年左右，"Automobile"（汽车）一词在法国推广使用，而在英语中，人们更常使用"Motorcar"或"Autocar"来表达"汽车"的含义。

而"car"的词源出现更早。大约在公元1300年，法国人将带有轮子的交通工具称为"carre"；而在美国，"car"则更倾向于代表火车的车厢。1899年《纽约时报》的一篇文章使用了"automobile"一词，因此现在更多美国人会用"automobile"来表示汽车。

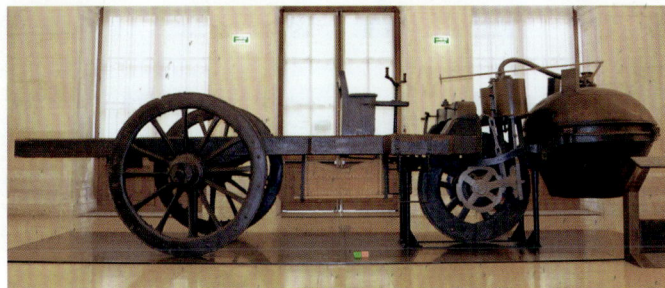

世界上第一辆汽车是由尼古拉斯-乔瑟夫·屈尼奥（Nicolas-Joseph Cugnot）在1770年设计的，现在被保存在巴黎。

道路自由

对于那些买得起车的富人来说，最早的车辆为他们的出行提供了前所未有的便利。然而这一便利是有代价的，法规制定者的思想未必能跟上汽车技术的发展。

尽管真正的汽车在 19 世纪 80 年代才出现，但路面上的其他机械交通工具却已存在了数十年。通常这些交通工具，以蒸汽机汽车为例，都相当笨重。

英国的道路星罗棋布，然而路面质量却相当糟糕，蒸汽机汽车需要与马车共用道路，因此马匹受惊等导致的事故频发。这迫使英国颁布了 3 项机车法案，以此来限制机械交通工具的使用。

解放的时代

英国机车法在 1896 年被废除，这对汽车司机而言简直是一次解放。英国汽车俱乐部甚至为汽车爱好者们组织了一场从伦敦到布莱顿的驾车行，称为"解放之旅"，以庆祝人们迈入了全新的汽车时代。当时

◁ 驾车的权利
多罗西·伊丽莎白·莱维特（Dorothy Elizabeth Levitt）于1905年7月21日驾驶着80马力（5.88千瓦）的纳皮尔汽车参加布莱顿（Brighton）汽车竞速赛。

30 位司机参加了这场"伦敦-布莱顿驾车行"，而且该活动至今仍每年都在举办。

赛车手沃特·阿诺德（Walter Arnold）是世界上首位在旧法案下收到超速罚单的司机，不过其实他仅仅以 13 千米 / 时的车速在帕多克伍德大街（Paddock Wood High Street）上行驶。当时一位警察骑着自行车追他，最后罚了他 1 先令（1 英镑 =20 先令），然而，仅仅几周之后限速法案便被废除了。不过，车辆的解放也带来了沉重的代价：布里吉特·德里斯克尔（Bridget Driscoll）在伦敦水晶宫前行走时被汽车径直撞上，成为首位汽车交通事故的遇难者。事故的验尸官在看到遗体后发出了感慨："希望类似

的事故不要再次发生。"

尽管发生了许多不幸的事故，汽车还是很快得到了大众的认可。1900年，克劳德·约翰逊（Claude Johnson）组织了一场长达1000英里（1609.34千米）的比赛，希望通过这场比赛证明汽车的可靠性，并将这种不依靠马拉的交通工具推广到民众中。

到1903年为止，汽车的限速为32千米/时。汽车司机必须在17岁以上且拥有驾驶证（尽管当时没有驾驶证考试），而当时人们只要达到14岁便可骑摩托车上路。所有汽车都必须经过注册，必须有车灯、喇叭且能够通过刹车测试。

机动时代

早年的汽车十分昂贵，普通人只能望而却步。然而在美国，汽车的大规模生产技术的发展使成本和价格均大幅降低，从而使汽车进入了平民百姓的生活

◁ 开放的道路
英国汽车俱乐部部长查尔斯·麦克罗比·蒂雷尔（Charles McRobie Turrell，左）和"伦敦-布莱顿驾车行"的组织者哈利·约翰·罗森（Harry John Lawson，右）正一同享受无须开路员的驾驶体验。

中。1901年，兰塞姆·奥兹（Ransom Olds）首先尝试量产其名下公司奥兹莫比尔（Oldsmobile）的车型Curved-Dash，随后量产技术被亨利·福特改良并用于在1907年生产T型车。20世纪初量产车诞生，普通人开始拥有自己的座驾，体验汽车带来的巨大便利，感受汽车对生活、工作、闲暇时光的颠覆性改变。1909年，英国开始对汽油和汽车征税。也许某种程度上这对道路自由进行了限制，但这笔税款均被用于改善路面条件，使车辆不会像参加越野赛一样扬起漫天沙尘，影响行人和摩托车的正常行驶；这也为汽车带来了更平整、干净、铺设沥青的路面。

汽车女侠

多罗西·莱维特是早期的知名车手之一，恐怕也是第一位女性赛车手。她原本是纳皮尔汽车厂的一名干事，但1903年在南港竞速赛中的出色表现证明了她的驾驶才能。根据记载，她是整个怀特岛上第一位获得汽车比赛冠军的人。随后在1905年，她带着她的狗Dodo和一把左轮手枪在2天之内驾车往返伦敦和利物浦，成为连续驾

驶最长时间的女司机。但莱维特最初也曾因为女性的身份而不被允许参加1907年开始的布鲁克兰巡回赛，她坚决维护女性驾车的权利（女性车手在1908年后也获得了参加布鲁克兰巡回赛的权利），并最终在一系列汽车比赛中展现了自己强大的实力。此外，她还曾驾驶过汽艇，开过最早的飞机。对她而言，汽车让她的天性得到了解放。

车轮背后
法律限制

1865年，英国颁布了3项机车法案。法案规定，车辆在城镇中的限速为3.2千米/时，在宽阔的路面上为6.5千米/时，而且车辆必须跟在一名手持红旗的开路员背后。这条"红旗法案"在之后成了大众的笑柄。汽车爱好者们在1896年该法案废除后大肆庆祝。

最早的司机必须要跟在一名"红旗手"后面才能开动汽车

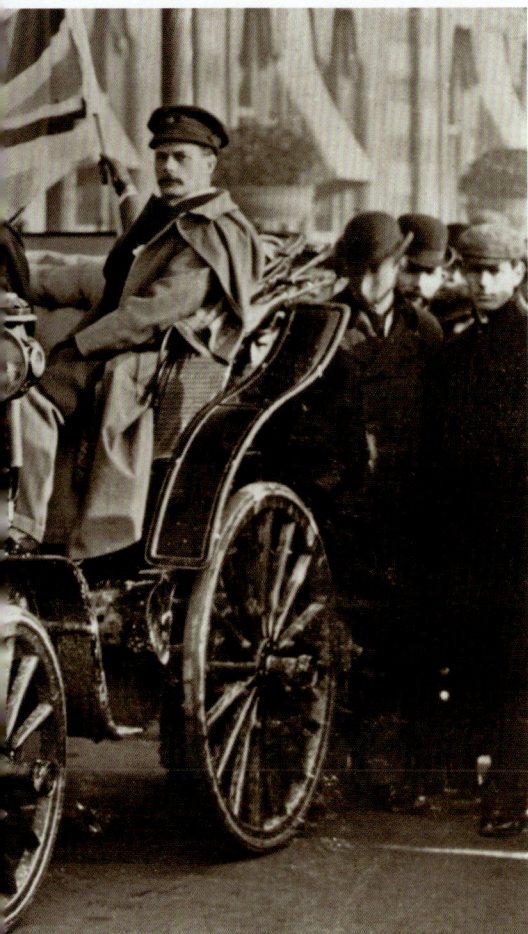

◁ 抵达布莱顿，1896
为了庆祝机车法的废除，早期的车主们共同驾车从伦敦驶往布莱顿，这也吸引了大批围观群众。

汽油的胜利

许多早期的机动车是由蒸汽机或电机驱动的，然而在20世纪初，汽油内燃机以其技术上的优越性实现了"弯道超车"，成为汽车发动机的主流。

德国工程师卡尔·本茨在 1885 年发明汽油内燃车之前，蒸汽机车辆已称霸道路数十年。

早期设计

在 19 世纪早期，大型的蒸汽机客车是道路上最主要的载人交通工具。不过，在大规模运输方面，这些客车很快被铁路列车取代了。19 世纪 80 年代，蒸汽机汽车再度崛起，成为一项巨大的产业。这一情况在法国尤甚，并诞生了诸如塞波莱（Serpollet）、德·迪翁-布通、标致等知名品牌。美国也一度拥有 125 家蒸汽机汽车制造企业，包括奥兹莫比尔等。当时，这些蒸汽机汽车比早期的汽油机汽车更可靠，启动也更加方便（尽管有时启动花上半个小时）。事实上在 1902 年，美国人更倾向于购买蒸汽机汽车而不是汽油机汽车。随后，电动汽车因为其平顺性和可靠性而异军突起。在 20 世纪 10 年代，电动汽车占据了美国汽车市场 40% 的销量。同时，电动汽车与蒸汽机汽车也在不断挑战汽车的行驶速度纪录。詹陶（Jeantaud）电动车在 1898 年达到了 63 千米 / 时的极限车速，到 1900 年其车速最高可达 106 千米 / 时。1902 年，加德纳-塞波莱（Gardner-Serpollet）的"复活节彩蛋号"蒸汽机汽车达到了 121 千米 / 时的速度。这一纪录又在 1906 年被美国人弗雷德·万豪（Fred Marriott）的"斯坦利火箭号"蒸汽机汽车以 204 千米 / 时的速度所打破。次年，他在以 240 千米 / 时的速度驾驶一款同类型的车时遭遇车祸，不过其本人幸免于难。

△ 电动汽车
这张1899年的法国邮票是一款法国电动汽车的广告。当时，电动汽车也是购车的选择之一。

电力革命

随着 20 世纪的到来，汽油机汽车的技术越来越成熟，价格也越来越低，但蒸汽机汽车和电动汽车在市场中仍占据霸主地位。美国在 1912 年拥有 124 家电动汽车制造商，也是电动汽车生产的中心。始于 1907 年的底特律电力公司在巅峰时期 1 年能够生产 13000 辆汽车。电

> "电是最重要的。用电就不需要嗡嗡作响、无休无止的齿轮。"
>
> ——托马斯·爱迪生（Thomas Edison）

动汽车在城区中非常流行,因为在大城市中人们出行距离相对较短,其充电问题也得以被掩盖(当时,汽车充一次电大约能够行驶 130~160 千米)。电动汽车在私人医生中尤其受欢迎,因为它们更容易启动、可靠性更高,不会耽误出诊。

电动汽车在美国城市贵妇中也颇受欢迎。当时的汽油车通常是敞篷的,以防排放物在驾驶舱内堆积;而无排放的电动汽车就没有这种顾虑,通常具有封闭式的车厢,这就为她们存放贵重物品提供了安全的场所。女性车主自己驾车与朋友出游时,电动汽车为她们提供了一个隐私的场所,贵妇们不用顾虑司机为她们的丈夫当"间谍"。

电动汽车开始逐渐取代马车和蒸汽机客车,一些企业甚至购买了许多马厩,将其改造成电动汽车停车场以供电动汽车充电。

然而电动汽车也存在一些问题,比如铅酸电池重量非常大。电灯泡的发明

◁ 迪翁-布通蒸汽机汽车,1894
法国汽车鼻祖的第二辆蒸汽机汽车的灵感来源于马车。之后的设计都是在此基础上进行改进,且更加简洁。

者托马斯·爱迪生研发了一款轻量型的镍-铁电池,然而重量变轻的代价是成本的提高。使用了该电池的底特律电动汽车的价格提高了 600 美元。

在价格方面,电动汽车和蒸汽机汽车在当时比汽油车贵了不少,然而后者在操控性和可靠性方面正逐步赶上,相应的加油站和维修点也在日益增多。

后来居上

1912 年,凯迪拉克的一款使用电力起动机的汽油车给蒸汽机汽车和电动汽车带来了压力。很快,电力起动机成为汽油车的标配,汽油车启动难的缺陷因此被克服,优势也渐渐突显。汽油车加油快,无须像电动汽车那样长时间地等待电池充电,也不必像蒸汽机汽车一样花时间等待冷水慢慢沸腾。由于亨利·福特的量产技术的存在,汽油车的价格优势让蒸汽机汽车和电动汽车无法望其项背。福特依靠量产造

出了成千上万辆汽油机 T 型车,价格从 1909 年的 850 美元降到了 1925 年的 260 美元。尽管蒸汽机汽车和电动汽车的效率可能比汽油车略高,但价格上的劣势让它们失去了市场竞争力,逐渐衰落。在第一次世界大战期间,大量金属被投入到军备制造之中,其中也包括电池的重要原料铅、黄铜、青铜等。电池的价格成倍增长,许多电动汽车的价格高得离谱,电动汽车就此衰落。同样的命运也降临在了蒸汽机汽车上。

驾驶技术
伯西出租车

伦敦最早的非马拉出租车是由电力驱动的,以其发明者沃特·伯西(Walter Bersey)命名。因黄黑相间的外表和独特的声音,伯西出租车也被称为"蜂鸟"。然而,这些车辆存在着一些缺点。一方面,部分乘客不喜欢一直被车内的电灯照着;另一方面,车辆的速度相当缓慢。仅仅两年后,因为价格和可靠性方面的缺陷,伯西出租车退出了市场。

伯西出租车因其黑黄相间的配色很快就能被人们辨认出来

◁ 塞波莱的"复活节彩蛋号"蒸汽机汽车,1902
这辆古怪的车其貌不扬,却曾打破过世界纪录。1902 年,它成为世界上最快的车,速度达到了 121 千米/时。然而,这一纪录很快被其他的蒸汽机汽车打破。

车轮的背后

　　早期的汽车并没有现代司机熟知的操控设备，驾驶人员必须熟练掌握汽车上一系列复杂的操作，因此许多人会雇用专业的司机。

　　许多早期的汽车并没有方向盘，而是通过一根舵柄来控制方向，这根舵柄其实就是一根与转向杆相连的控制手柄。其他的控制装置从现在看来也非常古怪：刹车通常是一根长杆，这根长杆与马车上的刹车装置比较相似；车上一般有2个变速杆，用于改变汽车行进的速度。

　　车上一般也装有一个喇叭，其尾端装有球形的橡胶按钮。司机可以按压按钮让喇叭发出声响，以警示路人。灯光一般由车厢内的乙炔灯提供。灯泡上方装有水箱，底部是大块的碳化钙，水滴落在碳化钙上经过化学反应后生成乙炔，燃烧后发出光亮。

　　由于大部分汽车都没有固定的顶篷，司机和乘客在行驶途中会感到相当寒冷，不过后来折叠式的顶篷成为标配。仪表盘也是暴露在外，因此这些精密仪器很容易因为雨水等原因损坏。行驶过程中最重要的是需要时刻注意发动机，以防其过热，这为旅途带来了不确定性，即使短途出行也是如此。

　　学习驾驶方面，车主可以自愿选择是否学习。当时的车主更愿意花钱雇用一名专业的司机，或者让他们的仆从去学习开车以成为他们的司机。掌握踏板的使用比较困难，但随着油门、刹车、离合器3个踏板的设置成为行业标准，司机也不得不适应这"足尖的舞蹈"。

◁ 早期的庞阿尔-莱瓦索式控制

摄于1903年。图中为汽车产业先锋查理·劳斯（Charles Stewart Rolls）的10马力（7.35千瓦）庞阿尔型汽车。该车的特点包括远程控制的喇叭、车辆外部的刹车杆、由电池供电的前灯，以及踏板。

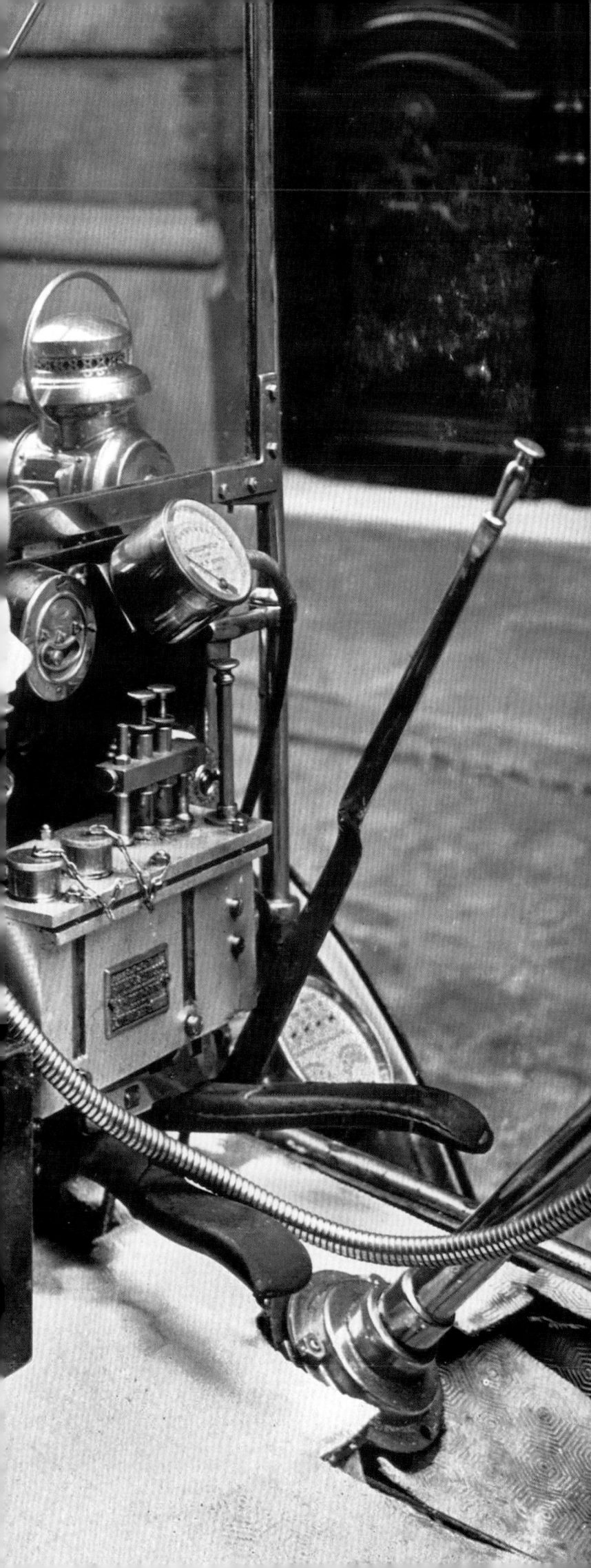

▷ 时髦之旅
20世纪初一位富有的绅士在其有着皮革座椅的汽车中手握方向盘。舒适的座椅是当时豪华座驾的标配。

曲形的挡泥板将水和泥挡在车外

早期汽车的辐条是木质的

△ 8马力（5.9千瓦）迪翁-布通0型车，1902
法国车企迪翁-布通将发动机移到车头，并用方向盘取代了舵柄，这一设计引领了时代潮流。

车外装有
柳条筐

结实的方向盘即使在颠簸
的路面也不会损坏

水平放置且贴近地面
的发动机让汽车重心
更低

轮胎既可以是实
心的,也可以是
充气的,还可以
是二者的结合

△ 凯迪拉克A型车,1903

亨利·莱兰(Henry Leland)的这款单缸机四座汽车依靠凯迪
拉克的品牌每年能够卖出数千辆。这一车型设计简约却又结
实可靠。

△ 6马力(4.4千瓦)沃尔斯利(Wolseley),1904

这种简洁的单缸机汽车由伯明翰沃尔斯利的工程师爱伯特·奥斯
汀(Herbert Austin)设计,发动机排量为0.714升,最高时速可达
40千米。

有钱人的汽车

　　1901—1904年,以上车型被推向市场。不过一辆新车可能得花上普通白领整整
5年的工资,这也让拥有一辆汽车变得遥不可及,有钱人除外。即使汽车如此昂贵,
当时的车主仍会天天开车,连周末也会带着全家一起出门兜风。因为大部分汽车都
是敞篷的,驾车去周边的乡村对富豪们来说是一种非常怡人的消遣活动,不过司机
和乘客都需要适当增添衣物以抵御寒风。座椅通常是由一层舒适的皮革制成,这也
象征着车主雄厚的财力和尊贵的地位。

◁ 爱德华七世国王和他的戴
姆勒汽车,1900

这位英国君主于1900年购买
了一辆考文垂制造的戴姆勒
汽车,随后腰缠万贯的地主
和贵族们纷纷效仿,掀起了
购买汽车的热潮。英国王室
在整个20世纪都是戴姆勒的
忠实拥趸,并给予了戴姆勒
许多资助,来自王室的支持
也为该品牌赢得了名望。

"高速驾车令人痴迷,
一经体验便难以忘怀。"

——哈钦森(F. W. Hutchinson)博士,《健康与汽车》(*Health
and the Motor Car*),1902

△ 可怕的事故，1903

尽管赛车运动刚兴起时大家情绪高涨，但一些早期的赛车比赛却以悲剧收场。1903年的巴黎—马德里车赛可能是其中最悲惨的，有3名观众和5名车手不幸遇难。《法国小报》（Le Petit Journal）描绘了这场车赛中的事故。死者中包括雷诺汽车公司的创始人之一马塞尔·雷诺（Marcel Renault）。法国政府最终也因此禁止了所有公路车赛。

手工制造

在量产之前，许多汽车公司的所有零件都是手工制造的。技术革新与产品制造相互制约，二者的平衡点经常难以把握，但仍有一些实业家为汽车的发展开辟了道路。

△ 赫尔图（Hurtu）汽车及自行车厂的广告海报

法国自行车制造厂赫尔图与许多其他自行车公司一样，在1896年加入了制造汽车的大潮，它们的主要业务是发放制造、仿造汽车的生产许可证。

在1895年之前，德国和法国的工程师每年只能制造一小批汽车，它们一般都是试验用的一次性车辆，每辆车都只是在原来的基础上略做改动。

法国的庞阿尔-莱瓦索机械制造公司在1892年从戴姆勒手中买下了发动机制造许可证后，首度完成了系统化的生产。

在公司设在巴黎的繁忙的车间中，锻造好的零件被分批进行装配。到1894年年底，公司已成功生产了90辆汽车，同时还额外生产了350台发动机卖给了标致家族在法国蒙比利亚的公司。当时的标致以制造咖啡研磨器、凿子、自行车等家庭耐用品作为主要商品已数十年之久。阿尔芒·标致后来决定进军汽车行业，并在1892年生产汽车29辆，到1898年产量已增长到了156辆。标致本身拥有的充足车间和丰富的量产经验使汽车量产迈出了重要的第一步，汽车的各个零件由自己的制造厂生产，然后员工们独立组装车辆。同时，查理·杜里埃和富兰克·杜里埃（Charles and Frank Duryea）两兄弟在1895开始了美国的商品汽车制造，从第一年生产10辆车开始。

缓慢的开始

在底盘组装完毕之后，大部分汽车就以半成品的形式出厂了。车身、座椅、配件等的安装都是交给外包的车身工，他们会像对待马车车厢一样根据用户的需求精心设计。然而，独立组装的最大缺点就是效率太低。美国汽车生产商兰塞姆·奥兹（Ransom Olds）清楚地意识到了这一点，因此，他创造出了世界上第一条汽车生产流水线用于生产 Curved-Dash

◁ 奥兹莫比尔的 Curved Dash，1901

一对夫妻正乘坐着这款汽车在美国兜风，他们的座位就在一台中置发动机的正上方。

大事件

- 1892年　前木工庞阿尔和莱瓦索生产了几款车，成为世界上最早的汽车生产商，之后共同创立了汽车公司
- 1896年　英国的戴姆勒公司在考文垂的一家工厂中创立
- 1899年　标致在欧丹库尔（Audincourt）开设了一家工厂，并生产了300辆车，这一数字占了法国年产量的1/4
- 1899年　卡尔·本茨及其公司成为世界上最大的汽车制造商，一年制造了572辆汽车
- 1899年　菲亚特（FIAT）在意大利成立，FIAT是Fabbrica Italiana Automobili Torino的简写，意为意大利都灵汽车生产公司
- 1899年　温顿汽车公司（Winton Motor Carriage Company）生产了100辆车，成为当时美国最大的汽车制造商
- 1900年　世纪之交，全球共有209家知名汽车品牌
- 1901年　兰塞姆·奥兹在密歇根州首府兰辛的工厂被烧毁了，随后他在新工厂中首先使用了量产技术

汽车的发明者卡尔·本茨创立的公司到1899年仍引领着汽车制造业

车型的汽车，并获得了专利。同时，他还将流水线应用到汽车修理厂中，重复类似的工作。这就是世界上第一款真正意义上的量产汽车，产量也实现了质的突破：从1902年的425辆增加到1905年的5000辆。

△ 1904年，在坐落于德国斯图加特附近的乌特图克海姆的戴姆勒工厂内，油漆工在为底盘上色

可靠性试验

长距离比赛最先证明了汽车这种新发明是马车的优秀替代品，人们应该广泛接受汽车而不是害怕它。

《法国小报》在1894年夏天组织了第一场不依靠马拉的汽车赛事，100多辆车报名参赛。大部分参赛车都是由蒸汽机或者汽油机驱动，当然也有一些其他新奇的动力来源，如压缩空气、液压、重力等。不过，选手们要在正式比赛的3天前参加一场资格赛，只有在3个小时内驶完48千米的车辆才能获得参赛资格。最终，有26辆车参加了资格赛。

21名获得参赛资格的选手需要从巴黎向北行驶126千米前往鲁昂。法国贵族、汽车制造商迪翁侯爵驾驶着蒸汽机汽车首先到达终点，用时不到7小时。随后到达的是标致和庞阿尔的汽油车。但是因为迪翁侯爵的蒸汽机汽车需要1个司炉来控制蒸汽炉，赛事举办者认为这很难运用到人们日常的汽车上，因此奖励最终还是颁给了随后到达的两辆汽油车。

后来，英国组织了一场更具挑战性的1000英里（1609.34千米）耐力赛，这也是英国赛车文化的起点。这一比赛由汽车俱乐部组织，几年后俱乐部更名为皇家赛车俱乐部。在4月23日圣乔治日当天，超过60辆不依靠马拉的汽车离开伦敦驶上了前往布里斯托尔的道路。抵达布里斯托尔后，车辆北上前往爱丁堡，最后再南下回到伦敦。每到一个城镇，汽车便会被热情的民众夹道欢迎、仔细研究，这也是大部分人第一次见到的真正汽车。

车手们面临尘土、抛锚等各种危险情况，不过不时也有来自沿途贵族的奢华宴请，3周之后，最终有46位伟大的赛车先驱成功回到了首都伦敦。查理·劳斯——举世闻名的劳斯莱斯的创始人当时驾着一辆在速度、爬坡方面均有优异表现的庞阿尔汽车成功夺魁。劳斯获得了一块金牌，这辆庞阿尔汽车也被授予"最佳表现车"的称号。

▷ 1000英里耐力赛

查理·劳斯驾驶着12马力（8.8千瓦）的庞阿尔获得了冠军，领先第二名14天。这场比赛于1900年举办，汽车在英国首次公开亮相，并通过这场长距离旅程证明了其巨大的潜力。

质量比价格更让人印象深刻。

——查理·劳斯

戈登·贝内特杯

《纽约先驱报》（New York Herald）的社长组织了世界上第一场国际性的赛车比赛，这场比赛在20世纪早期领先的造车大国——法国举行。

△ 1903年冠军
海报中，比利时赛车手卡米勒·杰纳奇（Camille Jenatzy）驾驶着梅赛德斯汽车即将冲过终点夺得1903年的戈登·贝内特杯。

1899 年，靠办报起家的百万富翁小詹姆斯·戈登·贝内特（James Gordon Bennett Jr.）在咨询了法国汽车俱乐部后，决定举办一场国际性的赛车赛事以提高《纽约先驱报》在全世界的影响力。同时，他制作了一个奖杯以吸引各地的车手参与

到这场比赛之中。贝内特致力将戈登·贝内特车赛打造成最伟大的赛车比赛，也希望将这一顶级赛事推至整个欧洲。

初出茅庐

戈登·贝内特杯是国际赛车比赛，每个国家能够派出至多3辆该国制造的汽车参赛，获胜的国家可以获得次年的赛事举办权。然而这一赛事的起步并不顺利，1900 年的首届比赛仅有寥寥数国报名参加。

法国作为欧洲当时最大的汽车制造国而派出了 3 辆车参赛，而美国派出了 2 辆，德国和比利时各派出了 1 辆。因为赛前有 2 辆车被取消了参赛资格，因此仅有 5 辆车参加了这场比赛。比赛线路为从巴黎至里昂，全长约 565 千米。然而，最终仅有 2 辆车完成了比赛，其中一辆是庞阿尔，由费南德·沙朗（Fernand Charron）驾驶，以 60 千米 / 时的速度夺魁；另一辆也是庞阿尔，由莱昂斯·吉拉多（Leonce Girardot）驾驶，由于爆胎而屈居亚军。1901 年，仅有 3 名法国选手参加，最终仅有吉拉多一人完成了比赛，一名英国选手在最后一刻被取消了参赛资格。1902 年的第三届比赛终于诞生了一位英国冠军——赛尔文·弗朗西斯·艾奇（Selwyn Francis Edge），驾驶着纳皮尔汽车成功夺魁。艾奇也是该届比赛中唯一坚持到最后的选手。

声名鹊起

1903，比赛在英国的爱尔兰举行。由于赛前几周的巴黎-马德里车赛上发生

▷ 戈登·贝内特
小詹姆斯·戈登·贝内特（1841—1918）是这场国际车赛的赞助者。

的一系列事故导致 8 人死亡，因此为了解除民众的顾虑，英国以巴利香农为中心开设了一条封闭环形赛道。3 辆英国的纳皮尔汽车主场迎战 3 辆德国的梅赛德斯、2 辆法国的庞阿尔、1 辆法国的莫尔斯、2 辆美国的温顿、1 辆美国的皮尔

驾驶技术
35 马力（25.7 千瓦）梅赛德斯汽车，1901 年

早期的机动车多多少少有着马车车厢的影子，但随着威廉·迈巴赫设计的35马力（25.7千瓦）梅赛德斯轿车的问世，这一情况有所改观，这款车型也成为现代汽车的鼻祖。迈巴赫采用压型槽钢这一质量轻、强度高的结构代替传统的木制底盘。发动机上使用凸轮驱动气门，同时配有加压冷却系统和翅片板散热器。车身宽阔、重心较低也是这款车的特点之一。梅赛德斯汽车很快脱颖而出，在日常出行和比赛中均有良好表现。

第一辆梅赛德斯汽车是由威廉·迈巴赫为戴姆勒的客户耶利内克（Jellinek）量身打造的

▷ 1902年——赛尔文·艾奇的胜利
艾奇的纳皮尔汽车涂上了深绿色的漆，这便是世界闻名的"英国赛车绿"。纳皮尔也是英国第一家专门设计赛车的汽车制造商。

利斯。其中的 4 辆车完成了比赛，领先的是卡米勒·杰纳奇（Camille Jenatzy）驾驶的梅赛德斯汽车。1904 年，更多国家加入了这一赛事，其中包括德国、法国、英国、比利时、奥地利、意大利等。法国和英国有非常多热情的报名者，然而受到只能有 3 辆车参赛的限制，不得不淘汰许多优秀的车手。最终，这场比赛由法国人里奥·泰里（Leon Théry）驾驶着理查德–布拉西尔（Richard -Brasier）汽车获得冠军。

1905 年的比赛的规模空前，有 18 辆车参加了比赛。这场比赛在米其林轮胎总部克莱蒙费朗附近的环形赛道上举行，最终，泰里成功卫冕。然而，法国对 3 辆车的限制非常不满，戈登·贝内特杯也就此退出了历史舞台。1906 年，汽车俱乐部赛事协会（AIACR）在法国境内举办了一项全新的"大奖赛"。

◁ 法国的胜利

卡米勒·杰纳奇驾驶着他的梅赛德斯汽车获得了1903年的冠军。

"一次小小的走神就会引起巨大的伤亡。"

——车手赛尔文·弗朗西斯·艾奇如是描述1901年的比赛

三轮车出行

在人力车渐渐被淘汰并被机动车取代的过渡期，二者的结合也曾红极一时。

在19世纪末期，全球都沉浸在自行车的狂潮之中。随着发动机技术的渐渐成熟，自行车进化成了摩托车，不过也有三轮摩托车这类变种。三轮摩托车非常受商人欢迎，尤其适合搬运轻型物品。两个前轮之间装有货箱，驾驶人员坐在货箱后方通过舵杆操纵整辆三轮车。三轮车凭借轻便、灵活的优势穿行于大街小巷，成为城市亮丽的风景线。许多冰激凌车也是基于这类三轮车改造的。

很快，又有些人发现了载客的商机，他们卸下了原有的货箱并装上了座位。因为乘客是坐在驾驶人员前面，因此这类载人出租三轮车在英语中也叫"forecar"（"fore"是表示"前"的词缀）。随后，四轮车也应运而生。比起三轮车，四轮车有着更好的稳定性，但灵活性相对较差。

尽管三轮车的车速不是很快，但对乘客而言仍是相当刺激的体验。发生车祸时，乘客自然也成了第一受害者，即使在平时，乘客也要直面风雨和沙尘。对于惯于使用自行车出行、接受不了汽车的古板之人来说，这可能是他们最后的底线了。也正因为这种汽车受众面小，终究是昙花一现，1905年就基本消失了。不过有趣的是，许多知名汽车品牌都是做三轮车起家的，包括拉贡达（Lagonda）、莱利（Riley）、辛格（Singer）等。

▷ **伦敦的雷克赛特三轮车，1905**
这款车比原有的车型有所改进，用方向盘取代了舵柄，并且设计了良好的悬架系统，但狭窄的车轮很明显仍有自行车的影子。在寒冷的环境下，驾驶人员和乘客要像图中一样裹得严严实实。

"乘坐三轮车是签名或视察的极佳选择。"

——皇家联合服务期刊第48卷，1904

工作车辆

19世纪90年代，内燃机的发明推动了一场商业革命。随着货车数量的日益增长，城市生活也发生了剧变。

人们对贸易和高生活品质的需求推动了19世纪末期机动车的高速发展。在汽油机的帮助下，工作车辆的工作效率和运力远远超越了马车，驾驶员在驾驶时也更享受。

1895年，法国标致制造了第一辆货运面包车，它在运载450千克货物的同时能以15千米/时的速度前进，运载295千克货物时的速度则可达19千米/时。许多纺织品店、百货公司、零售商都发现了货车在运送商品中的巨大价值。无论是把牛奶送到远郊区，还是运送囚犯，乃至搬运尸体，都可以借助这种连着金属筐的车厢。基于货车改造的出租车也很快取代了原来的马车。

第一次世界大战期间，军队在普通汽车上装上了厚钢板，便成了最早的装甲车。

△ 缝纫机广告，1905
如图所示，很多公司将机动车用于货物的运输。

卡车的到来

1897年，2辆卡车在德国首先投入商用，一辆属于斯图加特的货运公司，另一辆属于柏林的啤酒厂。这2辆卡车都是由斯图加特最负盛名的汽车公司——戴姆勒制造的。同年，英国伦敦的索尼克罗夫特（Thornycroft）公司为当地政府制造了2辆蒸汽机驱动的垃圾车。一年后，索尼克罗夫特提出了铰接式卡车的概念：铰接式卡车由拖车头和挂车组成，二者相互独立、可以拆卸。

挂车提供的规整平台有着诸多用途：可以改装成公交车用于运输大量乘客，也可以改装成消防车用于救火。最早的卡车车速并不高，大约为24千米/时，但相比马车，卡车更加可控、清洁，因此也得到了人们的青睐。最早的卡车为商用车行业奠定了基础，也创造了一个全新的职业——商用车司机。

大事件

- **1896年** 德国康斯塔特的戴姆勒公司造出了第一辆汽油机驱动的货车
- **1897年** 英国邮政公司率先将机动面包车用于邮件运输
- **1898年** 第一辆机动消防车在凡尔赛宫的法国重型汽车展中展出
- **1900年** 第一辆机动救护车在法国阿朗松投入使用，很快，法国发明了第一辆军用救护车
- **1901年** 全球第一辆机动灵车在考文垂的一场葬礼中被使用，黑色也成为灵车传统的颜色
- **1903年** 第一辆警车应用于美国马萨诸塞州波士顿警署，原有的马匹就此退役

使用螺旋弹簧和带传动的戴姆勒货车，制造于1896年

◁ 早期的消防车，1905
图中为伯明翰消防队的2辆消防车，该车使用了实心轮胎和手摇启动装置。

△ 爱迪生电灯厂利用斜坡从2楼向卡车传送货物，20世纪初

第二章
汽车业的诞生

福特的生产线

美国是"车轮上的国家",而正是福特T型车依靠着量产技术及其亲民的价格为美国装上了"车轮"。量产技术的完善者亨利·福特也成为令大众敬仰乃至敬畏的角色。

△ 一辆T型车离开了伦敦的展厅,20世纪10年代

顾客蜂拥而至,到经销店购买这款来自美国的价格低廉的汽车。随后这款汽车出口到了全球。

亨利·福特是一位农民的儿子,但他后来成为了现代最伟大的工程师和最成功的企业家之一。他在13岁时将父亲送给他的怀表拆解后成功重新组装,展现了他非比寻常的机械天赋。

尚未成年时,亨利·福特就成为船坞的一名机师。1891年,他以工程师的身份进入爱迪生的照明公司,2年后就成了总工程师,负责汽油机汽车的设计。1896年,他造出自己的第一辆四轮车。他曾两度尝试依靠汽车创业,最终于1903年正式创立自己的福特汽车公司(Ford Motor Co.)。

改变历史的汽车

福特在1908年研发的T型车采用轻质高强钢作为汽车的主体材料,既有强度保障,又易于制造,更便于维修。很快,这款车型便供不应求。1913年,福特在同事的建议和肉类包装厂的启发之下引入了生产流水线——工人们不必移动,而零件依靠皮带传送到工人手中进行装配。

这一创新彻底改变了汽车的生产模式,到1918年年底,美国一半的汽车都是福特T型车。福特T型车的总产量为1500万辆,它的价格则从最初的850美元降到了最终的260美元。许多年来,T型车都是黑色的,因为黑漆比其他颜色的油漆干得快,这也体现了福特对于生产效率的极致追求。

亨利·福特是一个相当矛盾的人。他在1927年制造T型车的时候是一位远见卓识、领先时代的工程师;他愿意用高工资留住员工,也会毫不留情地动用私人军队镇压罢工活动;他是一位和平主义者,却又不断发表反犹言论。但毫无疑问,他改变了这个工业化的世界。

大事件

- 1863年7月30日 亨利·福特出生于美国密歇根州的一个农场。
- 1876年 13岁的福特将一只怀表拆解后又成功重新组装
- 1879年 福特成为船坞的一名机师
- 1891年 福特进入爱迪生照明公司工作,在1893年被提拔为总工程师
- 1896年 福特造造了自己的第一辆四轮车
- 1903年 福特汽车公司成立
- 1908年 福特发布了T型车,售价850美元
- 1914年 福特引入了流水生产线
- 1916年 T型车降价至345美元
- 1927年 第1500万辆,也是最后一辆T型车完成制造
- 1947年4月8日 亨利·福特逝世

骄傲的亨利·福特和1903年生产的第一辆A型车

带有折叠顶篷的开放式车厢一定程度上能够应对恶劣的天气

行星齿轮使换挡更加顺滑

◁ 福特T型车

T型车被称为"Tin Lizzie"(便宜小汽车),其一体式发动机和高底盘的特点能够应对多种复杂路面情况。

△ 在生产线上工作

1913年，工人们正在美国底特律的福特工厂中修理T型车的冷却器和挡泥板。可以看到，车底的传送带能将车辆送到装配线上的各个工位。

▷ **壳牌广告**

当时的许多石油公司通过设计具有激情、灵动的广告形象，以表达对机械时代的向往。

汽油的故事

汽油来源广泛且有着其他燃料无法相比的能量密度，因此很快就占据了汽车的燃料市场，许多加油站品牌顺势而生。

1888年，卡尔·本茨的妻子贝莎驾驶着丈夫标志性的座驾"奔驰一号"行驶时突发奇想，将一名化学家给她的汽油倒入了油箱。石油当时并未普及且作用有限，只是煤油的副产物而已。由于直到19世纪晚期才出现电力，因此煤油仍是当时主流的照明能源。其实从石油中精炼汽油的技术由来已久，古波斯将其作为药品使用，7世纪的中国和日本将其称为"可燃水"。1850年，詹姆斯·杨（James Young）观察到他在英国德比郡的煤矿中有黑色的液体出现，由此获得了现代原油开采的专利。

石油真正开始普及则要到1858年加拿大安大略省油井的出油。紧接着，美国的宾夕法尼亚州、得克萨斯州、俄克拉荷马州、加利福尼亚州等地纷纷建起了油井。随着汽油车的发展，全球的石油需求量和产量也一路飙升。汽车的数量从1900年的8000辆猛增到1920年的2300万辆，石油产量则从1859年的400万桶上升至1906年的1.26亿桶。

然而，汽油的供应并不流畅。一战之前，大部分司机都会从铁匠、化学家

△ 普拉茨（Pratts）油桶
在加油站出现前，司机会买一桶类似于上图的2加仑（约9升）汽油备在车上。

或商店处买一桶2加仑（7.57升）的汽油备在车上。美国在1910年制造了第一个加油泵，到1921年，全美的加油站数量高达12000家。这些加油站在地下都设有巨大的油箱。1915年，美国鲍泽（Bowser）公司将加油泵建到了英国，4年后，英国也拥有了其第一座加油站。截至1929年，英国共有55000家加油站。加油站的品牌愈发重要，各个国家不同的汽油公司商标也成了国家重要的特色之一。

尽管20世纪早期汽油便得到了广泛的普及，但加油方式仍然相对落后——加油站雇用员工手动压油泵——这一方式持续了数十年。

1919年，铁路罢工导致大量桶装汽油被丢弃在某处停车场中

▷ 速度的需求
1907年的萨里（Surrey），一位参加布鲁克兰（Brooklands）竞速赛的车手在着急地加油。赛车运动大大提高了汽车在普通民众间的曝光率，也对汽油有了更多、更高的需求。

玩具车

玩具车和模型车几乎是与汽车同时出现的。随着模型越来越精巧、逼真，它们也在成千上万的孩子们心中埋下了汽车梦的种子。

最早的玩具汽车是由铅、铁或铜铸成的，通常工艺较为粗糙且只有几款普通的车型。随后，许多模型改用马口铁制造。车企会先在马口铁上印上颜色与细节，然后轧制成车身的形状。除了普通的汽车与卡车，那些破纪录的赛车是当时最时髦的玩具模板。还有一部分玩具车上装上了发条，拧紧发条后可以让其跑起来，别有一番乐趣。20世纪30年代，

一些家喻户晓的公司制造出了高质量的铝合金玩具车，包括英国的丁奇（Dinky）、火柴盒（Matchbox）、科奇（Corgi），法国的索利多（Solido），美国的风火轮（Hot Wheel）等。20世纪50—70年代是玩具汽车的黄金时代，80年代之后渐渐没落，不过在狂热者眼中它们仍是不可多得的珍品。

布加迪35型，铝合金材料，制造商雷斯尼（Lesney），1961年

辛格敞篷车，制造商丁奇，1958年

沃克斯豪尔跑车，制造商迷你客（Tri-ang Minic），20世纪30年代

库帕-布里斯托尔跑车，制造商丁奇，20世纪50年代

铝合金更适合印刷细节

关键发展
脚踏汽车

汽车发展早期，有钱的车主们也会为他们的孩子配备汽车——人力驱动的微型汽车。但仅仅几年后，脚踏汽车已经变得异常逼真且复杂。它们通过链条驱动，同时配有橡胶轮胎、照明灯、悬架甚至刹车系统。1950年开始，有些车企用塑料车身替代金属车身以减轻重量，便于小孩控制。其中最成功、最受欢迎也最具纪念意义的一款脚踏汽车是奥斯汀J40（Austin J40），它的外形是在1948年的戴文·奥斯汀A40的基础上等比例缩小而成的。这款玩具车在1947—1971年由南威尔士巴格伊德的残疾矿工们设计制造，材料使用的是奥斯汀汽车的边角料，最终成功出口并风靡全球。

被运输的车辆可以装载在卡车后部

冠军车手AA，马口铁材料，制造商米泽（Yonezawa），1952年

孩子们排好队，准备驾驶他们的奥斯汀J40参加比赛，古德伍德至今仍在举办类似的比赛

贝德福德车辆运输车，制造商丁奇，20世纪50年代

海因克尔·特洛伊，材料铝合金，制造商科奇，1962年

弹射座椅可以将乘客模型弹出车顶

按下按钮后会弹出机枪

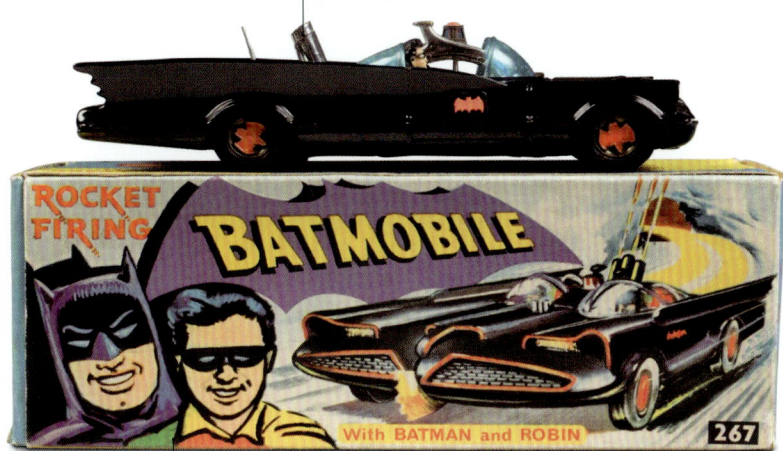

詹姆斯·邦德的阿斯顿·马丁DB5，制造商科奇，1965年

能够升起火箭筒发射塑料炮弹

遥控器可以控制汽车的速度和方向

对收藏者来说，包装和汽车本身同样重要

蝙蝠车，材料铝合金，制造商科奇，1966年

宝马M3遥控车，制造商田宫，20世纪80年代

可开启的车门让汽车模型更加真实

道奇·戴欧拉（Deora），铝合金材料，制造商风火轮，1968年

1957年的雪佛兰科尔维特，铝合金材料，制造商美驰图，1990年

法拉利312T3是基于F1冠军车手乔迪·斯科特（Jody Scheckter）的座驾设计的

法拉利F1赛车，制造商鲍里斯特（Polistil），1978年

福特福克斯轨道车，制造商斯卡雷（Scalextric），2013年

僵局

道路上汽车已频繁可见，但汽车、马车、行人让道路变得更加混乱和危险。政府下定决心要采取一定的安全措施——这一决定彻底改变了城市道路的格局。

△ 污染问题，1910
这张德国海报表达了对未来交通拥堵的担忧，也呼吁汽车降低污染排放。

1914 年，旧金山的汽车数量首次超过了马车数量。

然而，交通事故数量的统计结果同样令人震惊。1917 年，底特律路上仅有 65000 辆汽车，却发生了 7171 起交通事故，死亡 168 人。堵车的情况也日益严重，1920 年芝加哥的电车速度比 10 年前降低了一半。

交通管控

政府意识到出台应对政策刻不容缓。纽约的解决方案是由交警来引导交通，然而司机们并不熟悉交警的各种手势，交通反而更加混乱。1920 年，每 4 名警察中就有一位是交警，然而，即使有如此大量的交警也没有缓解堵车的情况。车道的划分是交通史上的巨大进步。1911 年，密歇根首次在道路上划分出了多条车道；同年，底特律尝试开设了单行道。停止标志和交通信号灯在 10 年内陆续出现。环岛尽管早于汽车出现，但仍被许多国家采用，作为解决交通拥堵的方法之一。世界上第一座现代环岛于 1899 年建成于德国，英国则于 1909 年在莱奇沃斯的花园城中建造了第一座环岛。

在 20 世纪的前十几年，道路处于一种无人管控的状态——路上不仅没有信号灯、停止牌、警示牌、交警，甚至连车道线都没有。道路上电车、公交车、自行车、行人、马车乱作一团，马匹更是经常被道路上新成员的噪声和危险行为吓得不轻。

道路上汽车的数量呈指数级增长。1909 年，美国路上仅有 20 万辆机动车，7 年后，这一数字已经超过了 200 万。

大事件

- 1868年　世界上第一座交通信号灯建成于伦敦议会大厦门口。然而这台油灯用了不到4周就损坏了
- 1909年　欧洲九国政府达成共识，通过图标警示附近的易碰点、拐角、路口、铁路等
- 1912年　美国盐湖城立起首座红绿灯
- 1919年　美国底特律建起了首座控制4条车道的三色信号灯
- 1920年　洛杉矶安装了首座 "Acme" 自动信号标志，华纳兄弟公司在动画片《乐一通》（Looney Tunes）中向这一信号标志致敬
- 1926年　英国首座电信号灯建成于伦敦皮卡迪利大街

美国交警正在指挥交通，20世纪20年代

◁ 早期车祸
由于交叉路口没有信号灯、道路没划分车道，早年的交通事故犹如家常便饭。图中展示了1910年2辆福特T型车相撞的情形。

▽ 雪铁龙5CV C型车，1922

雪铁龙这款小型4缸车曾是一款"国民汽车"。该车依靠电起动系统，司机无须手摇启动发动机。厂商首次以"易用性"作为汽车的主要特点，同时吸引了男性和女性客户。

" CABRI

avec allumage

MODÈLE

第一辆跑车

　　跑车的出现就是为了满足富人们对于速度的追求，当然他们也可以选择放下顶篷、摘下护目镜，然后去参加赛车比赛，进一步体验驾车的刺激。不过就算没有真正参加过赛车比赛，跑车也让富人们拥有了自我吹嘘的资本。英国沃克斯豪尔（Vauxhall）汽车公司的"亨利王子"（Prince Henry）是公认的第一辆真正的跑车。很快，一些公司纷纷效仿，例如宾利设计出了知名的3升车型，而费迪南德·保时捷（Ferdinand Porsche）设计了奥斯托–戴姆勒27/80（Austro Daimler 27/80）。后来西班牙诞生了希斯巴–诺苏莎（Hispano-Suiza）的阿方索十三世（Alfonso XIII），法国出现了布加迪（Bugatti）和德拉奇（Delage），而意大利则有阿尔法·罗密欧（Alfa Romeos）。同时，在雷鸟（Thunderbird）和科尔维特（Corvette）出现之前，美国的跑车则由默瑟（Mercer Raceabout）和斯图兹勇士（Stutz Bearcat）领衔。

△ 1922年，一台宾利车正在参加爬坡赛

最早的宾利商品车于1921年开始发售，并很快在赛车比赛中崭露头角。图中，弗兰克·克莱蒙（Frank Clement）正在白金汉郡参加爬坡赛。

△ 沃克斯豪尔的"亨利王子"，1913

"亨利王子"是最早的跑车之一，它将道路和车辙利用到了极致。该款车型于1911—1914年生产，后来被著名的30-98车型取代。

3.5升直列4缸发动机。另有一款适用于跑车、排量更大的4.7升发动机

方向盘与地面的夹角比标准量产车的角度更小

油箱在车手座位背后并涂上了参赛编号

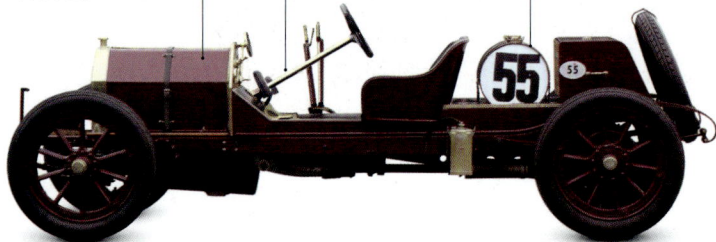
△ 蓝旗亚伽马（Lancia Tipo 55 Corsa），1910

文森佐·蓝旗亚（Vincenzo Lancia）设计的20马力（14.71千瓦）Tipo55，也以"蓝旗亚伽马"的名字为大家所熟知，其在日常旅行和比赛中均有良好表现。该车的车身可以根据用途而灵活调节：在运动模式下，整车重量可以降到最低。

5.714cc的发动机与帕西维尔（Parsifal）飞艇相当

郁金香型车身，其车尾比车头更窄

△ 奥斯托–戴姆勒27/80亨利王子，1910

戴姆勒在奥地利子公司的设计师费迪南德·保时捷设计了这款巨大而高速的车，并以德国高山赛"亨利王子"命名。运动模式下，该车速度可达145千米/时，然而它与同时代的车都拥有一个通病——只有后轮有刹车。

"真正好的跑车应该有最强的抓地力。"

——埃托雷·布加迪（Ettore Bugatti）

布加迪的发动机首创了4气门发动机缸

后悬架采用了半椭圆形的板簧

△ **布加迪13型车，1910**

布加迪第一辆商品车是1910年的13型轻型跑车，搭载了1.4升发动机，最大能提供30马力（22.06千瓦）的功率，车速最高可达153千米/时。15型于1913年发布，加长了轴距并对后悬架进行了改进。

大容积油箱让其能够应对长距离车赛

挡风板设计在转向柱上

△ **默瑟35R（Mercer 35R Raceabout），1910**

该车采用了4缸发动机，排量高达5升。其创新性的低车身设计大大增加了可操纵性，最高速度可达145千米/时。1911年，该车加装了四挡变速箱，操作更灵活，比赛表现也更出色。

交通管控

尽管交通信号早已是城市交通的标志，但它的起步并不顺利，甚至是以一场爆炸开场的。

1868年，伦敦的议会广场装上了人类首座交通信号灯，然而它4周之后就爆炸了，一名警察不幸在事故中烧伤。该灯的发明者奈特（J. P. Knight）是一位铁路工程师，信号灯的设计模仿了铁路交叉口红绿灯加信号臂的设计。该交通信号灯由交警手动操控，晚上还需要点油灯。尽管有以上诸多限制，信号灯仍被人们视作交通领域的重大突破。它能够有效地辅助控制日益增加的交通流，也能够保证道路中马车与行人的安全。

然而，该信号灯煤气泄漏引发的一场爆炸让信号灯的所有规划就此腰折。直到1914年，第一座电信号灯在美国俄亥俄州的克利夫兰建成。其实早在2年前就有一位谨慎的警察莱斯特（Lester Wire）提出过这一设想，但最终由詹姆斯·霍奇（James Hodge）在1913年成功实现了设计并获得了发明专利。他的信号系统用两个字就能概括："行"与"停"。信号灯的配时仅可以由警察或者消防机构进行修改，以在紧急状况下对交通进行控制。

1917年，威廉·吉格利（William Ghiglieri）在旧金山发明了首座红绿灯。3年后，底特律警察威廉·伯茨（William Potts）加装了黄色的警示灯，此时的信号灯已与现代的信号灯十分接近了。1925年，三色交通信号灯系统横跨大西洋到了伦敦。伦敦第一座红黄绿交通信号灯建在圣詹姆斯街和皮卡迪利的交叉路口，但该信号灯仍需要交警手动操作。次年，第一座固定配时的自动交通信号灯落地沃尔夫汉普顿的公主广场。1932年，基于车辆运动规律配时的信号灯开始在伦敦试点，成为现代由电脑控制的信号灯的基础。然而仿佛是命运的捉弄，这座信号灯也在爆炸中被摧毁了。

▷ 20世纪20年代亚特兰大的信号灯

五点区是美国佐治亚州亚特兰大市的市中心，有5条交通主干道汇聚于此，因此交通非常繁忙。该路口的交通由早期信号灯控制。

精心设计

在量产技术被广泛应用之前，拥有一辆汽车是财富和地位的象征。许多汽车制造商竞相设计出各类奢华的车型以满足贵族阶层们的炫富需求。

▷ 世爵（Spyker）的广告，1910

世爵是1880年成立的荷兰品牌，于1889年生产出其第一辆汽车，并很快凭借其优秀的质量享誉全球。

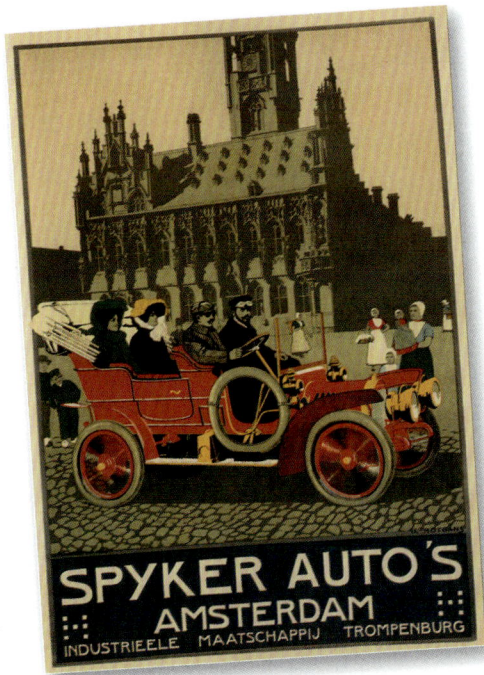

在繁盛的 20 年代，各类高端汽车层出不穷，为富人们提供了许多选择。廉价的劳动力和繁荣的经济（至少对有钱人来说是繁荣的）让汽车变得更精致：精雕细琢的车身、舒适豪华的内饰，以及动力十足的发动机。对有钱的车手来说，那是一个毫无拘束的时代。许多制造商，包括伊索塔·佛莱契尼（Isotta Fraschini）、希斯巴-诺苏莎、德拉哈耶（Delahaye）、科德（Code）、佛辛斯（Voisins）、米内瓦（Minerva）、迈巴赫（Maybach）、皮尔斯-箭头（Pierce-Arrow）、帕卡德（Packard）、奥本（Auburn）、蒂森贝格（Duesenberg）（以上公司均已不复存在），都竞相设计出豪华汽车来吸引和满足那些有钱的客户。

国际诱惑

奢靡之风在欧美最盛行，然后又传到了印度，许多王公贵族特地购买定制款汽车以显示他们的地位。对这些买家中的大多数人来说，汽车并不是便于长途出行的交通工具，而是展示他们财富与品位的奢侈品。车主们相聚于法国比亚里兹、多维尔，以及美国加州卵石湾的豪车展，向他人炫耀自己的藏品。

由于客源少、竞争压力大，不少制造商因此陷入困境，但也有许多在竞争中存活了下来的公司，包括宾利、阿尔法·罗密欧（二战前一款知名的蔚蓝色跑车）、劳斯莱斯、凯迪拉克、梅赛德斯-奔驰这些驰名世界的品牌。他们创造出的汽车堪称艺术品，但其中最棒的设计师非埃托雷·布加迪莫属。他的工厂建在莫尔塞姆（原德国城市，现法国城市）。

布加迪出生于艺术世家，他也自称艺术家，但与此同时他还是一位工程师。布加迪公司从 20 世纪初便开始生产外形华丽的汽车，包括 1928 年让布加迪一车成名的车型"皇家"，它装载了 8 个 13 升排量的气缸，这款豪华轿车的动力可以与跑车一较高下。1936 年，布加迪又推出了 57 型亚特兰蒂克双门小轿车和 57C 亚特兰敞篷车。

时装与汽车

布加迪的亚特兰特敞篷车是法国车身制造商菲戈尼·法拉斯基（Figoni et Falaschi）的作品，其泪滴形车身的灵感

驾驶技术
制动系统的进步

到20世纪20年代，工程师们已经基本能够保证6缸或者8缸发动机的平顺性和安静性。然而，"行"只是汽车的一方面，20世纪的汽车工程师们开始将关注点放到了"停"上，制动系统就此得以发展。四轮刹车系统首先由苏格兰的阿罗尔-约翰斯通（Arrol-Johnston）于1909年发明，然而直到20世纪20年代仍未被广泛采用。1910年，意大利的伊索塔弗拉西尼（Isotta Fraschini）汽车将刹车作为标配。1919年，希斯巴-诺苏莎首先发明了伺服辅助制动系统，1年后，美国的蒂森贝格开始使用液压进行制动，使刹车响应更快、更易于控制。这也让大功率的汽车刹车更加顺滑，乘客的乘坐体验更舒适。同时，车辆和道路的安全性在刹车系统的帮助下得到了巨大的提升。

第一辆提供四轮制动系统的汽车，阿罗尔-约翰斯通将其作为核心技术和卖点进行推广

可伸缩顶篷是该车的特色之一

◁ 伊索塔弗拉西尼Tipo A8车型，1924
伊索塔弗拉西尼公司仅提供旋转底盘，车身设计公司进行车身的设计和装配工作。

多孔结构为7.3升直列8缸发动机提供了良好的散热

源于飞机的设计。时尚界为该车也做出了重要贡献，穿着时装的模特与汽车共同登场，以衬托汽车的颜色和线条。这款车的车身由乔治白·菲戈尼（Giuseppe Figoni）设计，由奥维迪奥·法拉斯基（Ovidio Falaschi）负责销售。他们将自己形容为"底盘的服装设计师"，他们将各种车身在底盘上反复装卸，目的是希望底盘和车身能够完美契合。

技术的进步

汽车生产商们渴望在艺术、想象、金钱等各个方面超越同行达到巅峰，在此激励下，他们创造出了各式各样不可思议的汽车，然而材料和技术的进步是这一切的基础。完美主义的工程师们用精密抛光、精确配合的技术撑起了整个汽车帝国。金属在耐用性和精度方面的提升让汽车制造商能够按照设计师们的设计进行制造。制造商追求的是极致的完美，例如布加迪执着于取消发动机上不美观的布线。最终，这些先进的技术帮助制造商们制造出了价格亲民的汽车，开拓了汽车产业的未来。

◁ 亨利·劳斯爵士在他的"银魅"车中问路，1922 于法国里维埃拉
"银魅"〔原名40/50马力（29.42/36.78千瓦）〕于1906—1926年生产，其质量和可靠性逐渐被同行赶超，最终被劳斯莱斯的其他车型取代。

战车

1914年，第一次世界大战在欧洲爆发。为了应对复杂的战况，各国大力发展工业和制造业，尤其是刚刚兴起的汽车业。

一战中，人们发明了重型大炮以掩护前线的步兵，然而指挥官们必须找到合适的方法来移动它。运输成为重中之重，汽车业在此推动下开始飞速发展。

装甲车

比利时是第一个接受挑战的国家，他们在国产的米内瓦（Minerva）轿车的基础上发明了装甲车，并在一战开始的一个月后——1914年8月开上战场。同时，英国皇家海军中队在法国用装有机枪的敞篷劳斯莱斯"银魂"迎击德军。英国海军在车的两侧装上了钢板来抵御敌军的子弹。

劳斯莱斯很快基于"银魅"生产出了一款专用装甲车——装甲战斗车（Armoured Fighting Vehicle, AFV），其周身覆盖装甲并配备了可旋转的机枪台，在战争中表现卓越。AFV的成名战发生在中东，当时威斯敏斯特公爵带着一个中队的战车穿越沙漠营救了在埃及的英国士兵。值得一提的是，劳斯莱斯的航空发动机也占据了英国皇家空军的半壁江山。

AFV诞生之后便开始进行量产，然而新的问题出现了：英国没有那么多经验丰富的驾驶员，因为当时只有富人能够拥有汽车。同时，驾驶员可以训练，机师却需要日积月累的经验。因此，当时的大英帝国的空军和海军在全国范围内征召汽车机师来保家卫国。

医药运输

战斗车辆固然重要，但医药运输的车辆也必不可少。《泰晤士报》（The Times）因此组织了一场募捐以支持前线的医疗和运输。截至1915年1月，总共有1000辆救护车和其他机动车投入到前线中，其中有很大一部分来自个人的捐赠。红十字会很快开发出了一种救护车专用车身，它可以直接安装在普通旅行车的底盘上。大量制造商，包括戴姆勒、莫里斯（Morris）、辛宾（Sunbeam）、罗孚（Rover）、雷诺、别克等开始生产这类车身。福特甚至还将一些T型车改装成了救护车捐给了红十字会。

△ 救护车海报
标题醒目地宣告"美国救护车来到了俄国"。这张海报旨在募集资金，从而让美国在一战期间为俄国前线提供救护车。

△ 一战中的坦克头盔及面具
装甲车驾驶员们必须佩戴面具，以防汽车行驶中扬起的金属屑溅到脸上。

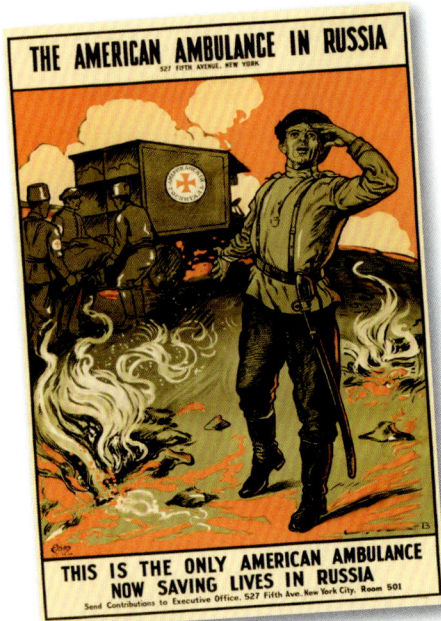

▷ 一战中的装甲车队
1918年，比利时的米内瓦装甲车排成队列前往法国西部的战线。米内瓦装甲车于1914年开始服役，车上装载了4缸40马力（29.42千瓦）的发动机，并配备了8毫米口径的哈奇开斯（Hotchkiss）机枪。

坦克的崛起

当主战场移至西线时，普通的装甲车已满足不了战争的需求，坦克应运而生。一战之前，骑兵一直都是战争中冲锋陷阵的主力，然而在重机枪面前骑兵显得不堪一击。

英国马克Ⅰ型（Mark Ⅰ）坦克于索姆河会战中率先投入使用。很快，法国的雷诺改进了坦克的设计，并推出了比原有的斯内德（Schneider）坦克更精巧、复杂的轻型坦克FT。FT 在 1918 年 5 月投入战斗并证明了自己的价值——法国坦克将德军在肖丹东部的先头部队击溃。

美军的坦克很快也在西线投入战斗。

德国人在 1917 年其实就有能力造出自己的坦克，然而由于德国疲于应战，坦克开发迟迟没有进展。德军原本巨大的时间优势荡然无存，最终仅仅在别国境内制造出了几台孤立无援的坦克。尽管德国后来也开发出了马克Ⅸ型军备运输车，然而在其服役之前德国便已战败了。

关键发展
马克 IV 型坦克

尽管马克Ⅰ型坦克已在西线证明了自己的实力，然而其在战场中仍会时常抛锚。设计了 2 款类似车型之后，英国工程师威廉·特里顿（William Tritton）和沃特·戈登·威尔逊（Major Walter Gordan Wilson）少校在1917年推出了马克Ⅳ型坦克。与马克Ⅰ型的重力供油系统不同，马克Ⅳ型采用了真空抽油系统以防止坦克在急转弯时熄火。坦克舷侧的炮台可以伸缩，因此无须在运输中反复拆卸重装。

舷侧中的炮台可以发射6磅（2.72千克）重的炮弹

"公"马克Ⅳ型（如图所示）的炮弹重6磅，而"母"马克Ⅳ型的炮弹重5磅（2.27千克）

102

"迎面来了三个机械怪兽。"

——伯特·夏尼（Bert Chaney），一战中的信号员

以往的豪车

如今的每个汽车品牌的背后都有无数的被淘汰者。

大部分汽车生产商都是由于技术原因被取代的。斯坦利（Stanley）兄弟在20世纪初造出了最成功的蒸汽机汽车，然而无论是价格还是质量，蒸汽机汽车都无法与成熟的汽油车匹敌，因此公司在1924年便倒闭了。瞬息万变的经济环境则是汽车厂倒闭的另一个重要因素。许多品牌一度极负盛名，却在1929年华尔街大崩盘之后由于市场低迷而衰落。科

德（Cord）的奥本–科德–蒂森贝格（Aubum-Cord-Duesenberg）集团是最知名的受害者之一，尽管集团撑到了1937年，却仍难以为继，最终倒闭。

因此，许多一度被驾驶员和汽车爱好者熟知的汽车品牌现在仅仅被当作过时的产品或是藏品。这些古董车现在也只能偶尔在车展上见到了。

贝利埃（Berliet），
法国，1899—1939

蒂森贝格在A型车上装上了"直列8缸"的车标

双头鹰是奥地利盾徽的标志之一

奥地利–戴姆勒（Austro-Daimler），奥地利，1899—1934

斯威夫特汽车（Swift Motor），
英国，1900—1931

沃斯利汽车（Worseley Motor），
英国，1901—1927

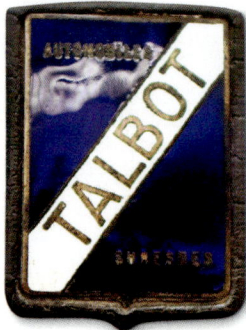

因佩里亚（Imperia），
比利时，1906—1934

塔伯特（Talbot），
法国，1903—1938

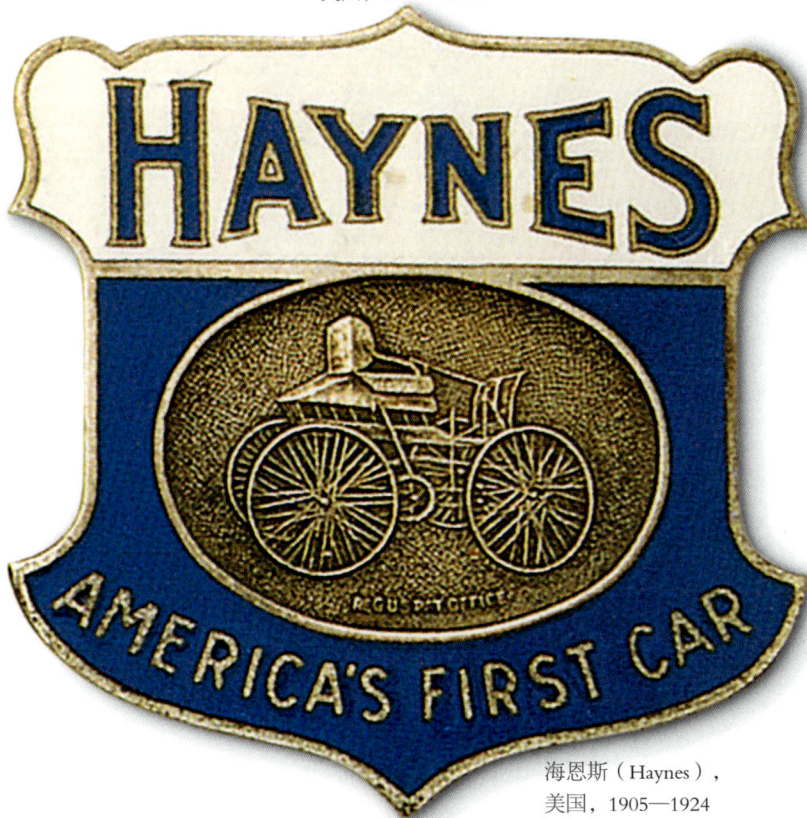

海恩斯（Haynes），
美国，1905—1924

克罗斯利汽车（Crossley Motor），
英国，1906—1938

STUTZ 8

该标志在哈普莫
比尔早期的K型车
和N型车上出现

Hupmobile

斯图兹的纵置8
缸发动机汽车采
用了瓷釉车标

哈普莫比尔（Hupmobile），
美国，1909—1940

斯图兹汽车（Stutz Motor），
美国，1911—1935

Bean

比恩汽车（Bean Cars），
英国，1919—1929

ANSALDO

安萨尔多（Ansaldo），
意大利，1921—1931

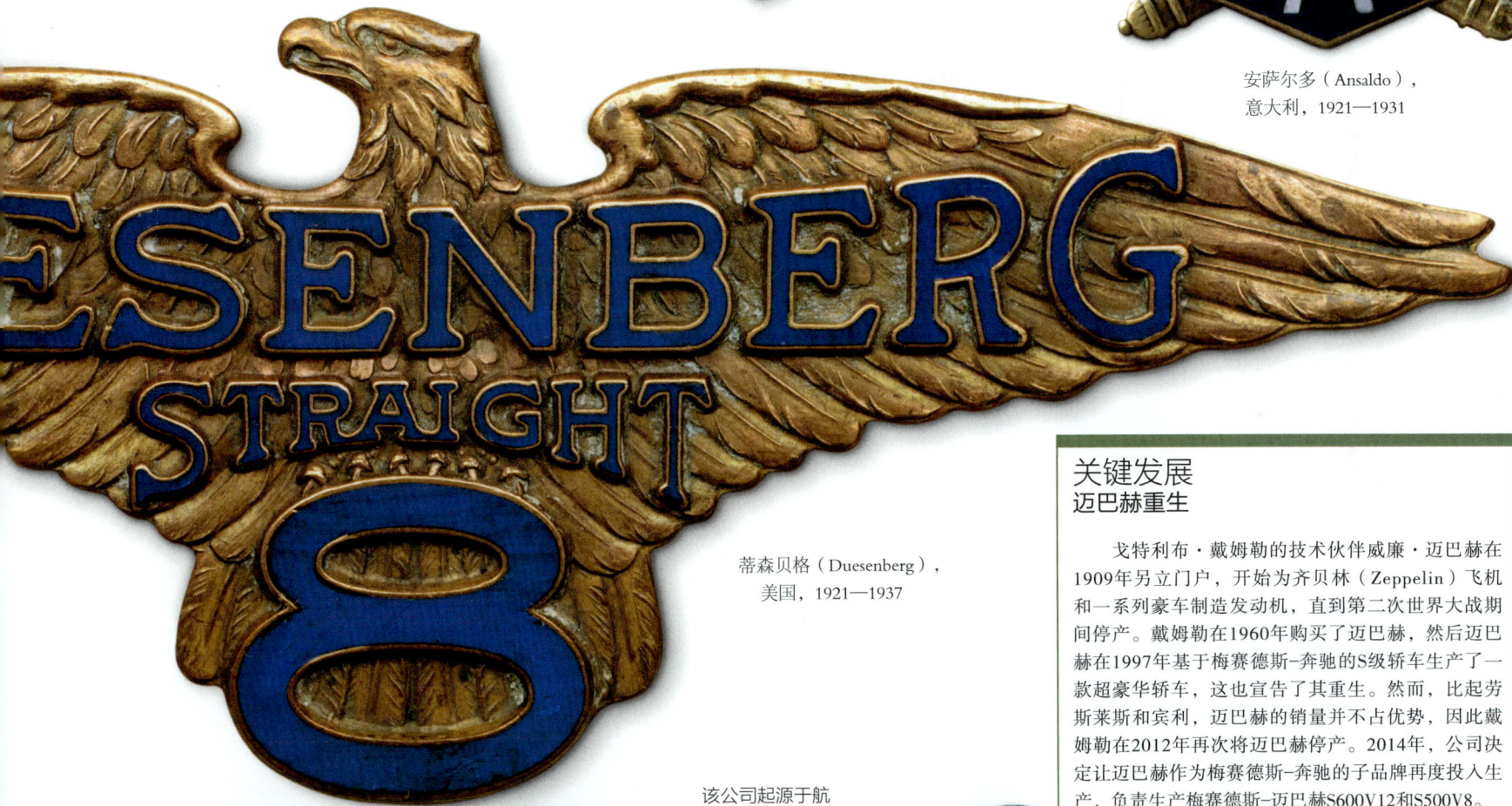

ESENBERG STRAIGHT 8

蒂森贝格（Duesenberg），
美国，1921—1937

该公司起源于航
空发动机公司，
因此采用螺旋桨
作为装饰

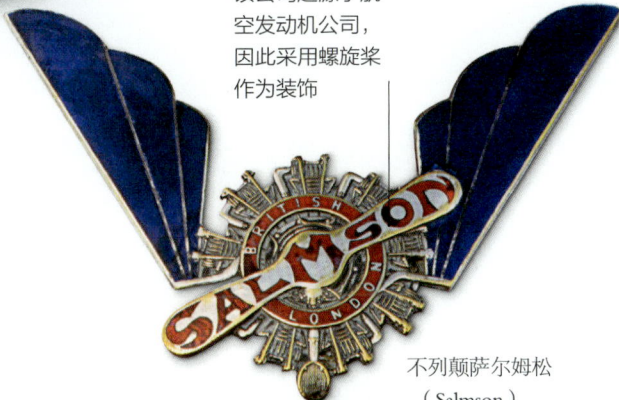

ITALA

伊塔拉（Itala），
意大利，1904—1934

SALMSON

不列颠萨尔姆松
（Salmson），
英国，1934—1939

关键发展
迈巴赫重生

戈特利布·戴姆勒的技术伙伴威廉·迈巴赫在
1909年另立门户，开始为齐贝林（Zeppelin）飞机
和一系列豪车制造发动机，直到第二次世界大战期
间停产。戴姆勒在1960年购买了迈巴赫，然后迈巴
赫在1997年基于梅赛德斯-奔驰的S级轿车生产了一
款超豪华轿车，这也宣告了其重生。然而，比起劳
斯莱斯和宾利，迈巴赫的销量并不占优势，因此戴
姆勒在2012年再次将迈巴赫停产。2014年，公司决
定让迈巴赫作为梅赛德斯-奔驰的子品牌再度投入生
产，负责生产梅赛德斯-迈巴赫S600V12和S500V8。

迈巴赫的车牌是两个"M"的组合，代表了"Maybach
Motorenbau"（迈巴赫发动机）

空中停车场

随着汽车的普及，对专用停车场的需求变得日益迫切，许多停车楼的设计也别具匠心。

世界上公认的第一座多层停车场于1901年由伦敦城郊电力公司在索霍区的登曼街上建起。该停车场有7层，总共可停放100辆车，由一台电梯上下运输车辆。城郊电力公司次年在威斯敏斯特将另一栋楼改造成了停车场，该停车场可以容纳230辆车。正如公司的名字，停车场内停满了电动汽车。城郊电力公司为停在停车场内的客户车辆进行清洗、检修、投保，然后送还给客户。伦敦梅菲尔区卡林顿街上的停车场于1907年开放，现在仍在使用，是寿命最长的停车场之一。

美国最早的多层停车场建于1918年，是芝加哥市中心的拉萨尔酒店的停车场，停车场距酒店大约有几个街区。酒店倒闭后，停车场仍使用了30年，2005年被拆除。

尽管停车本身是件相当乏味的事，但早期的停车场在设计中融入了工艺美术（Art & Craft）、新艺术风格（Art Nouveau）以及后来的艺术装饰（Art Deco）的元素，为停车平添了几分乐趣。纽约的肯特自动停车场便是其中的典型，它是纽约艺术装饰建筑的标志，但后来被改建成了居民楼。此类自动停车场始于1905年的法国，盛行于20世纪20年代的美国，使用了液压机械对车辆进行抬升。20世纪20年代美国还开发了链斗式升降机自动泊车系统，其工作原理与摩天轮非常相似，该系统在21世纪的日本得到了广泛使用。

20世纪20—30年代，全球范围内的停车场数量呈现爆发性增长。许多居民区开辟了地下停车场，而多层停车场也在政府的支持下拔地而起。

◁ **规模巨大的停车场**
巴黎的多层停车场（实际上是雪铁龙建造的仓库）的规模令人震惊。它有8层，可容纳500辆车，这也是当时同类型停车场中最大的，其尖角结构深受艺术装饰的影响。

中产阶级的车

最早的车是专供富人使用的，然而随着价格低廉的小型车的出现，中产阶级也开始购买汽车。比起摩托车，购买一辆小型车不用多花多少钱，因而汽车的销售热潮自此出现了。

△ 莫里斯的海报，
20世纪20年代
海报中写道：莫里斯-考莱（Morris-Cowley）标准车是春日出游的不二选择，且只需花费195英镑。

1919年，菲亚特为意大利的中产阶级开发的一款小巧、灵敏、可靠的501家庭汽车深受大众喜爱。这款车载有4缸发动机和4挡变速器，在20世纪20年代进入千家万户。这款车不仅深受平民百姓的欢迎，对许多大企业也极具吸引力，最终的总销量高达65000辆。501的巨大吸引力要归功于菲亚特41岁的工程师卡罗·卡瓦利（Carlo Cavalli），他在担任汽车工程师之前还曾当过律师。

英国、法国和德国

类似的销售策略很快风靡了整个欧洲。法国作为当时的汽车大国，生产了雪铁龙C型车、雷诺6CV和标致201；德国生产了欧宝（Opel）4PS树蛙；英国的威廉·莫里斯通过进口零件、内部组装的方法生产了牛津（Oxford）车。后来，莫里斯开始从美国进口发动机和传动轴，

进一步降低了成本。

奥斯汀的加入

英国的奥斯汀本来是豪华汽车的生产商，但很快便意识到轻型汽车、经济型汽车的市场具有非常大的潜力。爱伯特·奥斯汀亲自与18岁的制图员斯坦利·艾奇（Stanley Edge）趴在他家的桌子上设计奥斯汀7型车。

奥斯汀7型车于1922年上市，尽管这款车尺寸很小、价格很低，却仍是按奥斯汀的质量标准进行生产的。它的底盘和车身结构大多用轻质钢结构制作，装载了小型发动机。奥斯汀7型车上也有技术上的创新，它是首款前轮制动的汽车。

从标准小轿车到两座跑车，奥斯汀总共卖了上万辆7型车及其衍生车型车。其巨大的影响力不仅体现在销售量上。奥斯汀将生产许可卖给了德国和法国，德、法两国陆续开始进行制造；而日本的第一辆尼桑车也是在类似的生产线上诞生的。

莫里斯工厂的内饰部正在生产以满足订单需求，20世纪20年代中期

◁ 路上的奥斯汀7型车
20世纪20年代，两位女性在道路上与她们的7型车合影。较小的尺寸和低廉的价格让该车深受欢迎。

△ 车主在为她的菲亚特501加油，意大利，1925

印度王公的车

第二次世界大战之前，英国劳斯莱斯汽车厂最重要的客户来自千里之外。

印度当地的管理者——王公（Maharaja）对于劳斯莱斯的热爱甚至超过了其殖民者英国人。这种设计精良、奢侈豪华的汽车搭配上独一无二的帕拉第奥式（Palladian）散热网，被视作汽车中的至尊。王公们可以坐在劳斯莱斯中招摇过市，向他们的子民炫耀至高无上的权力和财富。

实际上，这些车就是专门为印度权贵们量身定做的，其浮夸的外表恰恰迎合了王公贵族们的喜好，堪称装了车轮的小型皇宫。这种特别的需求前无古人，而且王公们认为只有劳斯莱斯配得上他们的身份。

当时，印度王公们提供的巨大资金支持引起了英国德比郡的劳斯莱斯的高度重视。1908—1939年，印度约230位王公贵族的订单量约占全公司订单的1/10。例如，海德拉邦德尼扎姆殿下（Highness the Nizam of Hyderabad）在1913年订购了第一辆黄漆、绸缎软垫、座位镶金的劳斯莱斯"银魅"，之后又买了50辆类似的车（另外，据说他共有12000名仆从）。同时，迈索尔（Mysore）王公每笔订单至少购买7辆车，因此工厂也用"迈索尔"代指如此重要的订单。

劳斯莱斯在将车运到印度之前还要准备好各类礼节工作，不论是随行人员服装的颜色、款式，还是用于夜间猎虎的手电筒都一应俱全。车身一般可以供民众观赏，但女性乘客会拉上厚实的车帘不让别人窥视。有时车身上甚至会镶上珠宝，车辆附近配有护卫看守以防珠宝被偷。在印度，这些国家财产被禁止出口，因此直到现在，仍有多达1/4的车辆保存于印度国内的博物馆中或被私人收藏。

▷ 劳斯莱斯"银魅"，1920
这款劳斯莱斯"银魅"是为拉贾（Raja）邦主——拉古南丹·普拉萨德·辛格（Raghunandan Prasad Singh）定制的，也是印度最豪华的游行车辆之一。

左还是右?

世界各国管理道路的方法并不统一,比如车辆的行驶方向,其中,有163个国家规定汽车靠右行驶,有76个国家规定汽车靠左行驶。

依照传统,车辆应该是在道路左侧行驶,其原因很简单:大部分人都是右撇子。右撇子从左侧上马更容易,攻击右侧的敌人更加顺手,同时刀鞘在左侧也不会轻易被敌人缴械。遛马时,骑手可以在路边用右手牵着马走。因此,靠左行进显得非常自然、便利,甚至可以说是普遍性的,无论是在中世纪的欧洲,还是古罗马、古希腊、古埃及,都是如此。

法国和美国在18世纪改变了这一习惯。随着美国大型马拉货车的普及,马车夫更习惯坐在马的左后侧用右手来控制缰绳。为了保证鞭子不碰到迎面而来的车子,马车夫开始沿着右侧行驶。

拿破仑战争对欧洲也产生了类似的影响。拿破仑在统一法国之后,将法国的一切都改造成了他想要的样子,包括道路。许多人认为拿破仑改变行驶方向是出于对贵族们暴行的反叛,因为他们迫使贫民靠右行走,而贫民们只能面对着车流动弹不得。不论出于什么原因,当时靠左走就是"旧思想",就需要被消灭。随着法兰西帝国的扩张,欧洲、非洲、西印度群岛等诸多地区也被迫使用右行道路。

▽ 美国明尼亚波利斯第三大街,1915
汽车、有轨电车、马拉货车共享道路。右行道路从18世纪开始普及。

△ 福特T型车,1908
在最早的汽车中,司机座位都在车的正中间。但从福特T型车开始,汽车生产商意识到司机需要对道路中央有良好的视野。美国采用的是左舵车。

混乱的传统

现在，世界上许多国家采用的右行道路要归功于美国的福特T型车。在美国独立之前，其道路行驶规则不尽相同。在英国、荷兰、西班牙、葡萄牙的势力范围内都是靠左行驶，而在法国的势力范围内则是靠右行驶。然而，之后的美国制造了最适合右行交通的左舵车——T型车，让右行成为美国的主流。而且在美国之外，这款可靠的量产车在全球范围内都占据着巨大的市场。伴随着车辆的出口，汽车右行也被引入了其他国家。

然而，英国却是例外。1773年，英国政府出台了《收费公路法案》，鼓励发扬靠左行驶的传统。1835年，英国出台的公路法案又进一步巩固了这一传统，并使该传统波及了英国在世界各地的殖民地。另外，日本也保留了左行的传统，

有可能是因为这一习惯在当地有着悠久的历史。不过，更可能的原因是因为日本的铁路都是由英国工程师建造的左行铁路，日本的公路也因此效仿。

20世纪60年代，英国曾想过像欧洲大陆一样将交通改为右行。然而这个保守的民族认为这一改变需要耗费大量资源，便没有继续推进。目前，欧洲仅有4个国家仍是靠左行驶，分别是英国、爱尔兰、塞浦路斯、马耳他。

△ 道路变换提示
《阿默斯特日报》（Amherst Daily News）的头版提示读者从次日（1923年4月15日）开始，新斯科舍省的汽车开始靠右行驶。

关键发展
H日（Dagen H）

H日是瑞典交通从左行变为右行的日子，H代表了"Högertrafik"，在瑞典语中代表着"右行交通"。H日是1967年9月3日，瑞典政府希望借此与周边诸国统一交通标准，同时解决瑞典90%的车左行、10%的车右行的问题。当天凌晨1:00—6:00，所有非必要的交通都被禁行。凌晨4:50，所有车辆都停下并小心地交换车道，开始统一靠右行驶。换道之后，许多电车和公交车不得不停止营业以更改车型，调整车门。

汽车在H日进行换道，从那天开始瑞典的交通从左行变为右行

> "瑞典发生了一场短暂但至关重要的交通堵塞。"
>
> ——《时代》（Time）杂志，H日当天

穿越沙漠

工业家安德鲁·雪铁龙（Andre Citroen）为了证明其汽车的适应性及法国广大的殖民力量，踏上了穿越撒哈拉沙漠的旅途。为了此行，他需要一辆哪都能去的新交通工具。

人们之前从未想过用汽车征服流动的沙地和充满障碍的地形，但是1921年问世的雪铁龙autochenilles（意为"机动毛毛虫"）正适合这项挑战。

这种用履带代替传统后轮的半履带式汽车的想法来自工程师阿道夫·加尔奇（Adolphe Kegresse），他曾在俄罗斯管理沙皇尼古拉斯二世（Nicholas II's）的车库，并成功将这一想法付诸实施。与一战坦克上的笨重钢铁履带不同，加尔奇的履带采用橡胶和帆布作为材料。

雪铁龙任命其经理乔治-马里·哈特（Georges-Marie Haardt）开始第一次探险。由10个人、5辆车组成的车队从阿尔及利亚的图古尔特出发，穿越撒哈拉沙漠到达马里的廷巴克图，随后折回，全程开始于1922年12月17日，结束于1923年3月7日。他们到达廷巴克图仅用了20天，首次用机械化载具连接了北非和西非。这条路实现了法国需要一条连接本土和殖民地的道路的夙愿。

在第一次成功经验的激励下，雪铁龙又开启了一场长达2万千米直达马达加斯加的横跨非洲大陆的旅行。由于橡皮履带的寿命很短而需要频繁更换，这次旅行的成功显得更加不易。1年后，法国制作了长达70分钟的纪录片以纪念这次横跨非洲的旅途，并得到了一致好评。

▷ 安营扎寨

1922—1923年，乔治-马里·哈特的队伍跨越撒哈拉沙漠期间住在折叠式帐篷中。后来大家普遍认为这条路线会成为主要的商道和旅游线路，因此附近为商人们准备的豪华旅馆和饭店拔地而起。

"我们希望让乘客尽可能快地到达他们想去的地方，即使是穿越沙漠去尼日利亚做生意或参加体育比赛。"

——安德鲁·雪铁龙，于横跨非洲的机械化之旅开始前

第三章
速度、动力与外形

主流车赛

国际汽车大奖赛（International Grand Prix）、印第安纳波利斯500英里大奖赛以及勒芒24小时耐力赛点燃了公众对于汽车和速度的热情。同时，这项运动也被复兴的德国用于进行政治宣传。

第一场国际化、高水平、名副其实的"大奖赛"由法国于1906年举办。在第一次世界大战之前，法国共组织了5次大奖赛。到20世纪20年代，举办大奖赛的风潮席卷了整个欧洲，首先是意大利、比利时、西班牙，然后轮到了英国、德国、摩纳哥、瑞士等国。而目前美国最知名的赛车比赛——印第安纳波利斯500英里大奖赛从1923年开始也被当作是与大奖赛齐名的大型赛事（grandes épreuves）之一，直到美国在1930年进行了法制改革。美国希望让赛车的发展更契合普通汽车的需求，许多追求极致速度、造型新颖的赛车因此被判定为不合法车辆，不幸成为牺牲品。

动力和政治

纯粹的赛车仍然统治着欧洲的赛事，为了提高比赛的观赏性，比赛规则开始允许后勤人员在维修点进行轮胎的更换

和汽车的保修，因此赛车上无须再载着技师。1922年之后，赛车不再是随机分配起跑排位、扎堆出发，改为按照固定时间间隔依次出发。1933年举办的摩纳哥大奖赛引入了根据车手练习成绩分配起跑排位的机制。

世纪之交，人们曾设计出许多出色但笨重的赛车。当时赛车的设计标准就是动力至上，设计师用无比巨大的发动机替代原有的易于操纵、刹车的发动机。后来，人们在小型发动机上安装了增压器，通过压缩的方法将更多空气送入气缸，以提供更大的动力。

德国的飞机工程师非常精通增压器，不过这一技术后来被阿道夫·希特勒利用，赛车比赛也不幸沦为纳粹的政治宣传工具。纳粹德国曾资助汽车联盟（Auto Union）和梅赛德斯-奔驰开发世界上动力最强大、最复杂的汽车，之后德国标志性的银色汽车统治了整个30年代的大

△ 摩纳哥大奖赛的海报，1931
由罗伯特·法尔库奇（Robert Falcucci）设计的这款海报是第三届摩纳哥大奖赛的广告，最终，路易斯·喀戎（Louis Chiron）驾驶着布加迪获得了冠军。

奖赛。

在赛车多样化发展的同时，赛车比赛也发展出了不同的形式。公路上的城际赛事因过于危险而被取缔，不过与之非常类似的蒙特卡罗拉力赛仍然得以保留。该赛事从1911年开始举办，至今仍然非常流行。

相会拉力赛

车手们从欧洲各地而来，相会（rally，即"拉力"的语源）于摩纳哥。他们以相对平稳的速度行驶，因为比起车速，汽车到达终点时的状态更加重要。获胜者由裁判们根据汽车的设计、耐久性以及乘坐舒适性进行裁定。拉力赛从1924年真正开始，之后成为世界上最为知名的赛车赛事之一。

1923年开始的法国勒芒24小时耐力赛则是另一项知名赛事。勒芒耐力赛堪称赛车界的马拉松，其中还有一段闻名于

▽ 准备拉力
英国参赛者德里斯克（J. A. Driscoll，左）少校与他的团队以及他们的福特汽车准备离开伦敦，参加1934年蒙特卡罗拉力赛。不过他没能取得冠军。

△ 准备起跑，尼斯大奖赛，1933
起跑排位由练习成绩决定，因此意大利车王诺瓦拉里（Tazio Nuvolari）在正中央。最终他驾驶着玛莎拉蒂8CM再次取得冠军。

世的长达6000米的慕尚直道（Mulsanne Straight），能让赛车以非常快的速度行驶。工程师将用于飞机制造的空气动力学应用到了勒芒耐力赛的赛车上，车辆也达到了前所未有的速度。

关键发展
月光车赛

在美国南方，有些人使用非法蒸馏器生产月光威士忌以逃避酒税，并且使用改装赛车进行货物的运输。这些车表面看起来与普通车辆无异，但实际上车上安装了重型悬架和高功率发动机以逃脱警察的追捕。车主们通过赛车证明自己拥有最好的汽车和最高超的驾驶技术，于是一项全新的赛事就此诞生。之后，官方对规则进行了设定以保证比赛的公平性，第一届官方比赛于1948年由美国国家改装赛车组织NASCAR（National Association for Stock Car Auto Racing）资助举办。

20世纪30年代兴起了禁止赛车的风潮，图中的警察正在展示因醉驾导致车毁人亡的场景

流线型的长尾式设计提升了最高车速

单顶置凸轮轴的航空发动机能够提供335.7千瓦的动力

双22.4升辛宾马塔贝勒（Matabele）航空发动机为汽车提供动力

全覆盖式车身减少了空气阻力

在最后一次挑战中，右后轮失效导致悲剧发生

△ 巴布斯，1926

该车由波兰车手康特·路易斯·兹波罗夫斯基（Count Louis Zborowski）制造，后被威尔士人约翰·帕里-托马斯（John Parry-Thomas）改造。巴布斯以275.33千米/时的速度于1926年打破了纪录，在1927年的另一次尝试中车辆毁损，车手帕里-托马斯不幸身亡。

△ 1000马力（735.5千瓦）辛宾，1927

由杰克·埃文（Jack Irving）上尉设计的辛宾是首辆专门用于打破纪录的汽车。1927年3月，亨利·西格雷夫驾驶着它在戴托纳海滩上以327.97千米/时的成绩打破了纪录。

纪录打破者

▽ 沙滩上的蓝鸟

1931年，坎贝尔-纳皮尔-雷顿蓝鸟汽车在佛罗里达的戴托纳海滩以396千米/时的速度创造了新的速度纪录。

20世纪20—30年代是打破速度纪录的时代，无论是在陆地、水上还是在空中。1925年早期，陆地速度纪录只有235千米/时，但纪录很快被陆续打破。其中，最受尊敬的纪录打破者包括亨利·西格雷夫（Henry Segrave）爵士和马尔科姆·坎贝尔（Malcolm Campbell）爵士2位英国人。1929年，西格雷夫驾驶着金箭汽车在戴托纳海滩达到了372千米/时的速度，但他之后在水上挑战161千米/时

的极速时不幸身亡。坎贝尔则是第一位车速接连超过402千米/时、442千米/时、483千米/时的车手。1935年，他在美国博纳维尔盐场上取得了这一举世瞩目的成绩，随后便退役了。不过，打破纪录的脚步未曾停止，直到第二次世界大战开始前，约翰·柯布（John Cobb）和乔治·埃斯顿（George Eyston）的汽车仍在创造新的世界纪录。

覆盖前端的散热片在挑战速度纪录时可以关闭

劳斯莱斯RV12型36.7升增压发动机能够提供1715.8千瓦的动力

比原车型更低的座位

竖直尾翼保持了高速时的方向稳定性

铝合金车壳需在维克斯（Vickers）风洞中进行测试

△ 蓝鸟，1935
马尔科姆·坎贝尔爵士多次打破速度纪录，从1927年的282千米/时到1935年的483千米/时。最后一次打破纪录时，他正是驾驶着这辆由英国布鲁克兰的托马斯和泰勒制造的蓝岛。

双后轮能够提供额外的附着力

231 Miles per Hour
Wonderful Record of GOLDEN ARROW
The Highest Speed Ever Attained on Land

- Of Course Segrave used WAKEFIELD
Castrol
MOTOR OIL

远处的小蓝点渐渐变成了一台机械，以全速飞驰而过。

——《汽车》（Autocar）杂志如是形容蓝鸟，1931

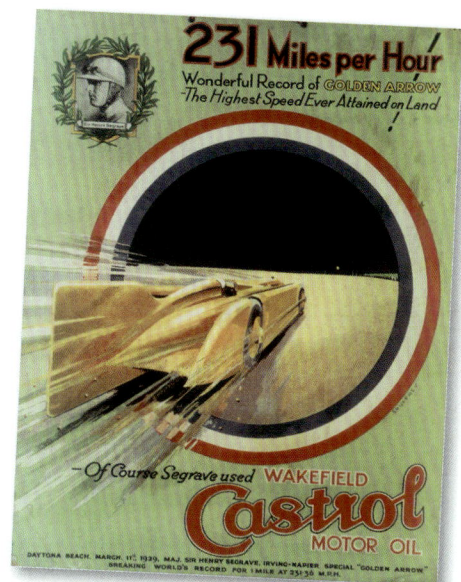

▷ 金箭海报，1929
这幅海报旨在庆祝亨利·西格雷夫爵士创造了全新的陆地速度纪录。

BP，英国，
20世纪20年代

壳牌皇冠（Crown），
荷兰，20世纪20年代

汤普逊·加维（Thompson
Garvie），英国/美国，1926

韦恩（Wayne）520型，
美国/英国，1926

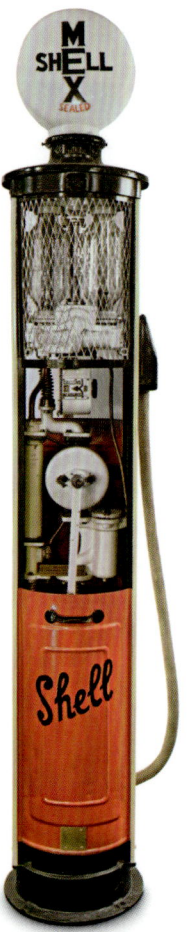

壳牌维克斯
（Vickers），
英国，1929

关键发展
加油站的普及

　　油泵最初贩卖的油仅仅用于清洗或者供油灯使用。加油泵数量的增加反映了汽车的普及，因此最早的专用加油泵建造于拥有巨大汽车市场的国家，包括美国和英国。俄国在第一次世界大战之前也有数以百计的加油站。一些小国或者发展中国家则比较落后，加油站直到20世纪50年代才在希腊普及，而印度直到2011年才有第一座自助加油站。

霍克（Hawke）双子泵，
英国/美国，澳大利亚境内也使用，
20世纪30年代

在同一加油站中，有12种不同的汽油品牌可供德国车主选择

萨索（Sasso）橱柜式油
泵，瑞士，1932

萨塔姆（Satam）双
门，法国，20世纪
30年代

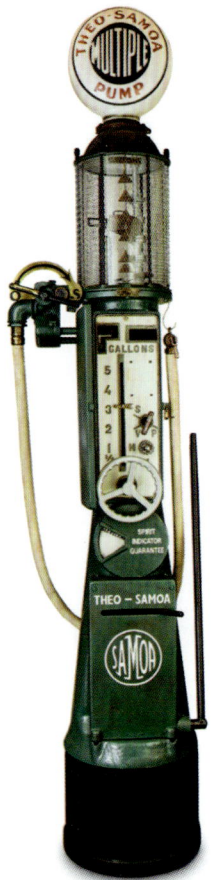

特奥-萨摩亚
（Theo-Samoa），
英国，1932

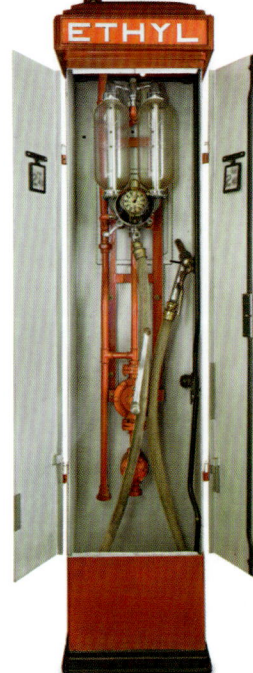

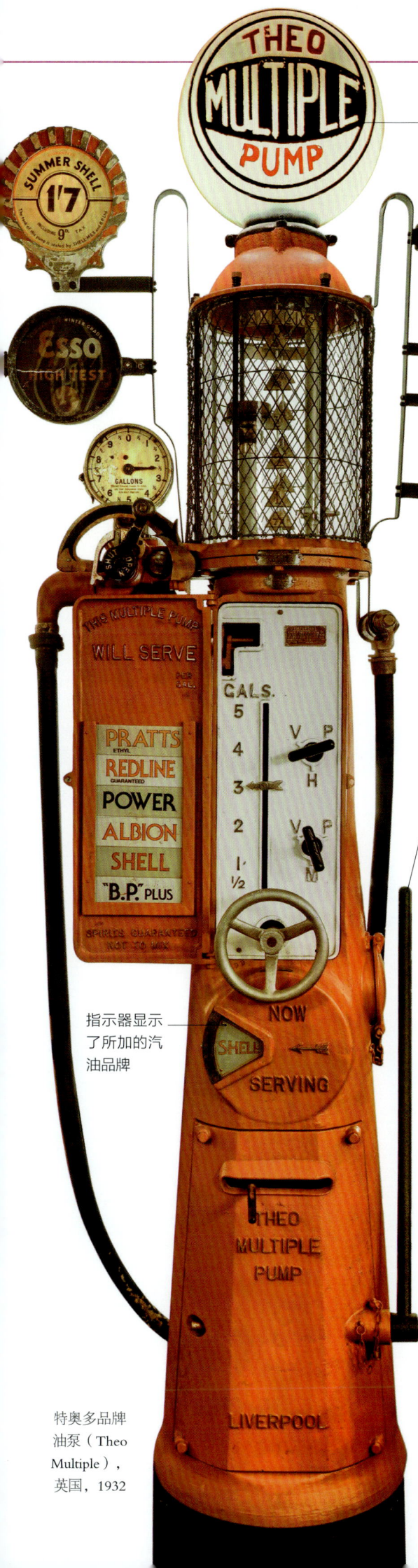

发光的玻璃球吸引了
顾客，同时照亮了加
油站

油泵手柄用于手动将
地下油箱中的油压起

指示器显示
了所加的汽
油品牌

特奥多品牌
油泵（Theo
Multiple），
英国，1932

吉克斯（Gex）可视化
油泵，法国，1932

慕拉"大本钟"
（Mullar "Big Ben"），
德国，20世纪30年代

特奥电力泵，
美国/英国，1936

加油泵的黄金年代

早期的车主会从化学药品店或者硬件商店中购买桶装汽油，但加油泵的出现让加油变得更简单、更快捷、更安全。

最早的加油泵是手动操作的，为了确保加油量与付的钱一致，许多加油站在油泵顶端装了一个测量圆柱用于读取加油量，汽油则依靠重力通过油管进入汽车的油箱。

尽管现在的加油站一般只有一个汽油供应商，但早期的加油站中有多种汽油品牌可供选择。有些加油站甚至有多种品牌的油泵，比如特奥多品牌油泵，它可以供给多种品牌的汽油。随着驾车越来越流行，双子泵应运而生，

可以让加油站同时为更多汽车加油。

尽管发明加油泵的初衷是为汽车提供汽油，但加油泵也成为原油供应商的"战场"。因此，加油泵一般都会被品牌商漆上明亮的颜色，并用极富特色的搪瓷招牌和发光的玻璃球装饰。对车主而言，在路网和基础设施尚未完善的20—30年代，这些亮丽的加油泵就是进步和现代的象征。

洗车店

汽车取代马匹之后，企业家们很快发展出一系列汽车相关产业来迎合早期司机们的需求，其中的洗车店自1914年在底特律开始兴起。

在20世纪早期，城市外鲜有铺装道路，司机在郊区驾车之后，车身通常都会覆盖上一层厚厚的尘土。

就是在这一背景下，2位底特律商人弗兰克·麦考密克（Frank McCormick）和欣克尔（J. W. Hinkle）发现了商机。受到亨利·福特的移动流水线的启发，他们于底特律伍德沃德大街1221号创建了公认的全球第一家自动洗车店（Automobile Laundry）。他们的宣传语是"尘土去无踪"（Everything back but dirt）。

与福特的装配线一样，自动洗车机并没有使用非常复杂的机械原理，因此也需要人的辅助。根据底特律历史学会的说法，顾客将车交给洗车店之前需要将所有易碎物品带走。几个人将顾客的车推到一条流水线上，流水线旁的工人分别拿着水桶和刷子，用水和肥皂清理车身和轮胎。然后工人将汽车擦干，最后进行抛光。整个过程持续30分钟，收费1.5美元，这在当时也是一笔不小的开销。

自动化在接下来的几十年中逐渐完善。首先，洗车店引入了传送带以便自动移动车辆。接着，花洒在20世纪30年代出现，用于喷洒水和肥皂泡，但工人们仍需手动清洗、擦干汽车。在40年代，自动刷被引入。1946年，在最早的自动洗车房仅仅几英里之外，保罗为他的全自动洗车店装上了最后一个组件——功率50马力（36.77千瓦）的烘干机。根据估算，麦考密克和欣克尔的自动洗车店一天可以清洗100辆车，而保罗的洗车店1小时就可以洗180辆。

▷ 底特律的手动洗车店，20世纪20年代

在传送带被引入洗车店之前，工人必须亲手推动汽车。1914年，洗车全过程需要花30分钟，而在20年代结束前，从冲洗到烘干的全过程仅需要短短5分钟。

流线型车身

艺术与科技的融合是20世纪30年代的时代旋律，大西洋两岸各大知名汽车品牌竞相设计出美观且动力强的车型。

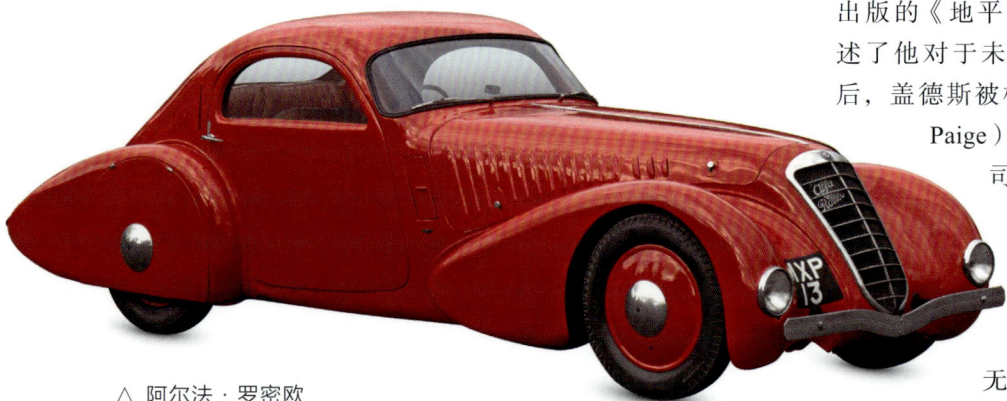

△ 阿尔法·罗密欧 8C 2300 Berlina运动型，1933
阿尔法·罗密欧受到旗下赛车的启发，开发了这款高规格的旅行车。该车采用了直列8缸双凸轮轴发动机，总共仅生产了249辆。

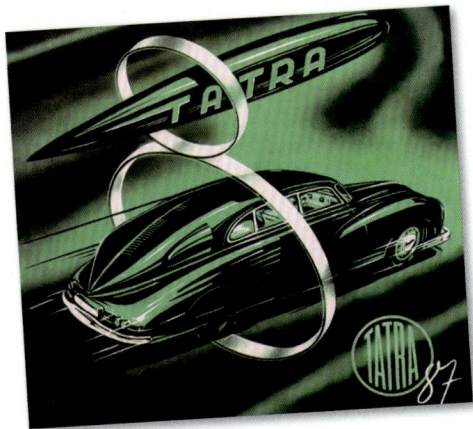

△ 太脱拉T87，1936
这本手册别出心裁地通过鱼鳍图案强调了太脱拉T87 8缸发动机的超强动力。

在短短10年内，技术的进步和车身加工方法的发展为汽车设计带来了一场巨大的革命，对车辆设计产生了非常深远的影响。欧洲未来主义和结构主义的审美趋势与艺术装饰风格的结合深入人心。

设计中的科学

受艺术装饰的影响和科学技术的支持，车身摒弃了传统的棱角鲜明的特点，取而代之的是体现速度和动力的曲线。除此之外，飞机的银色流线型机身通过公告板、报纸、杂志等传统媒体的展示，对汽车车身的设计也产生了不小的影响。

"科技与工业正共同重塑世界"是当时的时代主题。设计师们对这一主题也非常感兴趣，并且希望直观地将它表达出来。保罗·贾瑞（Paul Jaray）是其中最具影响力的设计师之一。他首次提出了流线型的概念，先是应用于飞机的设计，随后在1927年应用到了汽车上。同时，他也开始使用风洞试验对汽车的空气动力性能设计加以优化。贾瑞曾为诸多大型汽车制造商设计车身，包括梅赛德斯-奔驰、奥迪、克莱斯勒、迈巴赫、福特等。另一位极具名望的车身设计师是密歇根的诺尔曼·贝尔·盖德斯（Norman Bel Geddes）。他在1932年

出版的《地平线》（Horizons）中就描述了他对于未来汽车车身的设想。之后，盖德斯被格拉汉姆-佩奇（Graham Paige）、克莱斯勒、通用等公司聘为车身设计顾问。

技术革新

工业的创新也推动了汽车设计的不断更新。无柱式车窗取消了碍眼的车窗外框，让车身线条更加流畅。同样，隐藏式门铰也让车辆外形更加美观。而悬挂底盘的设计意味着座位高度的降低，从而可以进一步优化车顶线型。除了外形，由于发明了快干纤维漆，双色车身也成为可能。

英国车身制造商奥尔巴尼（Albany Carriage）所在的公司是最早一批采用流线型车身的。受到飞机机身的启发，奥尔巴尼于1927年推出了爱唯（Airway）轿车。捷克斯洛伐克制造商太脱拉（Tatra）紧随其后采用了贾瑞的方案，在20世纪30

年代早期开始设计原型车。他们为汽车配置后置风冷发动机，通过减小前厢面积以提高汽车的空气动力学性能。1936年，太脱拉推出了其精心打造的T87车型，其最高速度能够达到160千米/时，是当时最快的汽车之一。不过，与皮尔斯箭头在1933年芝加哥世界博览会上展出的银箭相比，T87仍略显逊色。T87的创新点在于发动机舱中的广角V12发动机和液压杆的应用。该车的价格高达10000美元，也被称赞为"来自未来的汽车"。同年，凯迪拉克推出了V16发

雷蒙·利维描绘出了他对流线型车辆的设计理念

人物传记
雷蒙·利维（Raymond Leewy）

对车身的热爱是利维工作的基础，而他的工作对于车辆的流线型设计有着巨大的影响。1919年，他在曼哈顿担任《时尚芭莎》（Harper's BAZAAR）的时尚评论员，同时还是美国第五大道和梅西百货的特邀橱窗设计师。10年后，他转行进入了工业设计，于1930年被霍普汽车聘用。他曾设计了机车、冰箱、可口可乐罐以及壳牌的商标。1953年，他为斯蒂庞克（Studebaker）设计的"星航线"（Starliner）双门汽车是其在汽车行业的标志性成果。这款车被纽约现代艺术馆收藏，并被誉为艺术品。

> **"已经进入新时代了，我们准备好迎接将要到来的革新了吗？"**
>
> ——诺尔曼·贝尔·盖德斯《地平线》

动机的 Aerodynamic 双门轿车。而在意大利，阿尔法·罗密欧发布了 8C Berlina 运动型汽车；德国的梅赛德斯-奔驰也开始研究流线型汽车。

1934 年，梅赛德斯-奔驰 500K Autobahn Kurier 运动型完成了生产，其设计理念深受伍尼巴尔德·卡姆（Wunibald Kamm）教授的理论影响，他曾帮助梅赛德斯-奔驰冲击陆上速度纪录。而梅赛德斯-奔驰的这一设计也为其未来数年的车身外形的标准奠定了基础。1934 年，克莱斯勒的气流（Airflow）成为梅赛德斯-奔驰的竞争者。尽管气流在营销上是失败的，但它的车身外形和优异的操纵性能却在整个欧洲汽车行业中掀起了一股浪潮——低至菲亚特，高至塔伯特（Talbot）。

▷ 克莱斯勒气流在克莱斯勒大厦中展出，纽约，1937
在经济危机时期，这款极具未来感的克莱斯勒气流略显极端。其流线型的车身仿佛来自另一个星球，而技术上的创新让它的成本和售价都较为昂贵。

快车道

在各个大洲、各个国家中，多车道公路开始普及，而美国用"自由的道路"（freeway）来形容它们。确实，这些公路为一代代司机们带来了巨大的自由。

对司机而言，高速公路已是现代生活中必不可少的一部分，大家一般认为高速公路起源于德国。1921年10月，德国政府在柏林附近开辟了阿瓦斯（AVUS）二车道道路。然而，尽管这条道路名义上面向公众开放，但其主要作用仍然是用于赛车的测试和比赛。

事实上，是意大利在1924年发明了高速公路，该公路仅供汽车使用，连接了米兰和北意大利的湖区。这一公路由工程师、商业家皮耶罗·普利塞尔（Piero Puricelli）伯爵建造，1924年9月由意大利国王宣布使用。该公路的两个方向各有一条车道，但最关键的是，二者被完全分开。意大利司机前往北部湖区、山脉变得方便了许多。同时，司机也能感到庄严的仪式感：穿着制服的士兵会以军队礼仪向来往的司机致敬。

当时，意大利全国仅有57000辆车，因此这一发明在当时看来非常奇怪。但是，到了1938年，这条道路的日车流量高达2000辆，很快就收回建造成本。其他国家纷纷效仿，开始建造高速公路。

多车道公路稍晚一些才进入人们的视野。首条双车道公路在1932年于德国竣工，连接了科隆和波恩。不过，当时德国尚未发明"高速公路"（Autobahn）这个词。纳粹掌权之后，阿道夫·希特勒首次下令建设一条从法兰克福通往达姆施塔特的"高速公路"，这条公路于1935年使用。众所周知，德国高速公路至今仍没有速度限制，德国高速路上的速度纪录是432千米/时，由赛车手鲁道夫·卡拉乔拉（Rudolf Caracciola）于1938年创造。建设高速公路的热情很快传到了美国（第一条高速公路建于1940年）、瑞典（1953）、法国（1954）、英国（1958）。

▷ 出行革命

1935年左右的德国高速公路。该公路从20世纪20年代开始规划，德国的多车道高速公路让汽车能够以较高的车速行驶。当中的隔离带也增加了高速路的安全性。

艺术装饰的繁荣

20世纪30年代，艺术装饰为设计行业带来了巨大的变革。它通过不锈钢、铬等全新的材料以及光滑的圆角，对过去的艺术风格进行了重塑。艺术装饰影响了我们生活的方方面面，包括汽车行业。

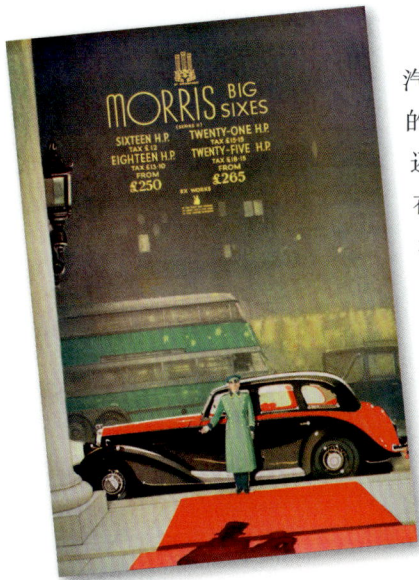

△ 莫里斯广告，1936
艺术装饰的风格也被应用到了更保守的汽车营销中。图中莫里斯广告的色彩搭配便借用了典型的美式艺术装饰风格。

在艺术装饰成为主流之前，汽车的外观非常简单：一个装人的小盒、一个装发动机的小盒，还有 4 个轮子及挡泥板。尽管在细节上各有不同，但整体来看所有汽车几乎一模一样。而艺术装饰这一概念的到来，让各大车企在 30—50 年代打开了设计思路。

外形与功能俱进

许多车企，例如科德（Cord），会通过新车型暗示新技术的诞生。科德 810 是美国首款前轮驱动汽车，也是首款采用独立前悬架的汽车。科德也采用了相应的极为新潮的外形设计——平滑的圆角、隐藏式车灯、精心设计的散热板无不体现了艺术装饰流露出的未来气息。

流线型车身

威廉·斯托特（William Stout）的圣甲虫（Scarab）是史上艺术装饰风格最浓的汽车之一（见第 251 页）。圣甲虫希望将汽车与飞机的特点相结合，因此摒弃了传统的独立底盘，同时加上了第三排座位、可旋转的第二排座位、可拆卸的桌子。这样的设计在为乘客们提供出行服务之外，也提供了办公或家庭的独立空间。圣甲虫的设计理念远远领先时代，直到 50 年后才被更成熟的多用途汽车（MPV）取代。先进的功能也应有时尚的外观相配，而圣甲虫的车身也极具特色，其圆润的曲线、浮筒式外观（包

△ 韦克菲尔德（Wakefield）奖杯
这个奖杯由石油大亨查尔斯·韦克菲尔德（Charles Wakefield）爵士授予亨利·奥尼尔·德·哈内·西格雷夫（Henry O' Neil de Hane Segrave）爵士，他以372.341千米/时的速度打破了新的行驶速度纪录。

括全幅的侧面集成式车门及踏板）是具有革命意义的，不过这一设计更像飞机而不是汽车。当时，一共仅生产了 9 辆

关键发展
艺术装饰的发展

艺术装饰风格借鉴了众多时期的艺术思想并取其精华，同时新材料和技术的发展也让这些全新的艺术设计成功落地，纽约的克莱斯勒大厦便是其中的典型。艺术装饰风格源于一战前的法国，这一全新风格为大萧条中死气沉沉的美国注入了全新的活力。曲面、塑料、镀铬技术的使用凸显出了汽车的流线型车身，也展示了技术的进步。艺术装饰设计的元素在20世纪50年代随处可见，在现在的古董车爱好者中仍极具人气。

劳斯莱斯幻影1Aerodynamic双门轿车，由约克赫尔（Jonckheere）于1925年制造

圣甲虫，而至今只有 5 辆得以保留。

在欧洲，一些法国制造商，例如德拉齐（Delage）和塔铂-拉珣（Talbot-Lago）引领着艺术装饰风格汽车的设计。许多 30 年代末的车型，包括塔铂-拉珣 T150 双门轿车，通过柔和的曲线和镀铬技术展示出艺术装饰时代的独有魅力，也让汽车世界更加多元。不过，类似的设计并不便宜——塔铂-拉珣经常被富人当作收藏品，而大部分人只能坐在自己的老爷车中羡慕。

不仅整车制造商会进行艺术装饰风格的设计，诸如比利时的约克赫尔等车身制造商也加入其中，为不同车企的不同底盘设计相应的艺术装饰风格的车身。他们设计的车身极其奢华，例如劳斯莱斯的"幻影"1（Phantom 1），它拥有空气动力学性能良好的车身、尾翼和一对圆形车门。

缓慢消逝

艺术装饰风格的汽车在美国的影响力一直持续到 50 年代，在这期间诞生了一系列经典车型，包括哈利·厄尔（Harley Earl）设计的雪佛兰科威特（Corvette）。科威特是厄尔在公路边坐着欣赏风景时受喷气式飞机的影响而设计的。不过，平滑的圆角很快便成为过去式，随着铬的使用逐渐减少，艺术装饰的时代也落幕了。

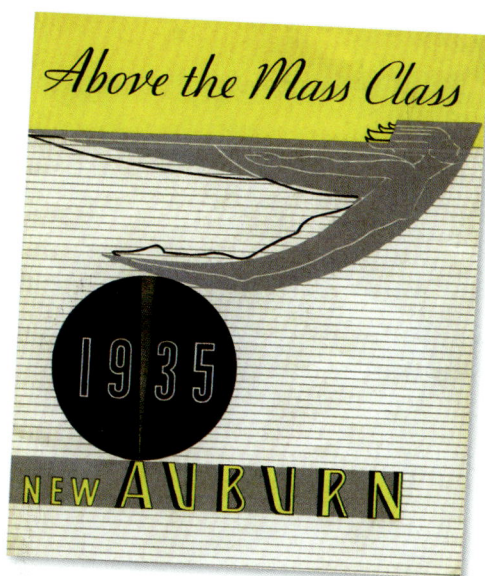

◁ 欧本（Auburn）的营销手册，1935
欧本及其兄弟公司科德、蒂森贝格是美国艺术装饰应用的先驱。欧本Speedster是30年代最新潮的车之一。

▽ 在SS1中迎接日出，1935
SS（之后演变成了捷豹）为英国中产阶级带来了艺术装饰风格的汽车。SS1"旅行者"是当时最精致的车之一。

宾利小子

英国知名跑车品牌宾利受到富人中的速度爱好者们的追捧，而他们无所畏惧的态度让他们在赛道上无往不利。他们享受着不断超车的过程，在20世纪20年代过着玩世不恭的日子。

没人知道是谁创造了"宾利小子"这个词，但它无疑是一战前英国最激动人心的词，它代表着活力、激情、无畏，更是20世纪20年代赛车运动的代名词。你必须坚定地相信"宾利天下第一"，方能够加入俱乐部。以钻石矿商继承人伍尔夫·巴纳托（Woolf Barnato）为代表的富人，以及前飞行员亨利·提姆·勃克林（Henry "Tim" Birklin）爵士是宾利小子精神的代表。他们不断挖掘宾利动力和耐力的潜能，并取得了诸多不俗的成绩：巴纳托三度斩获了勒芒24小时耐力赛的冠军，而勃克林通过在宾利吹风筒（Blower）上安装机械增压系统，一度以222千米/时的速度打破了布鲁克兰巡回赛的最快单圈纪录。

公司创始人宾利（W. O. Bentley）被该俱乐部奉为教父，宾利小子们也在为宾利这一品牌带来源源不断的吸引力。格伦·基德斯顿（Glen Kidston）上尉、珠宝商伯纳德·鲁宾（Bernard Rubin）、加拿大赛车手约翰·德芙（John Duff）、记者萨米·戴维斯（Sammy Davis）创造出了一个个疾驰赛场的形象，打造了一支无往不利的队伍，在1927—1930年的勒芒24小时耐力赛中取得了4连冠。

同时，宾利小子也以赛后整整一天的疯狂香槟庆典而出名。事实上，巴纳托确实开了一家酒吧，坐落于其在萨里的公馆的地下室中。宾利本人曾如此描述宾利小子在媒体和公众眼中的形象："人们总是觉得他们住在上流住宅区的别墅中，有数个女仆服侍他们，家中停着几辆非常快的宾利，每天在酒吧中喝着香槟，玩弄着他们的马匹和股票，到周末就去赛道上疯跑几圈。但真实情况并不完全是这样的。"他们是世界上最快的队伍，却也在1930年年底曲终人散。宾利赛车史中，宾利小子这一短暂而辉煌的篇章就此翻过。

◁ 获胜的宾利小子
格伦·基德斯顿和伍尔夫·巴纳托（左二、左三）在法国凭借宾利速6赢得1930年勒芒24小时耐力赛。赛后，他们与亚军迪克·沃特尼（Dick Watney，左）和弗兰克·克莱蒙（Frank Clement，右）共同庆祝。

名扬四海

20世纪前期，世界各地主要的出行方式仍是骑自行车和乘坐被驯服的家畜拉的车。不过，在短短数十年后，汽车就征服了世界。

△ GAZ-M1，1936
20世纪30年代中期，苏联GAZ造车厂生产了GAZ-M1，成为苏联汽车的标志。该车最高车速为105千米/时，被苏联红军用作公务车。

汽车产业为全球化积蓄了数十年的力量，而1907年法国报刊《辩论报》（Le Matin）组织的北京—巴黎远征赛成为汽车产业蓬勃发展的催化剂。这场赛事证明了汽车可以将人们带到世界上任何一个角落。

从北京到巴黎

当时的汽车仍是一件新鲜事物，不过出乎意料的是有40名选手报名参加了这场比赛。尽管最终只有5支队伍成功将他们的汽车运到北京。他们信心满满，于6月10日在法国大使馆门口出发，驶向法国。从北京到法国的行驶路线沿着电报的传输线，以方便记者随时报道赛况。各支队伍穿越沙漠，翻过高山，绕过贝加尔湖前往莫斯科，横跨俄国、波兰、德国、比利时，最终抵达法国巴黎。

车手们总共驶过了14994千米，其中大部分地区都没有被汽车走过，当地人对车手们饱经风霜的汽车也投以不可思议的眼神，因为这是他们第一次见到汽车。法国的三轮肯特（Contal）汽车在戈壁滩上不幸陷入沙中，在当地游牧民

▽ 陷入泥中
1907年北京—巴黎远征赛途经戈壁滩，图中法国的维克多·科克戈农（Victor Collignon）正试图将迪恩–巴顿（De Dion-Button）汽车从戈壁的泥沙之中拽出。

▷ 奥萨·约翰逊（Osa Johnson）在刚果

在北京—巴黎远征赛结束后，远征者们热衷于将汽车的功能开发到极致。1930年，奥萨·约翰逊乘坐着威利斯—欧弗兰特（Willys-Overland）的汽车抵达比利时殖民地刚果，与伊图里（Ituri）森林的土著姆布蒂人（Mbuti）成为朋友。

族的帮助下，驾驶团队成功脱身，但汽车只得留在沙漠中任风沙侵蚀。

随行的意大利记者路吉·巴兹尼（Luigi Barzini）记录下了当地人对汽车的态度。他说："中国人似乎对'汽车'并不感兴趣。"巴兹尼仅仅成功说服了一部分人，告诉他们汽车的动力来源于"一匹看不见的马"。

最终，意大利的斯皮昂·伯吉斯（Scipione Borghese）王子乘坐着"伊塔拉号"汽车（Itala）首先越过终点线，尽管他们曾不慎在西伯利亚跌下桥。

遍布全球的产业

直到20世纪30年代，汽车在亚洲仍是稀缺品。1897年，汽车首次驶上了印度的领土加尔各答。次年，孟买又引入了4辆汽车。其中一辆车的主人是印度最大汽车制造商塔塔汽车的创始人贾姆谢吉·塔塔（Jamshetji Tata），塔塔汽车同时也是捷豹路虎的拥有者。萨穆尔·约翰·格林（Samuel John Green）于1903年为金奈带来了一辆蒸汽机汽车，一时成为焦点。除此以外，汽车在印度的发展一直不温不火，直到1928年通用汽车印度子公司在孟买的工厂开设了装配线。

在其他偏远地区，尤其是缺乏基建的地区，汽车的需求也日益增大。哈利·塔伦特（Harry Tarrant）在1897年制造了澳大利亚首辆汽油机汽车，之后也被多次改进。1909年，他为澳大利亚带来了福特的装配和销售许可。在南美洲，秘鲁工程师胡安·埃尔伯特·格里夫（Juan Alberto Grieve）于1908年制造了这片大陆的第一辆汽车，然而当他向政府寻求资助时，却被告知国家需要的是高质量的"洋"汽车而不是"土"汽车。

而中国则是另一个极端。中国的爱国主义限制了汽车进口，直到新中国成立后的1956年才建造出第一辆国产汽车——解放牌卡车。直到80年代，汽车在中国都较为稀缺，比较常见的是国产的公用车和从苏联进口的拉达（Lada）汽车。而苏联自身在二战前就已经构建了成熟的汽车产业，在1936年推出了其最具特色的GAZ-M1。

▽ 共用道路

在1930年，加尔各答的汽车仍非常稀少。图为一辆斑马车与莫里斯轿车共用道路。

"只要有了汽车就可以做任何事情。"

——法国《辩论报》，1907年1月16日

让路面更安全

汽车销量在20世纪20年代开始爆炸式增长，但是当时却没有对车速、驾驶考试、驾驶员年龄提出限制，因此交通事故频发。政府制定了多项法规以保证乘车人和行人的安全。

△ 保持秩序
示威者要求改善道路安全，包括使路口更安全等，图片摄于20世纪20年代末期。

英国国内从 1903 年开始就有 32 千米 / 时的限速，但大家普遍视而不见。因此在 1930 年，随着道路交通法的颁布，路面上所有限速都被取消。车主可以随心所欲地驾驶，无须担心因超速而被逮捕。不过，公交车、卡车仍有 48 千米 / 时的限速。

不过为了保障安全，道路交通法仍禁止粗心、危险、鲁莽驾驶，酒驾，毒驾，并会对这些行为处以罚款。此外，司机还需要购买第三方保险，残疾司机则必须参加驾驶考试。英国的第一版《公路法典》于 1930 年颁布，对驾驶规范进行了规定。但是，宽松的限速却导致了英国交通死亡率的增加。1926 年，有 4886 人死于交通事故；到了 1930 年，增加到了 7305 人；而 5 年后，死亡人数又增加到了 7343 人，其中有一半是行人。修订后的道路交通法于 1935 年颁布，该法案重新规定城市建成区中所有车的车速均不能超过 48 千米 / 时。

这一规定在此后一直沿用，同样被沿用的还有 1934 年制定的法规：所有司机必须通过驾驶考试。除此之外，1935 年还引入了行人专用的横道线，横道线两侧的人行道上设有亮橙色的球体以警示司机。这一设施被亲切地称为"贝里沙灯塔"（Belisha beacons），以英国交通大臣莱斯利·霍尔-贝里沙（Leslie Hore-Belisha）命名。至今，贝里沙灯塔仍是英国街道上一道亮丽的风景线。

美国和欧洲

同时期的欧美国家在保证驾驶自由的基础上，道路安全也得到了提升和规范。美国汽车协会（American Automobile Association, AAA）制定了一系列司机课程。联合国对驾驶标准和道路标示进行了规范，同时最新发明的三色交通灯被安装在世界各地的城市道路上。汽车生产商也开始更加关注安全问题，车辆上出现了许多新的装置，包括刹车灯、指示灯等。

大事件

- 20世纪20年代　加拿大、意大利、西班牙跟随着美国，规定车辆必须靠右行驶。而日本、英国及其殖民地选择靠左行驶
- 1926年　国际汽车交通标准大会在巴黎召开；道路标示标准大会在日内瓦召开
- 1926年　国际驾驶许可被颁布
- 30年代　东欧大部分国家开始采用右行道路
- 1934年　美国宾夕法尼亚州首次在高中开设驾驶课程
- 1935年　新的英国交通法将城市建成区内的车辆速度限制在48千米/时以下
- 1935年　英国引入了贝里沙灯塔以指示行人过马路
- 1935年　美国政府发布了《一般交通设备驾驶手册》
- 1936年　美国印第安纳州的化学教授发明了酒精测量仪，1938年当地的交警开始使用这一仪器

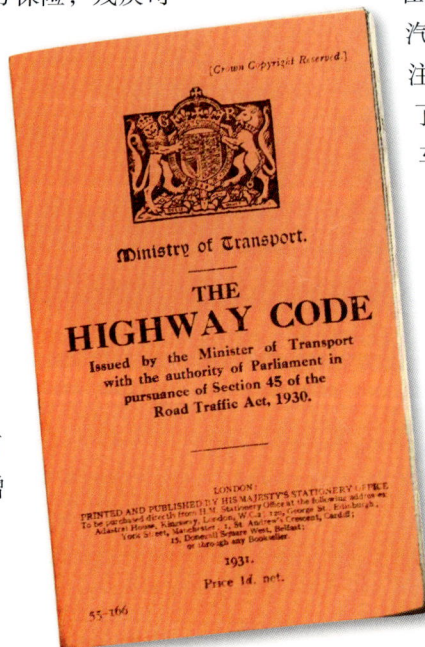

包装贝里沙灯塔上的球体，20世纪30年代中期的英国

◁ 《公路法典》
这本袖珍册子对所有车辆进行了规范，包括自行车和马车。该法典于1930年颁布，至今仍在印刷。了解这本法典是通过驾驶员考试的基本要求。

△ 美国纽约第五大道上人工操控的交通信号灯，摄于1929年

▽ 成功的广告

20世纪30年代，汽车广告通过华丽的背景衬托出时尚的车身，以激起消费者的购买欲望。广告中雍容华贵的女士正欣赏着1934年的莫里斯汽车。

早期的日本车

现在的日本车在世界汽车领域占重要地位。不过在20世纪20—30年代，汽车的主要产地仍在欧洲和美国，日本尚未具备成熟的汽车产业。

△ 毁坏的道路

日本的汽车业刚起步就发生了1923年的关东大地震。地震造成数千人丧生，并毁坏了无数的道路、铁路、电车线路。

20世纪20—30年代，日本的大部分车都是进口车，是有钱人的玩具，更是财富的象征。当然也有本土车，比如四座的 Takuri（1907）、DAT41（1916）、三菱 A 型车（1917）。

1923年发生的关东大地震将东京和横滨彻底摧毁，交通和通讯出现了各种问题。作为应急措施，日本从美国引进了1000辆福特 T 型车底盘，并将其改造成了出租车。T 型车强度非常高，能够应对日本残破的路面。此后，T 型车在日本大受欢迎，亨利·福特在1925年于横滨开设了装配工厂。其他美国工厂很快也进入了日本市场，日本制造的美国汽车数量日益增长，但日本本国的汽车业却停滞不前。为了限制美国企业，1936年日本制定了汽车制造业法，通过征收关税、限制生产的方式来限制日本国内的外资汽车企业。在第二次世界大战爆发后，出于利益考虑，美国关停了在日本的所有工厂。

国内生产

在二战前的一段时间，达特桑（Datsun）无疑是最积极的汽车制造商，最先制造了4缸达特桑10型车。之后，达特桑推出了一系列小轿车，包括14、15、16型车，又在1937年推出了一款高档美式汽车——6缸的日产70型车。1年后，达特桑停止生产日用车，开始进行军用车的生产。但日本二战前最具标志性的汽车应该还是丰田 AA，该轿车模仿了克莱斯勒气流的设计——尺寸较大、具有流线型车身、装有6缸发动机。

之后，铃木、大发、斯巴鲁、马自达、五十铃等汽车企业在日本诞生，从第二次世界大战后开始造车并发展至今。

◁ 皇室的赞许

1934年，秩父宫雍仁亲王高兴地坐在达特桑车内。这辆比美国车更便宜的小车是日本对西方汽车业的一次挑战。

大事件

- 1902年　亨利·福特首次将车出口至日本
- 1907年　日本第一辆国产车 Takuri 问世
- 1923年　关东大地震对东京和横滨造成了严重破坏，日本政府从美国引进了1000辆福特 T 型车卡车底盘。
- 1925年　亨利·福特在横滨开设了一条 T 型车的装配线
- 1927年　通用汽车在大阪开设了装配线
- 1929年　福特在横滨开设了一座全新的工厂
- 1930年　日本路上98%的车都是美国车
- 1934年　日产汽车在横滨正式成立
- 1935年　丰田开发出首款车型 AA
- 1936年　日本制定汽车制造业法以限制美国汽车在日本的发展
- 1941年　美国在日本的汽车工厂全部关停

在豪华 A 型车之后，三菱直到1960年才重新开始造车

△ 丰田汽车公司在爱知县的生产线，20世纪30年代

更快、更实惠

在两次世界大战之间，名爵凭借 M 型、J 型、P 型 Midget 以及 Magna、Magnette 成为廉价跑车的代名词。名爵的跑车充满了驾驶乐趣，一些追求刺激的人时常会在周末驾驶着名爵跑车参加环形公路赛甚至越野赛。许多其他实惠的跑车也进入了市场，例如摩根（Morgan）古怪的 V 型双缸三轮车、意大利的菲亚特巴利拉（Ballila）508S，但名爵依靠"驾驶乐趣"的定位牢牢地占据了廉价跑车的市场。高强度弹簧和韧性底盘是早期跑车的经典特征，但宝马的 328 车型颠覆了这些传统，使用了高强度的结构和易控制的悬架。宝马 328 为未来跑车的设计绘制了一幅蓝图，但与名爵不同的是宝马并不便宜。

独立悬架使每个车轮都有独立的自由度

低重心减轻了刹车和加速时的倾斜

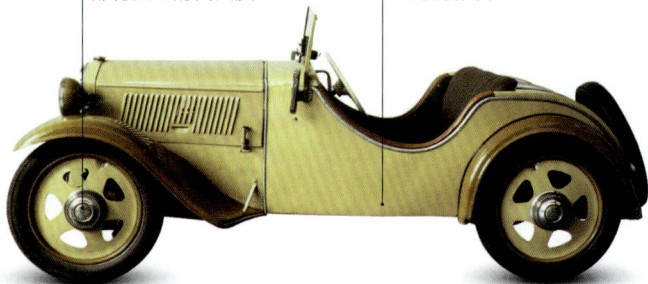

◁ 小奇迹（DKW）FA，1931
这款廉价、高速的FA车型由摩托车发动机驱动，是小奇迹公司最早的前轮驱动汽车，在德国考维茨生产、装配。它装载的横置二冲程发动机在变速箱后方。

995cc直列4缸发动机提供了113千米/时的最高速度

紧凑的驾驶舱可供两人乘坐

渐窄的车尾延续了简约的设计理念

◁ 菲亚特巴利拉508S，1933
推出巴利拉家用汽车1年后，菲亚特推出了这款运动车型。该车型由车身制造先驱吉亚（Carrozzeria Ghia）设计，很快便成为一款典型的小型跑车。

◁ 拐弯

在1931年的布鲁克兰车赛上，2辆奥斯汀阿尔斯特（Ulsters）车正在被名爵追赶。领跑车手是维多利亚·沃斯利（Victoria Worsley），最终他获得第7名，之后他选择改开名爵车。

白蜡木车架外覆盖了铝合金车壳

4缸发动机驱动四轮

行李架能够提供足够大的储藏空间

装有竖板条的栅栏与名爵之前的车型有所区别

辐条车轮能够减轻整车重量

△ 三枪斯考特（BSA Scout），1935

三枪最早是枪械公司，后来将业务拓展到了制造摩托车和轿车。这款4缸跑车兼旅游车采用了四轮驱动、独立前悬架技术，并在前轴安装了中央制动器。

△ 名爵PB，1935

名爵P型Midget在1934年通过使用长度更大、强度更高的悬架取代了J型车。1935年的新版本PB拥有超大的939cc沃斯利发动机，能够发出43马力（31.39千瓦）的动力。

第四章
汽车时代

1936—1945

汽车时代

第二次世界大战的5年中汽车业的发展止步不前。欧洲战火燃起之后，汽车的生产立刻全面停止。但汽车公司并没有关闭，它们的客户由普通司机变为了政府部门、独裁领导乃至侵略势力，例如法国国内的车企。一夜之间，汽车工厂成为战争机器的一部分，他们的目标不再是制造汽车，而是坦克、飞机、军火。1941年珍珠港被轰炸之后，美国汽车业也进入了战争模式。

人民的汽车

道路自由是汽车在20世纪30年代为社会带来的巨大进步，却在战争中被破坏殆尽。在汽油短缺的条件下，个人驾车出行已成为过去时，许多汽车只能静静停在路边等待着和平的到来。然而，战争也推动了汽车业的进步，其中最重要的是轻型四轮驱动多功能吉普车的诞生，它也是现代运动型多功能汽车的雏形。与全轮驱动的工业用车及战争用车不同，吉普车自成一派，被用作战地的运输或侦察车。另一款与政治紧密结合的汽车则是德国大众汽车（Volkswagen），德文的意思为"人民的汽车"。阿道夫·希特勒曾承诺让几乎所有德国民众都能够买得起大众汽车，不过他最终未能兑现这一承诺。

大众汽车工厂被盟军的轰炸摧毁，纳粹德国为其提供的经济支持也很快终止。不过，大众、菲亚特500、欧宝、雷诺等价格实惠的汽车充当了汽车全民化的先锋，为汽车的新时代拉开了帷幕。

创造传奇

20世纪40年代，大部分中产阶级都希望在经济

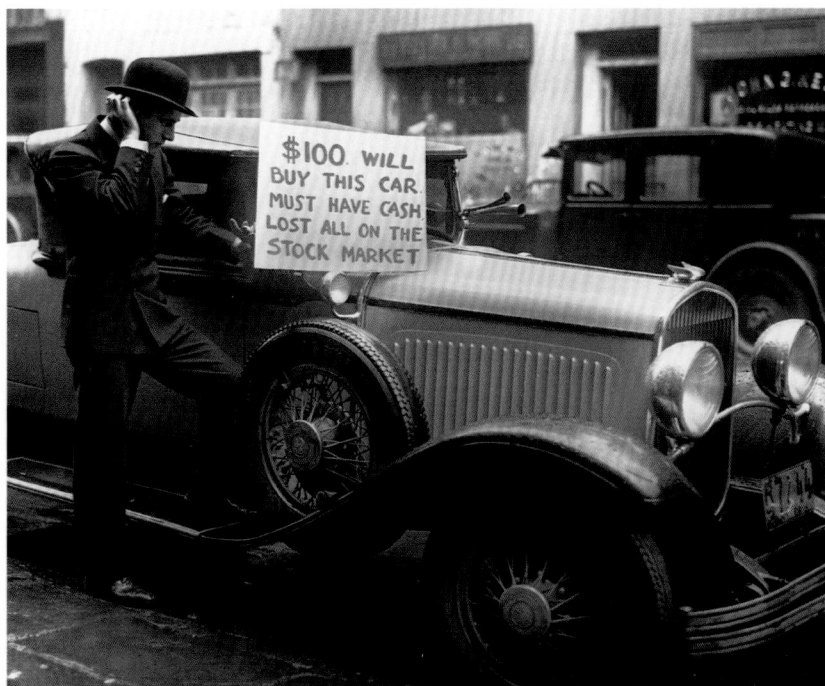

美国大萧条对全球的汽车业都产生了巨大的冲击

第二次世界大战对全球许多城市都造成了巨大的破坏

"大部分中产阶级都希望在经济允许的条件下拥有一辆属于自己的汽车。"

允许的条件下拥有一辆属于自己的汽车，汽车展销厅成为他们实现梦想的天堂。他们可以坐在驾驶位上看着自己心仪的汽车的仪表——即使坐在里面并不舒服、操作困难，但依然点燃了人们对汽车的热情。除了汽车本身，其周边产业也拥有着巨大的市场——从汽油、机油到轮胎，甚至是野餐配件，这为汽车的发展注入了全新的活力。温馨的夜幕中，汽车聚集在电影院的银幕前，车主观赏着好莱坞的电影。可以说没有汽车的生活是不完整的、难以想象的。

不过，尽管宣传汽车的广告铺天盖地，世界上仍有许多没有汽车的国家，例如西班牙。美国的底特律建起了一座座汽车工厂，成为名副其实的汽车城，而其同在北美的邻居加拿大却仅有寥寥几条最基础的装配线。

汽车上也有了许多大大小小的创新。有人尝试将收音机装在汽车上，很快所有车企都纷纷效仿。而梅赛德斯-奔驰作为柴油机汽车的发明者，也率先使用了汽油这一全新的能源。汽油机汽车也将人们的出行成本降低了许多。

在战争期间，汽车生产商仍不遗余力地宣传自己的汽车

40年代，驾车的乐趣又回来了

换车

汽车保有量在20世纪20年代激增。然而，越来越多的人选择购买新车，所以一些二手车卖家在旧车型的基础上换上新车身，这为汽车交易带来了许多问题。

亨利·福特通过装配线实现了T型车的量产，在大幅降低汽车价格的同时提高了汽车保有量。截至1929年，美国国内共有2600万辆汽车，而在加州，平均每2.1个人便拥有一辆汽车。在1913年，3/4的售出汽车都是买家的第一辆车；而到了1924年，汽车总产量的2/3都是用来替代旧车。因此，汽车市场也不得不面对日益增加的二手车数量。

其实当时的情况与现在并无差别，新车买家并不会关心他们淘汰掉的旧车去了哪儿。一部分被淘汰的旧车进入了二手车市场，二手车车商将其卖给那些买不起新车的人。但随着汽车产量的日益增加，新车变得越来越多，对买家的吸引力也变得越来越大。

"二手车问题"

随着新车的增加，二手车越来越难被市场消化。而雪上加霜的是在残酷的市场竞争中，许多二手车车商会以非常低的价格出售二手车以吸引消费者，这也意味着许多二手车甚至是赔本出售。当时，有些车企的做法是生产适用于二手底盘的新车身，从而将二次售卖的汽车的价值最大化。一辆旅行车装上了新

△ 送到报废站
在行业制定的报废方案中，旧车数量的增加意味着报废金属量的提升，有些人从中看到了商机。

车身可能就变成了运动型汽车，一辆普通轿车也可能摇身一变成为农用卡车。为了解决"二手车问题"，美国汽车制造商雪佛兰和福特制定了回购和报废汽车的方案。

▽ 买得起的车
二手车市场的兴起主要受价格的驱动。图为停在纽约格林威治的一座停车场中可以分期付款的二手车。

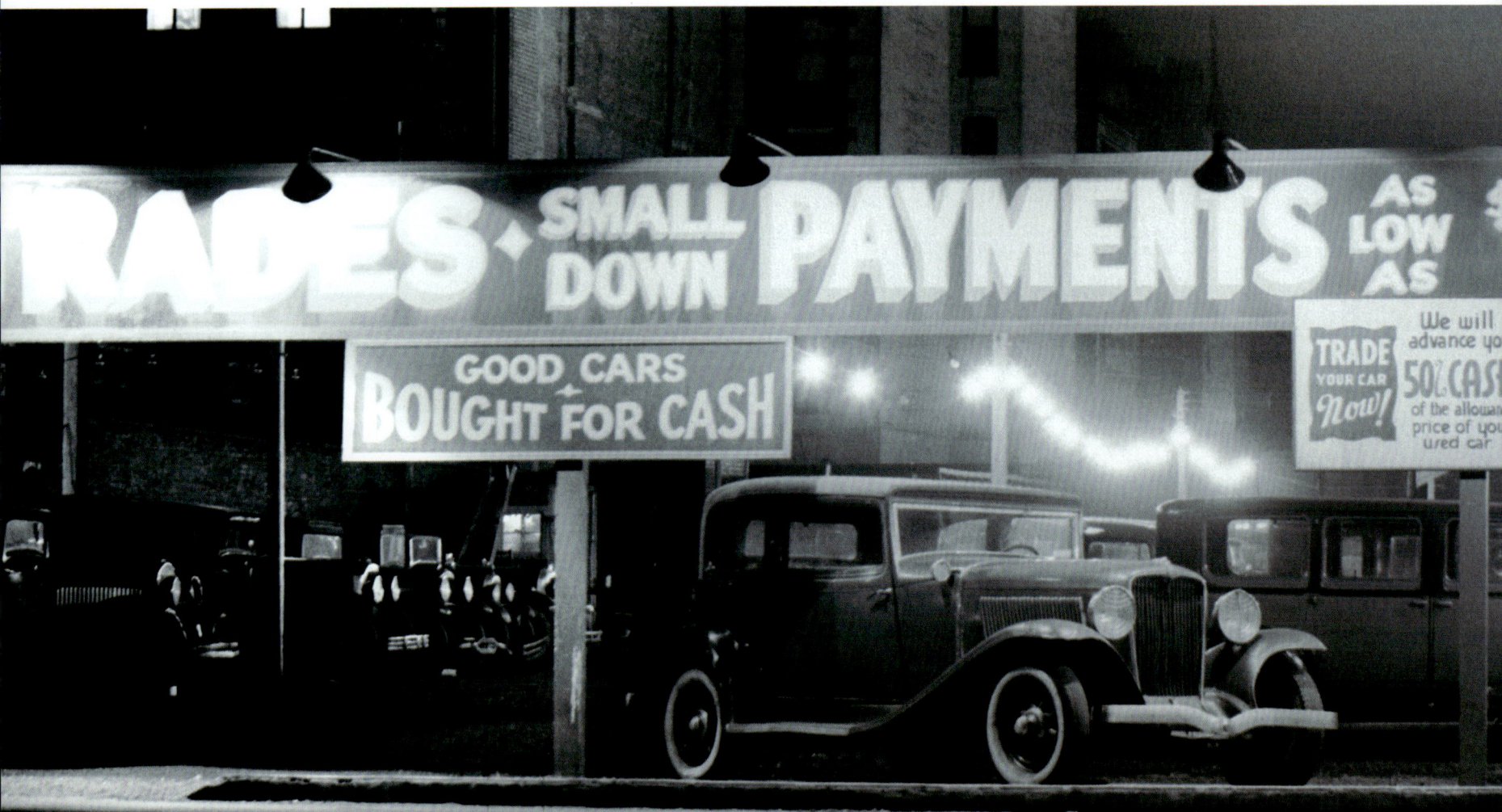

根据福特的回收方案，密歇根的旧车会在底特律的工厂被彻底地拆解。工厂会将所有可用的零件和材料拆下，无论是轮罩还是车窗，然后将它们循环利用。底特律的工厂一天可以拆解高达 600 辆旧车。

1930 年，美国汽车商会（National Automobile Chamber of Commerce）为整个美国汽车产业制定了规范。几十万辆可用的二手车报废，从而为新车腾出市场。但这个规范未能持续很久，最主要的原因是钢铁成本降低使得回收二手车变成赔钱的买卖，尽管钢铁在二战和朝鲜战争中一度短缺。

美国也曾试图通过法律规范二手车市场，但都收效甚微。之后，二手车车商开始主动共享旧车价格的信息，并发布指导书帮助消费者对旧车进行估价：美国的《凯利蓝皮书》（Kelley Blue Book）于 1926 年首次面市，而英国知名二手车杂志《格拉斯指南》（Glass's Guide）也于 1933 年出版。

"记住，一分钱一分货。"

——雪佛兰广告标语

关键发展
郊区的汽车需求

尽管西方国家在30年代早期经历了经济大萧条，但由于城内清理贫民窟、低息率等原因，西方民众的房产拥有率反而提升了。在英国和美国，近郊的住宅区让更多人能够拥有自己的独立住房，有些住房的价格甚至低至1英镑。独立住房为房主提供了停车的空间，汽车也成为郊区居民生活中必不可少的一部分。

随着汽车在人们生活中的地位提升，车库也成为刚需之一

节约出行

20世纪30年代，随着经济大萧条的到来，能够买得起汽车的人越来越少。即使是买得起汽车的人，也仅会选购市场上最便宜的车型。

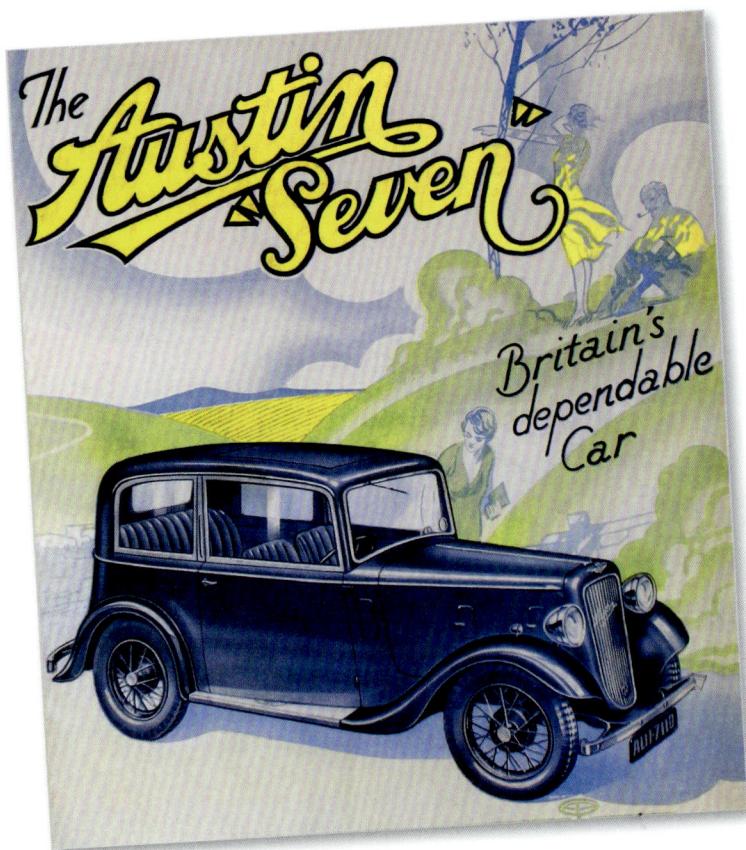

△ 雪佛兰水星，1933
雪佛兰在1933年推出的廉价车型——6缸的水星在次年被重命名为雪佛兰标准6。

经济大萧条时期，世界各地的人们希望尽可能地控制出行成本，而便宜的小型车恰好满足了他们的需求。但是在美国，人们早已形成的对于大型车的消费偏好，让诸如奥斯汀（之后的班塔姆）等小型汽车生产商举步维艰。因此，许多美国汽车消费者将目光投向了大型生产商的低端产品。雪佛兰当时依靠旗下的水星（Mercury）、标准（Standard）、6缸的大师（Master）等车型主导着市场，而福特装载着V8发动机的对标车型也在1937年推出了2.2升的轻量版。

勤俭潮流

福特在欧洲市场推出的经济车型却完全不同——它们没有V8发动机，取而代之的是由排量933cc、侧置气门4缸发动机驱动的Y型车，该车型在1932—1937年间生产。该车的前后轴悬挂在钢板弹簧上，变速器有3个传动比，前2个传动比通过同步器实现换挡。Y型车中最便宜的两门车型也是英国第一辆价格低于100英镑的汽车，该车型同时也在德国科隆进行生产。

欧洲对手

在英国，福特Y型车最大的竞争对手是本土的莫里斯8。莫里斯8的动力更强，车身也更重，具有更好的刹车性能，也略贵一些。莫里斯逐步改进设计，最终在1938年推出较为现代化的E系列；而福特对原有的车型7Y进行改进，在1939年推出了安格利亚（Anglia）。长盛不衰的经济型轿车奥斯汀7是二者共同的竞争对手，该车型自1922年诞生到1939年停产，销量高达29万辆。

菲亚特工程师丹特·嘉科萨（Dante Giacosa）为意大利消费者设计了菲亚特500，该车与奥斯汀7大小相当，却应用了更先进的技术。菲亚特500自1936年开始正式生产，得到了"小老鼠"（Topolino）的绰号。该车外观别致，散热器放置在发动机后，在增大了车内空间的同时，通过用倾斜车头取代传统的格栅设计，降低了车头高度。侧拉式车窗的设计意味着车门可以做成凹形，为乘客提供了放胳膊的空间。"小老鼠"还装有独立前悬架、液压制动系统和4传动比变速箱（当时的大多数车只有3

个传动比）。截至1955年，该车共卖出了50万辆。

在德国，迪西（Dixi）公司获得了奥斯汀7的生产许可，小奇迹汽车公司（DKW）则推出了二冲程的F1轿车，该车型也是1931年以来首款大获成功的

▽ 奥斯汀7
奥斯汀7的广告强调了其经济性和可靠性，它一度是英国最流行的汽车之一。

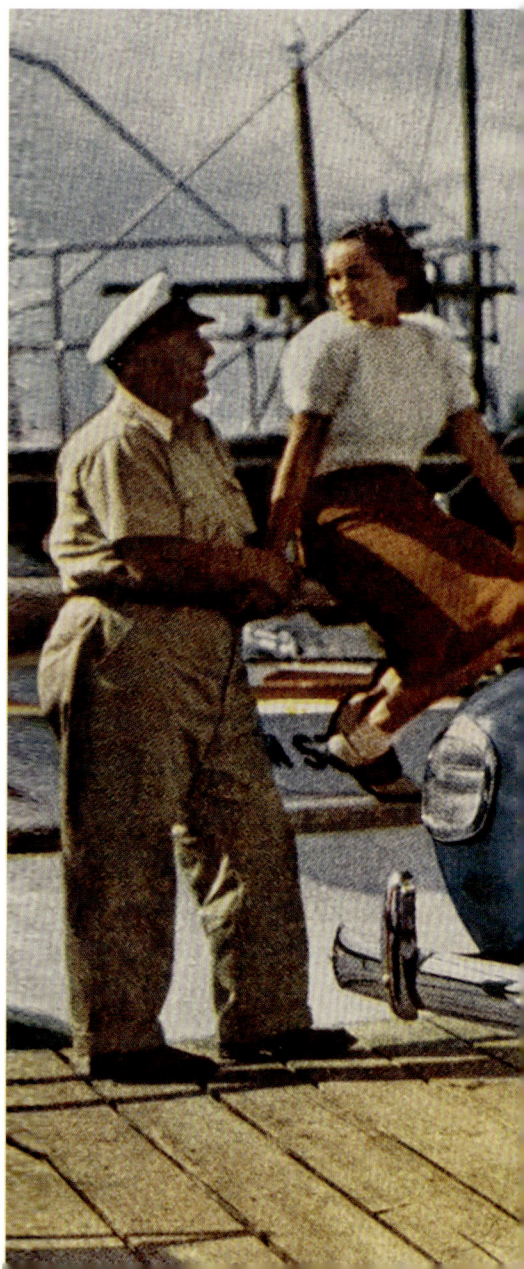

▷ 普利茅斯（Plymouth）敞篷车，1939
普利茅斯是美国最便宜也是最流行的汽车品牌之一。其在1939年推出的敞篷车以"紧张刺激的驾车体验和出人意料的低廉成本"为卖点。

前驱动车。同时，欧宝推出了低价的奥林匹亚（Olympia，为纪念1936年的柏林奥运会）。奥林匹亚自1935年开始生产，1940年由于第二次世界大战而不得不停产，其独特的承载式车身结构还被运用到了Kadett等更廉价的车型上。二战也影响了大众甲壳虫的生产，甲壳虫原计划以低于1000德国马克的价格销售，该价格甚至不到奥林匹亚的一半。

受到欧宝奥林匹亚车型的启发，雷诺于1938年在法国推出了新车型Juvaquatre。尽管它在1948年被4CV大规模取代，但该车型旗下的旅行轿车和面包车直到1960年仍具有一定的人气。

关键发展
进口汽车产业

20世纪初，西方大多数国家都拥有本国的大规模汽车制造商，但西班牙除外，其最著名的汽车品牌——高端品牌希斯巴诺-苏莎（Hispano-Suiza）在二战后便很快消失。直到50年代，西班牙才出现西亚特（Seat）品牌，而西亚特的大部分车型都有菲亚特的影子。

尽管加拿大也没有自己的知名汽车品牌，但仍在汽车工业中占据了一席之地。美国汽车三巨头福特、通用、克莱斯勒在加拿大都有装配线，加拿大一度也是世界第二大汽车生产国。

西亚特是西班牙首家生产平价汽车的公司

"以最低的成本出行！"
——奥斯汀7的广告语

阿特拉斯润滑油罐

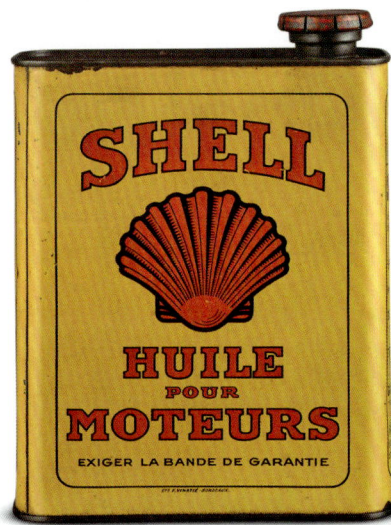

壳牌润滑油罐

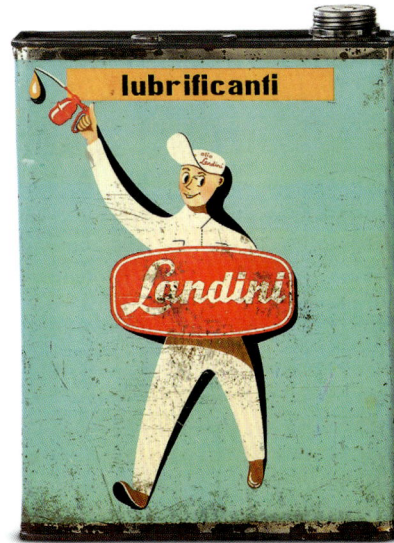

兰迪尼润滑油罐

美孚润滑油罐

尼尔润滑油罐

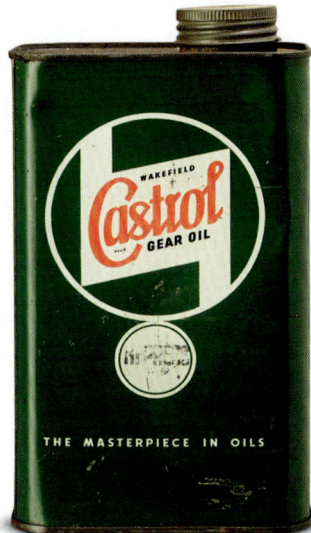

嘉实多润滑油罐

红线润滑油罐

宾州山润滑油罐

关键发展
合成机油

随着发动机内压力的增大，人们对润滑油有了更高的要求。合成机油由化工行业生产而非提炼自原油，其摩擦系数更小、耐久性更高。合成机油发明于20世纪30年代，并用于航空发动机，直到70年代才在安索（Amsoil）、美孚（Mobil）、摩特（Motul）等大型机油企业的推动下进入了汽车市场。

半合成机油则是将合成机油和传统的矿物机油混合，通过这种方法可以以较低的成本获得与合成机油相似的性能。

美孚1型合成机油于1974年上市，美孚也赞助了诸多赛车比赛

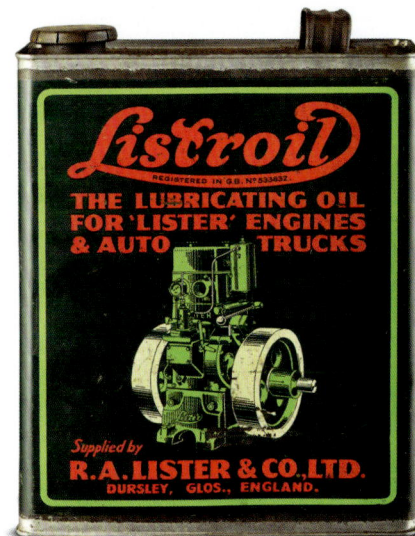

里斯润滑油罐

德克汉姆润滑油罐

英国航空润滑油罐

机油

机油公司为了吸引用户而相互竞争。各个机油品牌都有自己独特的油罐和商标。

约翰·埃利斯（John Ellis）博士是公认的从石油中提取润滑油的第一人。润滑油最初被用于蒸汽机中，其最重要的作用便是能够避免活塞附近产生沉积物。另一位机油的开创者——查尔斯·韦克菲尔德爵士于1899年在伦敦创立了一家以蓖麻油为主料的润滑油公司，公司名"嘉实多"（Castrol）便源于蓖麻油的英文 castor。嘉实多最早通过赞助

赛车比赛、纪录挑战等相关活动打响自己的品牌。随着车辆的普及，越来越多的机油公司开始使用吸引眼球的商标来抢夺市场。

一些早期的机油品牌被大型企业收购。许多大型机油品牌，如壳牌（Shell）、BP、德士古（Texaco）、海湾（Gulf）等仍长盛不衰，但更多的品牌已消失。

速度960润滑油罐

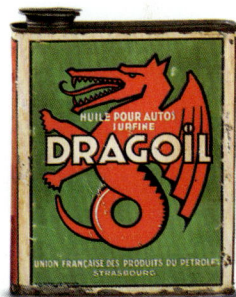
龙润滑油罐

价格标签，标出了1/4品脱（约142毫升）机油的油价

手动泵可将油箱内的油泵入量罐

油箱装了3种不同机油：轻质、中等、重质

壳牌机油分配车

陆珀润滑油罐

打造属于民众的汽车

德国政府的一项倡议创造出了全世界史无前例的最佳车型，而英国军队让这一设计延续了下去。

除了大力发展露营、旅游业、歌剧院、音乐会，德国政府还希望设计出一款所有德国人都能够买得起的车。费迪南德·保时捷（Ferdinand Porsche）博士受太脱拉工程师汉斯·鲁德维卡（Hans Ledwinka）的启发，设计出了一款得到德国官方认可的汽车——现在大家所熟知的甲壳虫汽车。但业界给出的价格没能达到德国政府的要求，因此这一项目被交给了德国劳工阵线，他们使用贪污而来的资金建立了一座甲壳虫汽车厂。

德国政府曾给出了一个购车方案：每周花5德国马克购买一张邮票贴在特定的书上，贴满一整本后就可以用这本书换一辆甲壳虫。然而，最后并没有人成功换取汽车，因为所有的资金都被投入到了战争当中。1965年，有一小部分人通过法律手段用一本合规的书换得一辆全新的大众甲壳虫，但绝大多数人都没有得到兑现。第二次世界大战结束后，甲壳虫工厂被英国汽车制造商接管，但没人对这款汽车感兴趣。不过，英国军官伊万·赫斯特（Ivan Hirst）少校接手工厂并观看了项目演示后发现了这款车的价值，并立刻为英军订购了2万辆甲壳虫。

原欧宝生产部经理海因兹·诺德霍夫（Heinz Nordhoff）在1949年重新接管甲壳虫工厂，并对该车型进行了诸多改良。1974年，大众推出了高尔夫作为甲壳虫的替代车型。在德国，甲壳虫汽车于1979年停产。不过，2003年甲壳虫汽车开始在墨西哥重新生产，并焕发了新生。

◁ 高效的车型

1938年，费迪南德·保时捷博士向阿道夫·希特勒展示这款大众车型。现在被称为"甲壳虫"的汽车从此在世界汽车业大放异彩。

车轮上的家

想看看这个世界吗？想更全面地了解自己的国家吗？旅行挂车和房车为勇敢的旅行爱好者们提供了家一般的车内环境。

挂车一度是吉卜赛人或旅行商人的标志，直到1885年，苏格兰人威廉姆·戈登·斯特布尔（William Gordon Stables）发明了娱乐用的旅行挂车。斯特布尔乘坐着他的"巡游者号"马拉挂车，横跨了整个英国。乘坐旅行挂车游玩的想法在英国渐渐变得流行，1907年，英国旅行挂车俱乐部成立。俱乐部会定期组织聚会、拉力赛，甚至是横跨国家的赛事，也吸引了越来越多的成员加入。截至1912年，英国有多达450座旅行挂车专用的公园。

△ 埃尔克斯旅行挂车，1926

一家人骄傲地在他们全新的四铺埃尔克斯豪华版旅行挂车和莫里斯牛津前照相。

一战结束后，繁荣与和平又回到了人们身边，旅行挂车也迎来了全新的机动牵引。短短一年之内，埃尔克斯汽车运输有限公司（Eccles

▷ 清风房车
1956年，美国的旅行者们将他们的清风房车停在公路边。

Motor Transport Ltd）便设计出了首款汽车旅行挂车。这款挂车售价300英镑，可以住2个人，车内有炉子和洗脸盆，采用红木内饰，并且具有良好的隔音性。制造商宣称这款挂车解决了假期难题，其销量也在20年代猛增。为了推动销售并证明挂车的灵活性，埃尔克斯公司参加了1932年的蒙特卡洛拉力赛。之后，埃尔克斯公司为了制造更大的噱头，派出一款挂车跨越了非洲，穿过了撒哈拉沙漠。值得一提的是，在这两次大胆的

尝试中，挂车都由希尔曼（Hillman）汽车牵引。

路上的家

美国汽车市场的第一辆房车也出现在20年代。相较欧洲流行的挂车，美国的房车更大、更狂野，其中最引人注目的便是1936年的清风"帆船号"（Airstream Clipper）房车。这款房车能够容纳4个人，并且具有独立的供水系统和光照系统，可以说是美式自由的象征。

之后，房车也开始在欧洲大陆风靡起来，不过由于二战的爆发而不幸中断。在石油定量供应、材料紧缺、经济困难的大背景下，直到50年代房车才渐渐回到了人们的视野之中。房车回归之时又兴起了一波新浪潮，现代化、轻便的材料让房车在

"要是我们住的**房子**有轮子该有多好……"

——伊尼德·布莱顿（Enid Blyton）《格里亚诺先生的马戏团》（Mr. Galliano's Circus）

价格更低廉的同时还具备了更完善的功能。房车不再是富人的特有物品，房车也进入了它的黄金时代。

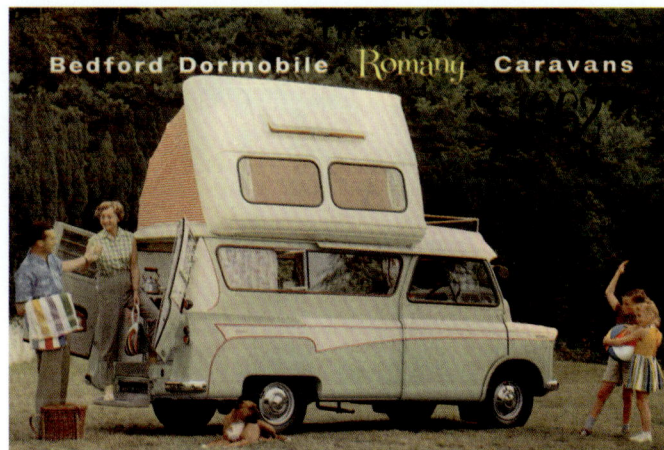

◁ 家庭旅行，1934
面向旅行挂车的营地在30年代大量增加，这也让各个家庭有机会领略全国各地不同的风光。

车轮背后
野营面包车的兴起

受房车的启发，人们自然而然地想到将面包车进行改装，以为乘客提供住宿的空间。然而，大多数面包车的空间都过于狭窄。因此，英国改装专家马丁·沃特（Martin Walter）便为他的贝德福德车（Bedford）设计了可折叠式车顶。停车时，乘客可以将车顶展开以扩大车内空间，这样乘客就能够在车中自由地活动，比如做一顿可口的午餐。这个想法被德国的威斯法利亚（Westfalia）采纳，它在1956年为大众Kombis野营车设计了类似的折叠式车顶。

1962年的贝德福德车的广告展示了可折叠车顶的功能

△ 造型而非速度

SS汽车有限公司，也就是现在的捷豹，所设计的SS1型车以其独特的外观闻名于世，其在拉力赛中也表现不俗。图中为SS1在1936年苏格兰参加比赛的场景。

柴油机的崛起

鲁道夫·狄塞尔（Rudolf Diesel）发明的柴油发动机大幅提升了燃油的经济性，他的名字也因此家喻户晓。虽然柴油机汽车的起步较晚，但最终受到广大车主的认可。

△ 柴油加油泵
尽管柴油机汽车出现时间较晚，但柴油机卡车早在几十年前的30年代便已经普及了。它们可以利用这种特定的加油泵加油。

1893 年对车主们无疑是重要的一年。12 月 24 日，亨利·福特在自家厨房的水槽中成功制造出他的第一款汽油发动机；几周前，第一辆电动汽车在加拿大诞生；4 个月前的 8 月，法国举办了世界上最早的驾照考试。不过，这一年中最重要的事当属 2 月 23 日鲁道夫·狄塞尔发明了一款不同以往的发动机——狄塞尔机，也就是柴油机。

高效且经济

柴油机的效率是蒸汽机的 7 倍，甚至超越了尼古拉斯·奥托发明的汽油机，因为柴油中蕴涵着更大的能量。除此之外，与汽油机不同的是，柴油机并不使用火花塞来点燃燃油，而是依靠柴油在高温高压下的自燃来释放能量，推动活塞，从而发动汽车。另外，柴油不需要繁复的精炼过程，因此在价格上也比汽油更有优势。鲁道夫·狄塞尔发明柴油机时，原油精炼才刚起步 40 余年，主要产物还是灯中所需的煤油。柴油是生产煤油的副产物之一，甚至一度被当作废料处理。1894 年，由于狄塞尔机的发明，这种废料正式得名"柴油"。鲁道夫·狄塞尔曾对无数种燃料进行了试验，包括煤粉、氨水、花生油等，但最后发现柴油才是最佳选择。

◁ 柴油机小货车
30年代末，柴油是绝大多数小货车的燃料。左图为一幅德国的广告，图中的壳牌柴油运输车正在运输。

20 年代初，柴油机的尺寸非常大，一般用在火车、拖拉机、卡车上，甚至在轮船中作为笨重的燃煤发动机的替代品。当然，人们也根据应用场合的不同而对柴油机做了多种改进，尤其是水运方面。柴油机本身的转速对船的螺旋桨而言太快了，这会导致船的动力变弱。有人便想出了在柴油机和螺旋桨之间加装一个电机以实现对螺旋桨转速的控制。不过，最终工程师们还是设计出了低转速高功率的柴油机作为货轮和战舰的动力源。柴油也成了二战时海上运输和陆路运输中不可或缺的重要资源。

小型柴油机的研发工作也在进行中，但实际上直到 20 世纪 50—60 年代，柴油机才被广泛用于轿车和快艇上。对战后支离破碎的欧洲而言，经济性和效率更高的柴油机无疑比汽油机更具优势。梅赛德斯-奔驰在 1936 年柏林车展发布的 260D 柴油机轿车无疑点燃了汽车爱好者的热情；同年，哈诺玛格（Hanomag）也发布了自己的柴油机轿车。柴油机在 30 年代多次登上报纸头版，尤其是英军

◁ 梅赛德斯-奔驰260D，1936
梅赛德斯-奔驰260D是最早量产的柴油机乘用车之一，除此之外还有哈诺玛格的Rekord。截至1940年，总共生产了约2000辆260D，之后，梅赛德斯-奔驰便开始在二战中生产军用车了。

△ 工程师卡尔·海伯尔（Karl Haeberle）与哈诺玛格的柴油机汽车，1939

1939年2月，德国工程师驾驶着这辆排量1.9升的柴油机哈诺玛格打破了4项世界纪录，使这辆车受到了广泛关注。其实，早在3年前的巴黎车展上，便有人预言了这款柴油机汽车的光明未来。

指挥官乔治·艾斯顿（George Eyston）驾驶柴油机跑车以260千米/时的速度打破世界纪录的壮举。不过，柴油机在民用车上的发展仍较缓慢。90年代，随着增压发动机的改进和普及，柴油机在经济性和性能上向前迈进了一大步。随后，在90年代末期，高压共轨喷射技术的出现又让柴油机完成了质的飞跃。

高压共轨系统由德国博世（Bosch）发明，该系统能够以固定的压力向各个气缸喷射柴油，同时还允许在一个循环中进行多次喷射。这一改进大幅降低了柴油机的噪声和排放。因此，20世纪末，在增压发动机和高压共轨喷射技术的共同推动下，柴油机汽车本身的性能和市场对其的需求都达到了新的高度。

"我要制造出一台汽车用的柴油机，这样我这辈子的工作才是完整的。"

——鲁道夫·狄塞尔

人物传记
乔治·艾斯顿

乔治·艾斯顿在一战期间服役于皇家炮兵队，之后在剑桥大学学习工程学。这两段经历让乔治·艾斯顿爱上了竞速和打破纪录的感觉。1932年，他驾驶着一辆排量750cc的名爵车成为第一位速度超过193千米/时的车手。

在联合设备公司工作期间，艾斯顿萌生了用柴油机赛车竞速的想法。1934年，他为一辆克莱斯勒加装上了AEC伦敦公交车发动机，并以185千米/时的成绩创造了新的柴油机汽车速度纪录。艾斯顿在1937—1939年三度打破速度纪录，最高速度达到了575千米/时。之后，他继续与斯特林·莫斯（Stirling Moss）等车手共同尝试挑战速度极限。

1931年，乔治·艾斯顿驾驶着他的名爵车在布鲁克兰赛道上飞驰。之后，他开始研究以柴油发动机作为动力的赛车

"汽车探险成为一种全新的娱乐方式。"

——拉格夫·巴格诺德（Ralph A. Bagnold），《利比亚的沙漠：死亡之地上的旅途》（ *Libyan Sands: Travel in a Dead World* ）

汽车探险

　　20世纪30年代，随着汽车的可靠性和复杂性的日益提升，人们的探险精神也日益高涨，这为欧洲带来了驾车探险的狂潮。

　　许多驾车探险者都会选择自己不熟悉的地区，比如非洲和中东。在沙漠中驾车一度非常危险，但得益于拉格夫·巴格诺德（Ralph A. Bagnold）准将对他的福特T型车做的多次试验，让在沙漠中驾驶在30年代成为可能。巴格诺德发明了用来攀越沙丘的竹梯、安装在仪表盘上的指南针、冷却液保护系统等。同时，他还总结出在沙地中行驶时应降低胎压等驾驶方法。瑞典拉力赛车手艾娃·迪克森（Eva Dickson）根据巴格诺德的经验，在1932年成为了第一位横穿撒哈拉沙漠的女性，她也因此赢得了与瑞典的布里克森（von Blixen）男爵之间的赌约，并获得了一大箱香槟酒。

　　当时，最受瞩目的还属捷克车手布列蒂斯拉夫·扬·普罗查斯卡（Bretislav Jan Prochazka）和金迪奇·库比亚斯（Jindrich Kubias）1936年的环球驾驶的壮举。他们从布拉格出发，共驾驶了44600千米，穿越了15个国家，到达了3个大陆，全程共花了97天，其中有53天是在海上度过的。他们的车在斯柯达Rapid的基础上做了少许改动——载有4缸1.4升发动机、独立悬架和液压制动系统。这辆车当然是无可挑剔的，但每天630千米的行驶里程也让他们无比痛苦。

　　他们途经德国、波兰、拉脱维亚、阿塞拜疆直至俄罗斯城市卡卢加。渡过里海后，他们穿过伊朗，那期间还遭遇了一场沙尘暴。为了弥补因沙尘暴耽误的时间，他们在3天内从巴基斯坦的奎达行驶到了印度的孟买，然后途经中国的香港、上海前往日本。穿越火奴鲁鲁后，他们抵达了旧金山，并以破纪录的100小时55分钟横跨美国。他们旅途的最后一段从法国港口瑟堡开始，途经巴黎、德国纽伦堡，最后回到了布拉格。

◁ 线路与车

经布列蒂斯拉夫·扬·普罗查斯卡与副驾驶金迪奇·库比亚斯共同改装的斯柯达Rapid于1936年与他们的路线图被共同展出。

另一位福特先生

与控制欲极强的亨利·福特不同，他的儿子埃德塞尔（Edsel）是一个非常平和内敛的人。自1919年接任福特公司董事长以来，他与父亲共同赢得多场关键商战，奠定了福特在全球的成功。

△ 新福特问世

1937年，全新福特V8豪华轿车的广告这样描述："前排、后排为所有人都提供了充足的空间。"

▽ 汽车革命

1927年，亨利·福特（左）和他的儿子埃德塞尔正对两辆车进行比较。一辆是老福特在1896年制造的第一辆四轮车，另一辆则是密歇根州底特律的福特工厂生产的第1500万辆T型车。

1943年，埃德塞尔·福特因胃癌逝世，享年49岁。埃德塞尔25岁便成为福特公司的董事长，为福特公司做出了巨大的贡献。

埃德塞尔的影响

与他的父亲相比，埃德塞尔的成就可能没有那么耀眼。1957年，福特公司推出了一款以他的名字命名的车型，但却遭遇了滑铁卢。但是，埃德塞尔是一位非常有远见和商业头脑的企业家。1922年，他发现了扩大福特品牌影响力的机遇，以800万美元的价格买下了濒临倒闭的豪车品牌林肯。之后，在1938年，他又成立了主打外形的中档车品牌"水星"。

埃德塞尔在任时最看重的就是车辆的外观。与他的父亲不同，埃德塞尔认为对消费者而言，外形设计与性能、可靠性、技术同等重要。因此，他在1931年任命格里高利（E. T. Gregorie）为首席设计师。这次企业内部调整让福特及时跟上了市场的脚步。福特的竞争对手通用在4年前就创立了自己的设计工坊"艺

▷ 第2000万辆福特，1931

T型车上市18年后，于1927年被A型车正式取代。图中的A型车——福特的第2000万辆车——完成了装配。

术与色彩"，并发布了一系列夺人眼球的车型。不过，埃德塞尔并未因此轻视安全性。他推动了许多创新性部件的发展，例如防爆玻璃、液压制动等。他还拓展了企业的信贷部门，客户可以根据需求分期购买福特汽车。

"他为公司带来了非常多优秀的东西。"

——亨利·埃德蒙斯，福特档案馆的负责人

海外竞争

埃德塞尔的眼光并不限于美国国内，他发现了福特在欧洲等海外市场的颓势，并希望扭转。福特专门设计了符合英国道路及驾驶习惯的轿车，并取得了巨大成功。不过，埃德塞尔最大的成就是福特T型车之后的两款爆款车：美国的A型车和英国的Y型车。Y型车让福特在英国市场得以占据一席之地，可以与奥斯汀和莫里斯一较高下。

埃德塞尔认为T型车不仅技术落后，而且还是公司的累赘。他成功说服了父亲，并推出了性能更好的A型车，与名爵的雪佛兰等品牌争夺市场。

埃德塞尔主要负责把握A型车的基本比例，而他的父亲亨利负责指导工程师进行设计。几年后这款车便问世了，它是1927年唯一一款采用液压制动和防爆玻璃的非豪华轿车。曾经的T型车的最大功率为20马力（14.71千瓦），最高速度仅64千米/时，而A型车能够以72千米/时的速度平稳行驶，也更舒适、更节油。1928年1月，A型车的8款不同车型的销售量共达60万辆。

致敬

1970年，福特档案馆的负责人亨利·埃德蒙斯（Henry Edmunds）这样评价埃德塞尔："他为公司带来了非常多优秀的东西——对产品外形、安全性的坚持，与合作商、消费者之间的良好关系。他将公司团结在了一起，这些是亨利·福特未曾做到的。没有他，福特可能就没有今天这般良好的形象。"

关键发展
福特Y型车

1932年的Y型车大幅提高了福特在英国和德国的盈利。A型车在美国大受欢迎，却未能得到欧洲市场尤其是英国的青睐。A型车在英国被归为豪华轿车，因此征税也较高。Y型车是福特首款专门面向海外的车型。它最早在密歇根州的迪尔伯恩进行设计和生产，仅仅4个月后的1932年2月就在欧洲亮相。到了10月，Y型车的生产地转移到了欧洲本土，由福特在英国的达格纳姆工厂和德国的科隆工厂进行生产。Y型车是福特的标志性车型之一，生产线维持了27年之久。

933cc直列4缸发动机

辐条车轮

Y型车是福特第一款专门面向海外的车型

▽ 标致402

这款来自法国的大型标致车是最早采用流线型车身的车型之一。部分思想前卫的消费者还被这款车别致的设备吸引：转向信号灯、双遮阳板、仪表盘上的钟等。它也是标致16款车型中相当宽敞的一款。

掌控汽车

尽管汽车的控制已大致标准化，但许多汽车仍有自己的一些特色。这就对司机的驾驶技术提出了更高的要求，尤其是运动型汽车，因为它们有着更烦琐更多的仪表需要司机观察。

现在，只需要按下一个简单的按钮便能启动一辆现代化的汽车，但在20世纪20—30年代，司机需要掌握一系列更复杂的操作。首先是冷启动，需要司机打开阻风门让燃油和空气充分混合，以使启动更加方便。部分汽车的方向盘上还装有点火杆，司机需要操纵点火杆来延迟点火时间，以防止回火现象。但是点火时间的掌控非常困难，因此绝大多数汽车都采用自动点火。司机还需要手动操纵一根节流杆以保证快速挂入空挡。

◁ 正在安装仪表盘的宾利，20世纪30年代
高性能轿车，例如宾利，需要更多的仪表为司机提供信息。

启动与换挡

启动电机早已是现代汽车的标准配置，它于1911年诞生在美国。电机通过仪表盘或踏板边的按钮操控。不过，当时大部分车企仍在车上保留了手动启动机以防止电池没电或电机启动失败。

由于同步器的发明，齿轮换挡变得简单了许多。但同步器有时无法与低挡齿轮配合，因此司机在换低挡时就需要掌握"二次离合"的技巧。在换挡时，要先将挡位挂至空挡，松开离合器踏板后等待一小段时间，再踩下离合器踏板并挂上低挡。若操作正确，就能够避免换挡时的巨大噪声，但这需要相当熟练的技巧。

当时，自动变速器尚未发明，但英国工程师威尔逊（M. G. Wilson）少校发明了预选式变速箱来替代传统的手动变速箱。在预选式变速箱系统中，变速杆可以置于任何位置，但是只有踩下踏板才能进行换挡操作。

加速与转弯

当时的加速踏板和刹车踏板的功能与现代车中的并无差别，但是响应速度却远远落后于现代车。另外，由于没有转弯助力系统，转弯相当费劲，因此当时汽车的方向盘相当巨大，司机也必须坐得离方向盘非常近。

转向灯是汽车在现代才有的设备，但当时的汽车上有转向旗，司机在转弯时，车身侧面会伸出一根旗帜进行提示。转向旗的开关一般在仪表盘或是方向盘上，因为当时还未发明转向柱柄。

▽ 布加迪51型
为了减轻车身重量，当时跑车的控制系统相当简单，手刹甚至都是外置的。

△ 30年代的SS1车的内部

雨刮器位于挡风玻璃上方。另外，注意这个巨大的方向盘。

第五章
重塑世界

1946—1960

重塑世界

第二次世界大战压制了大规模的汽车市场需求，然而消费者们必须得耐着性子，等待汽车产业的复苏。因此，战后最早的车型只不过是对战前车型的小改动。加上原材料和燃料的紧缺，节俭朴素成了一种普遍的风气。

激增的市场

1950年，汽车市场迎来了一批全新的小型家用车。雷诺和大众开始进行后置发动机的研究；而英国的莫里斯尽管研究的进程较慢，却更加细致；改版后的菲亚特500非常流行且便宜，雪铁龙的2CV将极简主义做到了极致，瑞典新秀萨博（Saab）希望造出风阻最小的车。标致和梅赛德斯–奔驰制造出了更大、更坚固可靠的出租车。澳大利亚也有了自主

品牌——霍顿（Holden）。旅行轿车因为兼具商务和娱乐功能而成为市场的新宠。路虎则将四轮驱动汽车带到了百姓们的身边。

在美国，汽车之城底特律在机械的嘈杂声中迈进了50年代，飞行器形车身和V8发动机成为时代的标志。那个时代不仅是车身设计的巅峰时期，发动机功率、车翼等工程方面也有了诸多改良。不过，同时代的欧洲汽车制造商也紧随美国。法国雷诺的Dauphine、德国大众的甲壳虫以及来自英国、意大利的灵活的运动型轿车都取得了成功。

随着赛车运动的兴起，汽车的行驶里程、速度、强度等都有了显著提升，并涌现出了一批又一批闻名世界的赛车冠军。即使是废品厂中最破旧的车也能在改装车比赛中享受观众们最热情的欢呼。

二战后，汽车生产重回正轨

汽车制造商发布了大量全新的车身设计

"……飞行器形车身和V8发动机成为时代的标志。"

新的全球挑战

汽车的普及也为人们带来了崭新的生活方式。美国提供免下车服务的场所越来越多，从电影院、餐厅到银行都是如此；而欧洲修建的大量隧道、桥梁、轿车轮渡则为人们出国旅游提供了更加多样化的出行路线。

尽管美国公路网的发展让车主能够以较为稳定的速度进行长途旅行，但旧城区却面临着空前的交通压力。而大西洋另一边的英、法两国，机动车专用道的发展却相对缓慢，只有一小部分城市根据车辆需求进行了重建，但它们也面临着大大小小的问题。日本则是时代的幸运儿，其国内的交通基础设施以相当快的速度建成，汽车产业也呈现欣欣向荣之势。同时代的南美洲和俄罗斯，从潘帕斯到西伯利亚，在广阔的草原上驾驶亦是一种独特的挑战。

另外，国际局势的动荡与变革也引发了一系列严重的问题。1956年，中东的殖民冲突引发了石油危机。但汽车市场迅速做出了相应调整，载有摩托车发动机的小轿车应运而生。

欧洲跑车在美国站稳了脚跟

豪华的美国V8在石油危机时期显得过于奢侈

世界重回正轨

全球的汽车巨头都想尽办法摆脱二战的影响。燃油限制、钢铁紧缺、政府管控等迫使它们做出改变。

▷ 燃油限量供应书，1950

二战后，英国燃油仍限量供应，直到1950年才取消限制。但1957年，由于中东危机爆发，英国再次开始限制燃油。

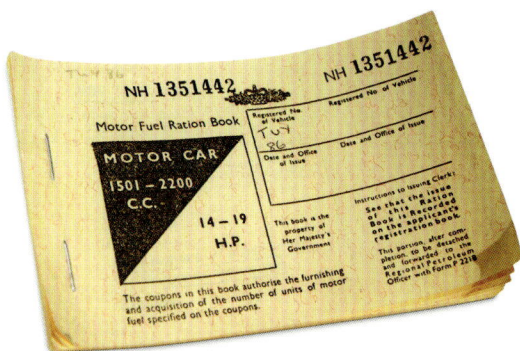

二战后，英国和欧洲面临着严重的财政紧张，汽车产业也开始采取措施满足新时代的需求。福特利用现今的设备，迅速占据了美国战后的汽车市场。美国政府也将纳税人的钱交给福特，请他们制造军用车辆。而其他企业，例如莫里斯，则不得不向飞机生产转型，重新积累生产经验。

战后的美国

福特也是二战后美国第一家恢复生产的汽车企业，在1946年便发布了新车型，领先于老对手克莱斯勒。外形上，这款新车与1942的车型并无差异，但它由一台更强大的3.9升、74.6千瓦的V8发动机驱动。普利茅斯、别克、道奇、庞蒂亚克等品牌也跟随着行业领军者的脚步，开始生产战后的新车型，带来了一波汽车消费的热潮。同时，美国政府也开启了道路建设项目，为繁荣的城市和郊区提供交通运输服务。

道路建设也是英国政府的头等大事，英国早在二战期间就开始筹划全新的高速公路网。英国政府还勒令汽车制造商用至少一半的资源生产出口商品，以获得外汇，但这也损害了英国国内消费者的利益。英国1950年生产的50万辆车中有至少2/3被运到了美国。法国政府对汽车行业的控制更严格，甚至在1945年对国内主要汽车生产商雷诺进行了国有化。

全球国工业原材料的稀缺，使钢铁在各国实行严格的限量供应。在英国，出口生产用的钢铁免费，而国内生产用的钢铁限额取决于出口量的多少。1950年，英国的燃油限量供应取消，尽管当时每16个人中只有1个人拥有私家车，但需求仍在不断上涨。直到1955年，原材料供应才逐步跟上生产需求。

涌入市场

在新车涌入战后汽车市场的潮流之中，许多制造商只关注新车型的数量，却忽视了其他的关键要素。英国的莫里斯将希望寄托在1948年展出的莫里斯Minor上。尽管它很快成为英国最受欢迎的小型车，但莫里斯却没能抓住出口市场，而是将资金投入到了其他国内车型上，例如Oxford、Cowley、莫里斯6等。罗孚（Rover）也采用了类似的策略，将资源平分给几款不同的车型，而不是集中在1948年发布的路虎上。奥斯汀曾有机会将A40推向海外抢夺大众的市场，却也选择了多样化的发展。战争中工厂被炸毁的大众因此得到了喘息的机会，通过生产甲壳虫而逐渐恢复元气。法国

◁ 需要重建道路，20世纪40年代

战争不仅摧毁了建筑、造成财政紧张，也让欧洲许多道路成为废墟。图中展现的是德国城市的惨状。

△ 巴黎车展，1948

汽车厂家展出了最新的车型，希望挽回战争造成的颓势。参观者们正围观着一辆德拉哈耶135，尽管几乎没人能买得起。

民用车市场是恢复得最快的，但豪华品牌如布加迪、德拉奇（Delage）、德拉哈耶（Delahaye）、霍奇基斯（Hotchkiss）、塔伯特（Talbot）等却苦不堪言，原因是法国政府会对排量2升以上的汽车征税。总之，尽管全球汽车产业都在战后慢慢恢复，但出口量仍相当有限。

> "无可匹敌的价值。"
>
> ——莫里斯Minor的广告语，20世纪50年代

关键发展
生产商的合并

斯蒂庞克-帕卡德1959年的杂志广告展示了其多种多样的车型

对美国的小型汽车企业而言，二战后的生存极为艰难。50年代，大批的车企进行了合并，例如美国汽车公司（AMC）实际是由哈德森、纳什-凯文纳特、斯蒂庞克-帕卡德等公司合并而来。尽管斯蒂庞克是顶置凸轮轴V8发动机的发明者，但车卖得并不好，因此在1954年与帕卡德合并。1966年之后，合并后的企业便不再以"斯蒂庞克"之名卖车了。

轻松驾驶

最初，开车是件相当艰难的差事。不仅车辆难以控制，司机需要暴露在风沙、尘土之中而使驾车体验相当糟糕。然而，时过境迁，车辆成为生活必需品，驾车条件也得以改善。

△ 克莱斯勒帝国

1957年的克莱斯勒帝国安装了空调系统，车主可以享受凉爽的车内空间。图中这款车归电影导演霍华德·休斯（Howard Hughes）所有。

20世纪40年代，车企就开始在车辆上测试和尝试一些新系统，它们认为当时是让驾驶轻松化、平民化的绝佳时机。

通用的 Hydramatic 液压变速器在奥兹莫比尔和凯迪拉克上率先亮相前，自动变速器的研究已经历经数十年。这款变速器有4个前进挡位，会根据加速踏板位置和车速自动调整。这解放了司机的一只手，因为司机只需用脚踩踏加速或刹车踏板就能够控制车速。最初，装有液压变速器的凯迪拉克比原款贵25美元，而奥兹莫比尔则贵了整整100美元。1948年，别克也在轿车上安装了液压变速器。而通用的对手克莱斯勒直到1953年才发布了自己的 Torqueflite 自动变速

器。之后，克莱斯勒加强了对用户体验的考量，免于被竞争对手甩在身后。

1939年，帕卡德推出了首款加装空调的汽车，然而，帕卡德的空调系统在1941年之后就停止生产了。同年，凯迪拉克也停止了车内空调的尝试。直到1953年，克莱斯勒才重启车内空调的研究。沃特·克莱斯勒（Walter Chrysler）首先在自己的克莱斯勒大厦内采用了 Airtemp 制冷系统，随后将其应用到车上。1953年，空调成为克莱斯勒帝国的可选配件。同年，凯迪拉克、别克、奥兹莫比尔也与弗瑞吉戴尔（Frigidaire）公司合作，将空调应用于汽车。

辅助驾驶

转向助力、制动助力、自动阻风门、自动巡航等的发明都让驾驶变得更加轻松。自动巡航出现于1948年，当时拉尔夫·提托（Ralph Teetor）设计了一个自动控制系统，能够根据时速对节气门开度进行调整，以保持匀速运动。该系统在1958年被克莱斯勒帝国首次采用。1965年，AMC公司发明了一个更简单的真空系统，并以此取代了原有的电子控制系统。

大事件

- 1939年　帕卡德在车中引入了温控系统，该系统仅包含一台热空调

- 1948年　凯迪拉克、林肯、戴姆勒首次采用电动车窗，距手摇车窗的发明时间仅有29年

- 1951年　克莱斯勒成为全球首家提供转向助力的汽车制造商。转向助力让司机无须大幅转动方向盘

- 1953年　克莱斯勒帝国装上了当时最先进的Airtemp制冷系统

- 1955年　帕卡德发明了电控自调平悬架，但因其过于复杂无法实现量产

- 1955年　在最新的凯迪拉克中，后备厢可以由驾驶座远程操控

- 1959年　部分公司开始售卖车载唱片机，例如RCA的Victrola

发布于1956年的克莱斯勒Highway Hi-Fi音响是第一款车辆专用的唱片机

◁ 奥兹莫比尔88，1955

奥兹莫比尔88以自动变速器、转向助力、车载收音机、除霜装置、加热装置为卖点，是当时最畅销的标准车之一。

△ 20世纪50年代，越来越多的车主能够享受到天窗、自动巡航、车内空调、车载收音机带来的便捷

曲线车身展现
了流线型之美

后置760cc发动
机和三挡变速器

△ 雷诺4CV，1946

法国被德军占领期间，雷诺工程师暗中设
计了这款4CV。这款车在1947—1961年间
生产，取得了百万辆的销量。

四车门是战后汽
车的常见配置

发动机采用气冷，
为简单起见甚至没
有加装垫圈

帆布车顶比金
属车顶更便宜

△ 雪铁龙2CV，1948

2CV旨在代替许多法国农夫所用的马车，其设计
理念突出"简洁"二字。这款便宜可靠的车也确
实做到了，在产的42年间共售出了380万辆。

后车翼保护了轮胎
的上半部分

"小孩应该最先学会的三个词：
妈妈、爸爸、雪铁龙。"

——安德烈·雪铁龙

▽ 雷诺工厂，1957

新车在法国雷诺工厂外整齐排列。二战后，
汽车生产商发现了廉价、可靠的汽车在普通
民众中的巨大市场潜力。

流线型车身可以降低风阻、节省汽油，因此也可以采用较小的发动机

帆布制折叠顶颇受年轻人欢迎

4缸发动机能够提供96千米/时的速度

△ 萨博92，1949
萨博92于1949—1952年生产，是该公司第一款量产车。这款车面向普通瑞典民众，经济的生产方式让它既轻便又不失强度。

第一年生产的萨博92全部采用了蓝色喷漆

△ 菲亚特400C，1949
这款小巧的活动顶篷式两座车对1936年的菲亚特500"小老鼠"进行了彻底的颠覆，收获了巨大的人气。

底盘不到3米长

走向民众

"富人才能开车"这个概念已渐渐成为过去时。汽车的价格一度非常昂贵，买一辆二手车就能花掉许多人几年的积蓄，更不用说一辆新车了。但在二战之后，许多欧洲国家为民众推出了廉价的基础车型。大众甲壳虫、雪铁龙 2CV 等车型其实在战前就已经开始生产了，但直到战后才推向市场。其他车型，如奥斯汀 A30、萨博92 等则是在战争结束之后出现的。尽管这些车谈不上有多舒适，但对经历了 6 年苦难、正处于恢复期的民众来说，这些正是他们需要的车。

◁ 德国大众工厂，1953
一条生产线上的车身正等待另一条生产线上的底盘。这款车型叫1200，在许多年后才被冠以"甲壳虫"之名。这家坐落于沃尔夫斯堡的工厂无论是在当时还是现在都是全世界最大的汽车工厂。

民众对汽车的强烈需求

战后的和平让乘用车的需求大大增加，越来越多的人能够负担得起一辆汽车，全新的路网也变得不可或缺。

随着战乱的平息，全球经济迎来了复苏，越来越多的人开始有能力拥有属于自己的私家车。大众甲壳虫、莫里斯Minor、雷诺4CV等新车获得了大众的青睐，当然，道路也要做出相应的改变。

欧美国家开始大兴道路建设、路面翻新的工程，其中最引人注目的便是多车道的高速公路。高速公路上鲜有路口或交汇点，专为高速、长距离驾驶的车辆设计。

△ 众车为众人
50年代，这张莫里斯Minor的海报吸引了大量普通人为自己的家庭添置一辆新车，以享受独立驾车带来的自由感。

数英里的高速公路

世界上最早的高速公路包括意大利1924年的A8公路和德国1953年的高速公路，随后，这一概念传遍了世界各地。美国的第一条高速公路是1940年建成的宾夕法尼亚公路，但直到1956年美国才开始全国性的公路建设。瑞典和法国的第一条公路分别建成于1953年和1954年；英国则于1958年在兰开夏郡建立了普雷斯顿公路，该路之

后成为M6高速公路的一部分。

高速立交桥通常庞大且复杂。英国伯明翰的格瑞夫里山立交桥（Gravelly Hill interchange）被比作"意面形立交桥"，这种形象的比喻广泛流传。

郊区人的梦想

市中心曾经是车主理想的驾驶环境。然而，随着20世纪以来的发展，越来越

△ 高速公路
高速公路让广大车主们能够在短时间内快速驶过较长的距离。但是，碰撞偶有发生，图中为1957年德国高速上发生的一起交通事故，但这并不足以威慑人们。

多人愿意在郊区开辟一片新天地。这一趋势也催生了长距离通勤的上班族。

郊区车辆数目的激增也促进了道路设施围绕着车辆进行建设。在全新的郊区道路体系中，即使是步行、骑行可达的短途出行，驾车也可以同样方便。

大型停车场、多层停车场也纷纷出现，以应对巨大的车流。大型的商业中心鼓励人们驾车出城进行购物，许多免下车的快餐店更是让人们在车中就能够享受到美食。

在美国的洛杉矶、底特律以及澳大利亚的墨尔本等地，城市建设与改建都围绕着汽车展开，甚至出现了"汽车依赖症"。

关键发展
复杂的立交桥

大型高速公路上，传统的禁行标志、红绿灯、环岛会严重阻碍交通，违背高速路的初衷。因此，人们发明了立交桥，尽可能地减少进出口对公路交通的妨碍。

加利福尼亚州洛杉矶的路网中，高速公路之间有数十个交点。这些高速公路通过交桥连接，以减轻车流交汇造成的拥堵。

美国加利福尼亚州洛杉矶的立交桥上的车流

▷ 天堂还是地狱？
大型高速公路是自由的象征，却也为车辆"铐上了枷锁"。图为1958年加州帕萨迪纳的高速公路4车道上车辆拥堵的场景。

激增的需求

汽车数量的增加也对交通运输能力提出了更高的需求，人们需要更多、更宽阔的道路。当然，道路上的行人、自行车、电车等其他交通流也有所增加，这也给车流带来了一定的阻碍。因此，桥梁、隧道等基础设施成为新路网的重要组成部分。

不过，运输能力的提高从某种程度上也鼓励了人们驾车出行，交通流量进而变得更大，由此产生了恶性循环。可以说，路面交通的发展给自己也"铐上了枷锁"，这一后果在数十年后开始被人们渐渐察觉。

Chevy puts the purr
in performance!

△ 郊区的幸福
图为1957年雪佛兰科尔维特在贝莱尔拍摄的广告。超现代化的郊区别墅旁边就是自家豪车的车库。

撞车大赛

20世纪50年代，汽车销量的提高也意味着出现越来越多的报废车。通过在赛道上相撞来销毁报废车成为一种标新立异而又激动人心的赛车形式。

50年代中期，改装车比赛从美国流传到了英国等欧洲国家。这项赛事一般在赛狗场或摩托车赛道中举行。不同于一般在郊区举行的主流赛车赛事，这项在城市中举行的比赛吸引了大量的观众。这类赛场遍布英国、爱尔兰、比利时、荷兰等地。

理论上，改装车大赛中的车辆本来是不会主动相撞的，但将近40辆车挤在一条500米的赛道上，撞车变得不可避免。主办方敏锐地发现，撞车和竞速同样吸引眼球，甚至撞车更胜一筹。而在美国，报废的福特T型车又非常容易入手，因此改装车比赛就变成了撞车大赛，获胜条件就是赛车坚持到最后。英国也发明了撞车比赛，规则仍是率先到达终点者获胜，但互相碰撞使比赛变得格外刺激。

为保证安全，撞车大赛的用车一般都卸下了内饰和玻璃，车身也会涂上独特的颜色，但车内部一般都已经破败不堪。大部分撞车大赛的车都是50—60年代便宜的量产车，然而也有人会驾驶一些稀有的车型参赛，这与70年代兴起的保护经典车型的风潮相对立。

◁ 吸引群众

观众们在法国巴黎附近的布法罗体育馆观看改装车大赛。与许多改装车大赛的场地类似，这座体育馆原用于自行车、拳击、橄榄球等其他运动。

△ 1948年，霍顿48-215的海报
这是第一款专为澳大利亚市场设计和生产的汽车，能够轻松应对澳大利亚不平整的路面。

澳大利亚的霍顿

1948年之前，澳大利亚的驾驶员只能开别的国家生产的车，直到通用-霍顿（GM-H）推出了澳大利亚自主生产的霍顿48 215。

霍顿48-215一经推出便受到了澳大利亚民众的广泛喜爱，并迅速引爆了市场。这款车最初是为通用雪佛兰设计的新车型，但因为太小无法满足战后美国民众的需求，因此通用决定将这款车出口到澳大利亚，这也成为澳大利亚首款量产车。除此之外，霍顿还生产了50-2106，满足了澳大利亚人对小型卡车的偏爱。

由于澳大利亚的路面质量差，因此澳大利亚的车要比欧美的车更加坚固；而澳大利亚幅员辽阔，车辆还必须具有长距离行驶的能力。所以，尽管霍顿汽车的技术相对简单，却完美地满足了当地人的需求。

霍顿48-215更为人熟知的名字是FX，在澳大利亚迅速取得了巨大的成功。随后，霍顿又在1953年推出了FJ，牢牢占据了澳大利亚50%的家用车市场，这引起了竞争对手的高度重视。

市场竞争

霍顿主要的竞争对手是福特。福特最早在美国装配和生产汽车，到了70年代，旗下的猎鹰XA也开始在澳大利亚进行生产。猎鹰XA迎头撞上了霍顿Kingswood和Torana的热潮，这也引起了巨大的争议：到底谁才是最好的轿车？

福特与霍顿在澳大利亚市场的竞争异常激烈，二者不仅在巴瑟斯特（Bathurst）1000等运动赛事上并驾齐驱，在普通道路上也铆足劲头。

部分澳大利亚司机不愿意参与到这场无关紧要的竞争之中，实惠且可靠的日本车便成为霍顿和福特之外的另一个选择。许多福特的产品都是日本车的改款，比如特斯达（Telstar）的原型就是马自达，而且日本车完美契合了澳大利亚右方向盘的驾车习惯。

△ 霍顿模型
霍顿于1948年完成出众的外形设计。尽管这款车比同时代大部分美国车都小，其流线型的外观却不输其他车。

霍顿在澳大利亚墨尔本渔人码头的主装配线

▷ 霍顿FJ
FJ诞生于1953年，激起了澳大利亚人强烈的热情。尽管它与1948年的FX区别不大，但外观更新潮、驾驶更舒适。FJ于1956年停产。

禁止入内，法国

镶钉轮胎禁止通行，瑞典

海拔标志，美国

禁止车辆通行，欧洲

66号公路路标，美国

前方地点，撒哈拉沙漠

停止标志，摩洛哥

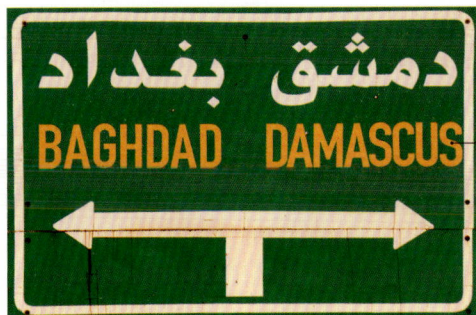

许多国家的高速公路路标均是绿底白字或绿底黄字

方向标，叙利亚

小心动物穿行，澳大利亚

路标语言

世界各地代表方向、信息、警告的路标语言让驾驶更简单、更安全。

19世纪兴起的自行车运动让第一批路标出现在了欧美国家街头。早期的路标是由自行车车手和摩托车车手自行张贴的，因此在20世纪初被政府取缔。

欧洲路标的标准化从1908年便开始实施了。战争期间，为解决语言不通的问题，欧洲的路标被大力推广。英国早在1930年就在道路交通法中规定了自己的路标语言；50年代，随着高速公路的发展，英国等欧洲国家的路标又进行了修改。全新的路标由约克·基尼尔（Jock Kinneir）和玛格瑞特·卡尔弗特（Margaret Calvert）设计，于1965年正式发布。美国的路标体系由《交通管控设施守则》（Manual on Uniform Traffic Control Devices）规定，该守则于1935年公布，但直到60年代才在各州强制实施。现在，世界各地的路标遵循着类似的规则，如红边表示警告、绿底指示方向等。

1968年起，红边三角标成为标准的警示标志

小心驼鹿，瑞典

X-ING

小心坦克穿行，美国

黄色或橙色的菱形表示人、动物或其他车辆可能会横穿马路

燃烧标志通常会在着火危险点看到，例如长隧道

严禁携带易燃易爆液体，法国

正在施工

通过简单的图标，不使用语言就能传达信息

小心码头，英国

PLEASE BRAKE FOR SNAKES

小心蛇穿行，加拿大

野生动物警告，包括鹿、骆驼、熊、蛇、企鹅等

CAUTION NEXT 30 km

小心企鹅穿行，新西兰

小心亚米西的非机动车，美国

驾驶技术
速度摄像头

最早的速度摄像头出现在60年代的美国。随着传感器和图像处理技术的发展，现代化的速度摄像头越来越精确且便宜。

速度摄像头的工作原理包括两种：一种是使用雷达传感器对准车辆进行测量；另一种则根据通过某段路程所用时间计算其车速。

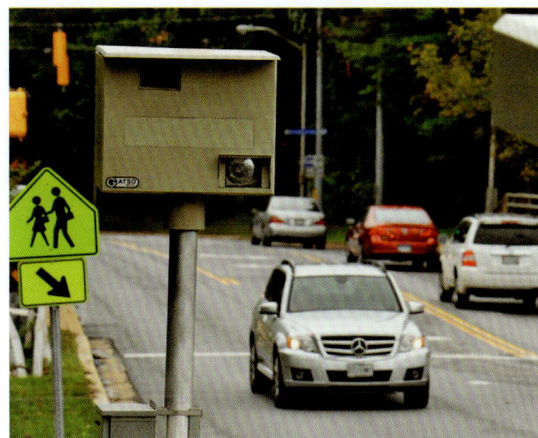

速度摄像头用胶卷或者数码的方式记录超速行驶的汽车

城市交通流增长

二战之后，由于各国政府的鼓励，汽车数量快速增加，交通拥堵的问题也随之产生。为了满足日益增长的交通需求，必须建设全新的道路体系。

随着二战的结束，全球范围内的道路交通流都疯狂增长，对各个城市造成了一系列大大小小的影响。

以英国为例，1952—1969年，每年车辆行驶的总里程从580亿千米增长到了2860亿千米，翻了约4倍。战争期间，许多欧洲城市沦为废墟。战后，他们又遇到了新麻烦——汽车。因此，在城市的重建过程中，政府大修道路，围绕着汽车建立了现代化的城市交通体系。道路交通的发展也受到了广泛的重视。

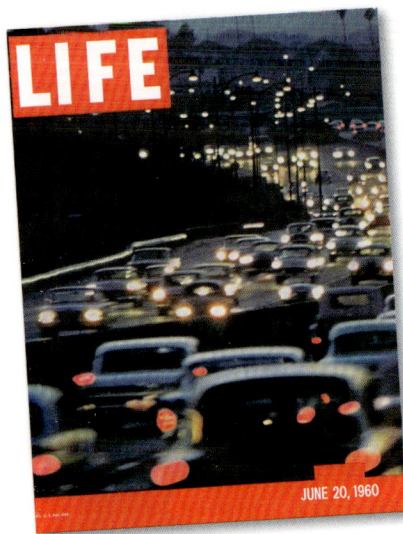

△ 现代生活
正如1960的《生活》（Life）杂志封面所示（图为美国洛杉矶），庞大的交通流已经成为民众生活中不可避免的问题。为缓解交通压力，需要对整个城市进行大规模改造。

交通堵塞

随着城市交通流的提升，城市居民的出行效率不增反降，其中最主要的问题就是车辆在进入交叉路口时会堵住其他方向的车辆。在纽约，这种混乱的情况就被称为"交通堵塞"（gridlock）。人们也采取了一些措施防止交通堵塞的发生，例如英国的黄线区。这些方法取得了一定的成效，但还需要配合其他手段共同缓解交通压力。

重构道路

美国波士顿选择彻底改变道路结构。1948年前，通往波士顿市中心的道路多达100条，而这些原本为马车服务的道路每天需要承载200万辆车的交通流。因此，波士顿对道路进行了重新规划，采用主干道、旁道、高架路和高速公路的4级结构。为了拓宽道路，许多街区也被强制拆除或合并。

也有越来越多的道路规划者开始采用"环路"的概念。环路于19世纪在奥地利维也纳首先应用，但环绕整个城镇的"旁道"到了20世纪60年代才渐渐流行。最著名的环路莫过于环绕巴黎老城区的巴黎环城公路，这一浩大的工程从1958年开始建设，历时15年才完工。完工之后，将近1/4的巴黎人每天都要经过这条路，因此成为法国最繁忙的道路。环城公路原本的目的是缓解交通压力，但它自己却成为堵车的重灾区。除了巴黎，伦敦的北环路和南环路、美国华盛顿的环路也遭遇了同样的命运。

英国的考文垂在二战中几乎被德国空军彻底摧毁，因此战后需要对整座城市及其道路进行重建。年轻的城市规划者唐纳德·吉布森（Donald Gibson）用科学的方法对城市交通流进行了研究，并提出了一种全新的规划方法：将城市的中心划为商业步行街，禁止任何交通工具进入，并用内环隔开。这也是现在许多英国城市结构的原型。还有人提出

▽ 纽约，1953
堵车对城市尤其是交通路口而言无疑是一场灾难。这是纽约第五大道和42号街的路口，"交通堵塞"一词最早便是形容这个路口。

关键发展
停在上一层

20世纪，拔地而起的高楼也改变了传统的停车模式。为了解决战后大量汽车涌入城市的问题，许多政府建设了多层停车场，为数百辆汽车提供了容身之处。

楼顶的空中停车场与高架路直接相连听上去似乎很完美，但实际上这比建造一座多层停车场要贵得多。

意大利威尼斯的多层停车场，1953

直接将高架路出口与楼顶的空中停车场相连，但最后由于成本过高未被推广。

向上停车

为了容纳大量涌入城市的汽车，人们建起了多层停车场。例如英国的国家停车场（NCP）就是在一片轰炸废墟上建起的。

◁ 空中的道路

解决交通拥堵的一个方法就是在空中建设道路，也就是"高架路"。图中所示为正在搭建哈默史密斯高架路（Hammersmith Flyover）的最后一部分。

"在发表了'防堵车计划'后，
我便被大家称为'堵车山姆'。"

——山姆·施瓦茨（Sam Schwartz），纽约交通总工程师

△ 美国66号公路，20世纪50年代

66号公路于1926年建成，后来延伸至多条州际公路。公路始于芝加哥，止于加利福尼亚，全长4023千米，在这条公路上的驾驶体验绝对震撼人心。66号公路在小说家杰克·凯鲁亚克（Jack Kerouac）等人的宣传下名声大噪，经久不衰。

"滚动中的蛋。"
——宝马Isetta微型车的昵称

泡泡车的兴起

1956年的苏伊士危机导致石油再一次被限量供应，这也助长了微型汽车的人气。

二战结束后，微型汽车便逐渐开始在欧洲流行，尤其是微型汽车之乡法国和德国。德国的微型汽车是军火制造商商品多样化的产物——梅塞施密特不再造飞机了，但可以制造汽车。一些规模稍大的摩托车或汽车公司也在开拓市场，希望提高战后的生产力。而英国尽管也有自己的微型车，例如邦德（Bond）微型车等，但最受欢迎的还是宝马Isetta。

Isetta原是意大利公司ISO生产的小轮汽车，后来宝马购买了生产许可并对其进行了仿制。由于原车上没有一个可替换的零件，因此宝马重新进行了设计，并安装上了摩托车发动机。最早的一批车的尺寸非常小，根据德国法律的规定，驾驶这些车甚至不需要驾照。

宝马也在英国境内制造Isetta。由于英国法律对三轮车的管控非常宽松，英国出产的Isetta只有3个轮子，而且为免受驾照限制，Isetta被归类为摩托车。因此，许多英国客户在没有通过汽车驾照考试的情况下就开上了这款三个轮子的、没有倒挡的Isetta。因其独特的胚珠外形，英国媒体戏称它为"泡泡车"。

尽管石油管控在1957年就结束了，微型车在60年代仍有非常广阔的市场，其最大的吸引力就是经济性和不受汽车驾照的限制，司机只需要摩托车驾照即可。然而，英国汽车巨头雷昂纳多·罗德（Leonard Lord）非常痛恨微型车，他组建了一支研发队伍，发誓要设计出一款比微型车更火爆的座驾——迷你汽车（Mini）。

◁ 两位女性在宝马Isetta微型车中合影
这款宝马Isetta是50年代绝大多数微型车的原型。在车头的一侧进行铰接，作为该车唯一的车门。这张照片拍摄于德国慕尼黑。

跑车的兴盛

汽车赛事的成功、业余赛车俱乐部的增多，以及日益增多的家用跑车订单让法拉利、保时捷、捷豹、名爵这些品牌声名远扬。

△ 又快又安全，1953

消费者越来越倾向于购买高性能的轿车。这款名爵TF系列的广告在强调速度的同时更强调安全性。

恩佐·法拉利（Enzo Ferrari）曾与阿尔法·罗密欧共同担任车手和车队经理，随后他只身前往意大利马拉内罗开创了自己的新事业。1947年，他将造出的汽车以自己的名字命名，很快法拉利成为顶级汽车赛事中的一股强大的势力，无论是在世界一级方程式锦标赛（F1）还是在耐力赛中都有着上佳的表现。1949年的战后首届24小时勒芒耐力赛就是法拉利夺冠，并且从1953年品牌正式创立开始，法拉利就统治了赛车界。同时法拉利还接过阿尔法·罗密欧的接力棒，开始以团队的形式冲击F1世界冠军。团队中的阿尔伯特·阿斯卡里（Alberto Ascari）在1952年和1953年连续夺得冠军，阿根廷车手胡安·曼纽·方吉奥（Juan Manuel Fangio）则在1956年获得了其个人生涯的第四个世界冠军。但这支举世闻名的队伍并非所向无敌，他们一路上遇到了许多强劲的对手。

玛莎拉蒂创立于美国蒙大拿州，在20—30年代成为高端跑车的代表。在奥尔西（Orsi）家族一统赛场的形式下，玛莎拉蒂成为赛车比赛的新势力，旗下的250F无疑是最前沿的大满贯跑车。

另一位对手则来自大洋彼岸，即德国的梅赛德斯-奔驰。梅赛德斯-奔驰在工程师鲁道夫·乌伦豪特（Rudolf Uhlenhaut）的带领下设计、制造了一系列精巧复杂的跑车，在两次世界大战的中间时期参加了诸多比赛，击败了各个挑战者，获得大满贯。300SL拥有海鸥翅膀般的上

翻式车门，获得了1952年勒芒24小时耐力赛的冠军。次年，梅赛德斯没有继续参加耐力赛，而是转向了F1。它的团队很快就赢得了大满贯，并帮助方吉奥在1954年获得了世界冠军。1958年，在勒芒耐力赛和意大利1000英里拉力赛（Mille Miglia）中发生的悲剧事故，迫使梅赛德斯和玛莎拉蒂离开了赛车界。

捷豹也在当时的汽车赛事中创造了属于自己的辉煌。50年代，依靠着团队中的车手和跑车 Ecurie Ecosse，捷豹共5

"赛车让我变得完整。"

——詹姆斯·迪恩

次赢得了勒芒耐力赛C型和D型车的冠军。捷豹在赛道上与法拉利、玛莎拉蒂一较高下的同时，更让品牌形象有了大幅提升，许多车手都愿意买捷豹赛车。捷豹家用跑车 XK 的高销量也是捷豹能够成功的重要原因之一。

阿斯顿·马丁也有着类似的发展道路：经过50年代的辛勤付出，设计出了DB3、DB3S、DBR1等可靠且强大的跑车，最终在1959年获得了勒芒24小时耐力赛和世界赛车锦标赛的冠军。

低一档的跑车还包括保时捷的356和550、雪佛兰的科尔维特、MGA、凯旋的 TR，这些跑车或许难以在赛场上与前面的跑车一较高下，但也展现了车主尊贵的地位。业余赛车俱乐部的发展也让汽车赛事更加流行。许多赛车爱好者会开着车去上班，然后周末去参加比赛，一天不落地享受着跑车带来的乐趣。

◁ 1955年凯旋TR2广告
TR2是英国凯旋公司推出的平价跑车。速度快和经济性让它在美国车上中相当受欢迎。

车轮背后
詹姆斯·迪恩的"小胡子"

50年代的演员、青年偶像詹姆斯·迪恩是一位热爱跑车和摩托车的名流。他曾驾驶着名爵去买保时捷356，然后在1955年春天驾驶着356参加赛车比赛。之后，他又想买一辆更好的车。在放弃了莲花Mark IV之后，迪恩选择了保时捷550 Spyder——决定了他的命运的一辆车——并将华纳兄弟给他的绰号"小胡子"漆在了车尾。1955年10月，他驾车前往加州萨利纳斯参加比赛的途中，不幸遭遇车祸身亡，年仅24岁。迪恩去世之后，有人觉得"小胡子"是被诅咒的车。这辆车还在车展上被展出，以警示所有人注意行车安全。

詹姆斯·迪恩（右）与他的工程师兼赛车手罗尔夫·乌瑟里奇（Rolf Wutherich）在保时捷550 Spyder中，摄于1955年

▽ 汽车影院

查尔顿·赫斯顿（Charlton Heston）在《十诫》（*The Ten Commandments*）中扮演摩西的角色，司机和乘客在汽车影院中被这部电影深深迷住了。1958年，美国有将近5000家汽车影院，达到了数量的巅峰。

开车上船，开车下船

车辆摆渡船将英国和爱尔兰以及欧洲其他地区连接了起来，出国旅行变得更加方便和便宜。车辆摆渡船的出现也激起了英国人对欧洲大陆的食物、阳光和雪景的向往。

英国第一艘驶入式车辆摆渡船 ro-ro 在 1953 年驶入了多佛港，这意味着英国人的度假方式将产生质的变化。在那之前，所有车辆都要通过起重机上下船（被称为 lo-lo），通常 1 小时只能运 15 辆。这一过程不光费时，而且价格高昂，还存在着车辆损毁的风险。

50 年代，英国汽车销量快速增长，民众生活日渐殷实，有了足够多的钱去海外度假。这促使了 lo-lo 向 ro-ro 的进化。

最早的摆渡船

驶入式车辆摆渡船的历史可以追溯到 19 世纪中期。人们用一些定制的船，如苏格兰的"利维坦号"，将蒸汽机汽车等通过水域运输。这些火车摆渡船上一般都装有铁轨，因此火车可以直接通过轨道登船或上岸。一战中，英国人用火车运输船将军火和坦克运送到法国和比利时的前线，并在 1918 年停战之后送回国内。二战中，军队对坦克更加依赖，英军动用了大量坦克运输船将坦克送到英吉利海峡对岸。

走向商用

二战之后，造船公司以坦克运输船为模板设计出了货厢、汽车和卡车摆渡船。其中，只运送汽车的摆渡船被称作 PCC。船与岸之间用斜板连接，因此司机可以直接驾车上岸或登船。由于汽车一般比货箱轻，汽车运输船的地板和船壳厚度都可以减小，这也提升了摆渡船的速度和燃油经济性。使用摆渡船跨越海峡非常方便且廉价，普通英国人因此能享受到葡萄牙、西班牙、法国南部温暖惬意的气候，也能在冬天体验紧张刺激的滑雪。

运营的第一年，ro-ro 总共运输了 10 万辆车前往法国，与以往 lo-lo 的年均 1 万辆相比有了巨大的提升。但是，直到 1971 年英国加入欧洲经济共同体（EEC）之前，乘坐摆渡船都需要经过非常复杂的海关手续。此外，海关还需要对车辆进行非常细致的搜查，以防止走私烟酒的情况发生。

英国加入 EEC 之后，车手无需再在岸上大排长队等待入境；欧洲大陆的高速公路网与各个码头的连通更是大大提升了出行的便利性。这些因素引发了英国人 ro-ro 旅行的热潮。1985 年，通过 PCC 跨过英吉利海峡的车辆总数达到了 250 万，而 1994 年超过了 450 万。

90 年代，为了与日益廉价的空中航线竞争，摆渡公司推出了全新一代高速摆渡船，但 1994 年英法海底隧道的建成又给摆渡船带来了新的压力。

△ 理想的假期
50 年代，奥地利的阿尔卑斯山脉成为最受英国车手欢迎的旅游目的地之一。多亏了 ro-ro，前往欧洲大陆旅游变得又便宜又方便。

▽ 出国
在 ro-ro 摆渡船出现之前，人们通过起重机将车辆吊入船内，而且在上船之前需要将油箱清空，还得取下电池。1935 年，在菲什加德湾（Fishguard Harbour），这辆车正被吊入"大卫号"。

"这是必然出现的创新。"

——格兰及苏格兰摆渡公司的彼得·史密斯（Peter C. Smith）

△ 英国车辆可以通过"GB"贴纸区分，图中一辆英国汽车正在驶离跨越海峡的摆渡船

又低又尖的车头
降低了风阻

装货区有两个面对面的座椅，
座椅能够折叠平铺在地板上

双开式后备厢门能够更好地
启闭以存放货物

内部装有沃尔沃的
专利三点式安全带

△ 雪铁龙DS Safari，1958

雪铁龙DS Safari是较便宜的如妹车型ID的改进版。它将舒适性与合理的空间设计相结合，受到了古董商和摩托车车手的欢迎。

△ 沃尔沃221，1962

沃尔沃以旅行轿车闻名，而这一切正是由221奠定的。221具有宽敞的装货和载客空间，5车门的设计也让乘客更容易进入，因此成为许多家庭和商人的选择。

旅行轿车

自汽车诞生以来，用汽车运送货物一直是车主们的需求。但是，直到二战之后，汽车的设计才渐渐开始考虑这一需求，尤其是50—60年代。也正是这时，人们才意识到，普通的旅行轿车采用铰链式后备厢和可折叠式后座带来的额外贮藏空间颇为实用。最先实行这一变革的是美国的雪佛兰，其在1954年对Nomad概念车进行了试点，随后正式推出了Bel Air Nomad。Nomad的原型是Corvette，其宽敞的车尾设计被应用到了Bel Air Nomad的车身上。很快，欧洲的制造商也纷纷效仿。

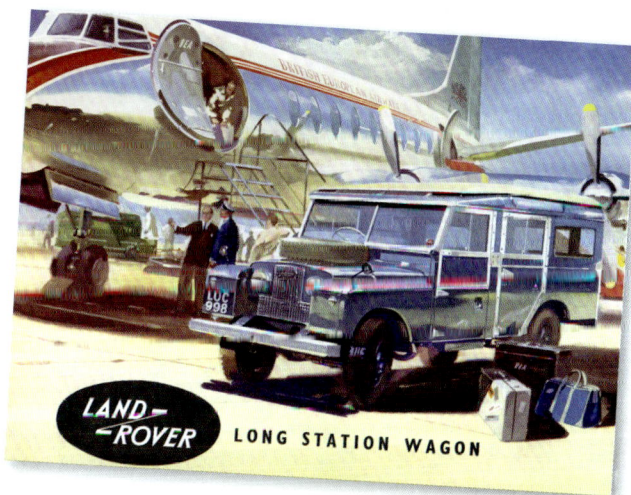

△ 路虎旅行轿车，1949

尽管路虎是作为越野车被设计出来的，但这款改款的长轴距旅行轿车因具有非常好的运载性能而受到许多热爱探险的家庭的欢迎。

拉丁语系国家的汽车业

20世纪中叶，西班牙、葡萄牙、阿根廷、巴西等拉丁语系国家开始引进外资进行汽车生产，有效地带动了当地的经济发展。

20世纪50—60年代，实现工业化是许多国家的重要目标，尤其是拉丁语系的南美洲和欧洲部分国家。这些地区庞大的人口构成了非常具有潜力的汽车市场。政府引资政策的支持以及廉价劳动力使它们能够为海外的汽车制造商提供非常好的地理位置和生产条件。对西班牙和葡萄牙而言，建立自己的汽车品牌是国家经济复苏的重要一步，而阿根廷和巴西也走在了南美洲工业化的前列。

西班牙的革命

西班牙的汽车产业发生了天翻地覆的变化，50年代初刚刚出现的国家品牌很快便成为全球排名前十的汽车制造商。

美国内战以来，西班牙的存在感一直比较低，进入佛朗哥时期后，西班牙的经济开始进入发展期。西班牙的官员经过讨论后，决定在全国范围内建立西班牙的国家汽车品牌。在意大利菲亚特的资金和技术支持下，西班牙的西亚特（SEAT）于1950年成立。在5年之内，西亚特摆脱了对国外技术的依赖，其96%的零件都能够自主生产。1957年，

伴随着西亚特600这款朴素却可靠的车的出现，西班牙也成为了汽车大国。

与西班牙不同，葡萄牙并没有建立自己的汽车品牌，尽管国内有一些专业车辆制造商，例如军用车制造商布拉维亚（Bravia）以及传世经典阿尔巴（Alba）跑车，而是成为其他国家汽车品牌的生产中心。1963年，葡萄牙政府采纳了一项策略，该策略决定禁止整车进口，并要求国内的装配线上至少有25%的零件是本国生产的。一些大型的国际汽车制造商，例如福特、通用、雷诺、雪铁龙等不得不在葡萄牙境内设立子公司。截至1973年，葡萄牙境内共有30条左右的乘用车和商用车装配线。

南美洲

阿根廷和巴西是南美洲汽车生产的领头羊，二者都将重点放在外资汽车企业上。阿根廷的贝隆（Perón）将军对外资企业一直持谨慎态度，但在他倒台之

△ 阿尔巴跑车，1952

这款运动型阿尔巴有着90马力（66.19千瓦）的发动机和200千米/时的最高速度，也是葡萄牙当时唯一能够自主生产的汽车。

后，阿根廷政府便很快与美国汽车制造商凯撒签订生产协议。1956年，凯撒开始在圣伊莎贝尔城中进行生产；福特于1959年在布宜诺斯艾利斯郊外设立了卡车工厂，并于1962年开始生产Falcon。到1962年为止，阿根廷国内共有约20家不同的汽车公司在生产商用车和乘用车。

早在1925年，通用就已经在巴西开设了工厂，生产卡车和专用车辆。但是，直到1956年，在总统库比契克（Kubitschek）的领导下，巴西才开设了第一条汽车装配线。同年，他提出了一个五年计划，要求全面禁止进口汽车，并强迫外资车企做出选择：要么放弃巴西市场，要么让巴西自己独立生产90%~95%的零部件。11家车企接受了这一方案，开始在巴西境内设立子公司。巴西的道路总长

◁ 大众工厂，巴西圣保罗

大众从1957年开始在巴西制造Kombis，然后从1959年开始生产甲壳虫，巴西的甲壳虫也被重新命名为Fusca。Fusca凭借着可靠的风冷发动机，24年内一直是巴西销量最高的汽车。

约 100 万英里（约 161 万千米），但其中只有不到 1/10 是柏油路，因此巴西的司机更加看重汽车的稳固性。大众的甲壳虫和 Kombi 采用了精密可靠的德国技术，并于 1959 年开始在圣保罗附近进行生产。1969 年，雪佛兰制造出了第一款巴西本土车型 Opala，可靠性让它成为许多巴西警车和出租车的选择。1970 年，巴西成为世界第十大汽车制造国，经济也因此逐渐繁荣。

▷ 凯撒 Bergantin，1960
Bergantin 由美国汽车企业凯撒及其所在当地的合作商艾卡（IKA）在阿根廷共同生产。艾卡是阿根廷第一家汽车公司。

▽ 西亚特工厂，1961
这张宣传图中，600 辆西亚特停在巴塞罗那的工厂前。

"在 5 年内取得 50 年的成就。"
——巴西总统儒塞利诺·库比契克（Juscelino Kubitschek）的竞选宣言

金闪闪的奖杯

有比赛就有冠军，有冠军就有奖杯，这是自从有汽车赛事以来一直延续下来的传统。

一般而言，汽车赛事越大，奖杯越大。即使是小型赛事的冠军，也能获得一个小小的奖杯。举世瞩目的博格华纳奖杯（Borg-Warner Trophy）高达150厘米，是美国印第安纳波利斯500的冠军的象征。

传统的赛车奖杯都是银质或金质的，上面会刻上历届冠军的名字，而博格华纳奖杯上则会刻上冠军的脸。盾牌、人像、车轮都是冠军奖杯常用的造型。

现代奖杯的形状多种多样，材质一般是合金搭配玻璃或木头。这些奖杯一般可以直接让赛车手带回家，而那些历史悠久的奖杯会由赛事方保留。

有时奖杯会以赛事名称命名，比如欧顿公园金杯和皇家汽车俱乐部（RAC）杯；有时则会以冠军名字命名，例如纳斯卡的温斯顿杯。冠军会戴上象征胜利的桂冠，并饮用饮料庆祝——通常是一瓶香槟酒，但印第安纳波利斯500的冠军会被授予一杯牛奶。

RAC国际巡回赛奖杯，1905

戈登·贝内特奖杯是最受关注的奖杯之一

戈登·贝内特（Gordon Bennett）奖杯，1904

RAC杜瓦（Dewar）奖杯，1906

西格雷夫奖杯用于奖励在海、陆、空创造的新的速度纪录

RAC西格雷夫（Segrave）奖杯，1930

关键发展
用香槟酒庆祝

丹·格尼（Dan Gurney）在赢得了1967年的勒芒24小时耐力赛后被授予了一瓶酩悦香槟酒用于庆祝，他打开瓶塞后瞄准了一位记者，这位记者曾放言丹·格尼和福伊特（A. J. Foyt）永远不可能赢得比赛。随后记者、亨利·福特二世、团队经理卡罗尔·谢尔比（Carroll Shelby）也被喷到了。这是前所未见的事，但喷香槟酒的庆祝方式很快就在赛车界传开了。

2017墨尔本大奖赛上，路易斯·汉密尔顿（Lewis Hamilton）用香槟酒喷了瓦尔特利·博塔斯（Valtteri Bottas）

螺旋式设计，上面刻着1950年以来所有F1冠军的名字

独特的半身像是达喀尔拉力赛的标志

世界一级方程式锦标赛
冠军奖杯，1950

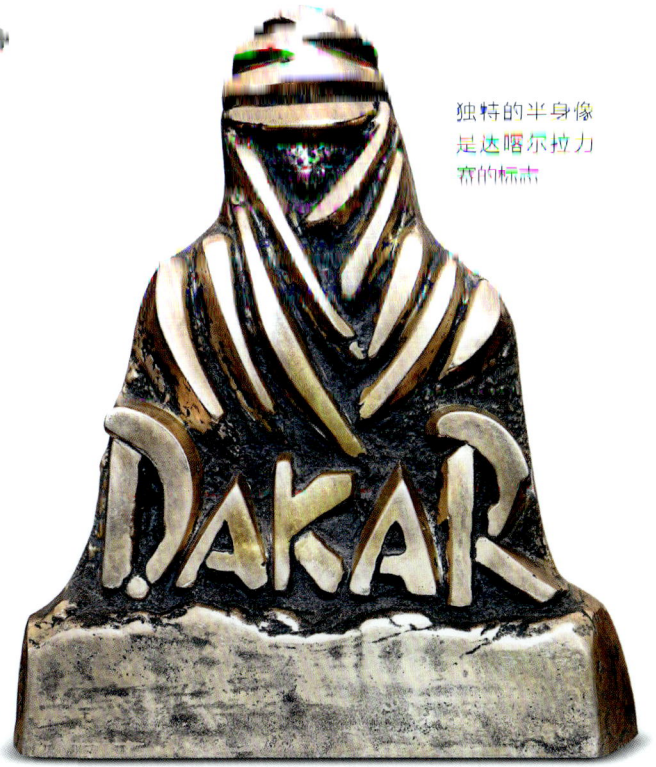

达喀尔拉力赛个人奖杯，
1978—2011

糖果机顶上有一只跳舞的乌龟，设计灵感来源于1976年的电影《飙车热情》（*The Gumball Rally*）

该奖杯被授予2017年4月22日布劳的纳斯卡Xfinity系列赛事的冠军

博格华纳奖杯将授予印第安纳波利斯500的冠军

博格华纳奖杯，1936

GUMBALL拉力赛奖杯，1976

24小时勒芒耐力赛奖杯，2015

纳斯卡Xfinity系列赛事奖杯，2017

车库

　　自汽车诞生以来，车主们一直都想着如何保持汽车的安全与干燥。带有专用车库的郊区房是最理想的选择，但也有其他解决方案。

　　早期，车是富人的标志，他们自然不用担心如何停放车辆。一些车主将马厩或马车房改造成车库，甚至会另造一座"汽车房"，为司机也提供了住所。"Garage"（车库）一词来源于法语的动词"garer"，意思是"保护、庇护"，于1902年应用到英语中。20世纪30年代早期，新的家庭住房一般都带有一体式或单独的车库。

　　如果没有空间或者没有资金建造自己的车库，也可以使用折叠帐篷式车库替代。早在40年代，汽车杂志就开始为这类车库做广告，直到现在，它仍是风、雨、尘土中的汽车防护佳品。DIY车库出现于30年代，主体一般由木头制成，屋顶和外墙则会覆盖上一层简单的波纹钢板。50年代，新材料石棉也在DIY车库中被广泛地应用。石棉比木头更轻，而且还有绝佳的隔热性，但其对身体有害，这一点在当时没有被发现。

　　1952年，英国瓷砖品牌马利（Marley）首先引入了分段混凝土车库的概念。它采用了预制立柱的设计，匹配的嵌板、玻璃以及格栅能够通过滑动进行安装，并且在钢制翻门出现后得到了进一步的优化。这种设计让人们能够独自或在邻居的帮助下，在一个周末之内就搭好自己的车库，而且还无须建筑许可。随着60年代汽车保有量的增加，这种组装式的车库也越来越流行，尽管它并不美观。

▷ 折叠式车库，1956

折叠式车库的金属结构由帆布包裹，既能够保护汽车，也不会一直占用空间。不用的时候，可以将车库折叠起来收入仓库。

美国的进口汽车市场

二战之后，美国的汽车市场再次繁荣起来，甚至出现了供不应求的情况。因此，来自欧洲的进口汽车在美国的市场逐渐变大，英国和联邦德国的汽车尤其受欢迎。

1945 年 7 月 3 日，在美国密歇根州迪尔伯恩福特公司的工厂，一辆白色的 Super DeLuxe 投产，这标志着美国汽车制造业正式结束了长达 3 年的战争停摆期。当年的美国汽车企业的总产量仅 50 万辆，大部分还是战前车型的轻改款。但 6 年后，美国汽车年销量就突破了 700 万辆。

有一部分知名汽车品牌未能熬过战争，但是战争也为汽车市场带来了新鲜血液，例如凯撒-弗雷泽（Kaiser Frazer）和塔克（Tucker）这两个全新的民用车品牌。1939 年前，进口车在美国非常少见，而且价格也相当昂贵，只能在好莱坞、纽约、迈阿密这种富人区见到。不过战争改变了这种状况。战争期间，美国共有 340 万辆车报废，还有 700 万辆车在报废的边缘。战时由于物资短缺，民众们有钱却没处花，所以战争结束也意味

着民众消费欲的爆发。

1946 年，名爵和捷豹的跑车率先进入了美国市场。3 年后，大众也加入其中，但销售车型仅有 2 款。由于全球化的服务和零件供应尚未成形，进口车最初的销售增量也较小。

加州名爵经销商克杰尔·克瓦莱（Kjell Qvale）为客户提供装配好的备用零件。麦克斯·霍夫曼（Max Hoffman）作为将捷豹、保时捷、梅赛德斯-奔驰、大众引入美国的发起者，则在纽约进行销售。1950 年，美国第一批进口车都有着相当喜人的销量，其中名爵共卖出 1 万辆右方向盘的 TC，不过这仍满足不了美国汽车城底特律的需求。

△ 雷诺Dauphine海报，1958

1958年，雷诺Dauphine进入美国市场，其"灵动又质朴的家用车"的理念不同于当时美国制造的任何一款车。

▷ 羡慕汽车

纽约弗格斯汽车展销厅在1957年开张，主要用于展示和售卖欧洲汽车。此时，欧洲汽车产业已经完全从战争中恢复过来，欧洲汽车深受美国消费者喜爱。图中正在展出的是英国的摩根和德国的宝沃。

尺寸很重要

欧洲车与传统美国汽车非常不同。1948 年的雪佛兰轿车重达 1406 千克，名爵 TC 比它轻了整整 545 千克。名爵 54 马力的发动机功率也比美国主流汽车小，但名爵轻盈、快捷、灵动的驾驶体验，比当时的美国轿车更胜一筹。

1955 年，欧洲的工业渐渐从战争中恢复，第二批欧洲车涌入了美国市场，包括沃尔沃、萨博、菲亚特、阿尔法·罗密欧等，其中雷诺的 Dauphine 在 1960 年获得了 10.2 万辆的销量，成为当时在美国最受欢迎的进口品牌。

美国司机的需求只要能够被满足，他们还是非常愿意尝试进口车的。萨博 93 在美国的销量较差，其中一个原因就是 93 采用的二冲程机油箱的容量只有 1 升，需要司机频繁加油，而这是美国司机非常不愿意做的。沃尔沃 PV444 在美

国也发展较慢，因为它一开始只在加州和得州出售。即使它的外形非常时髦，却也无济于事。

1958年，丰田成为第一家将汽车出口到美国的日本企业，但丰田皇冠（原来是出租车车型）的表现却不好。受战争期间的仇恨、日本生产便宜货的刻板印象，以及高价格、低动力等各种因素的影响，最终皇冠在2年内仅卖出288辆。1966年，丰田花冠再次进行了尝试。这款线条流畅的小型家用汽车装有自动变速器和车用空调，最终在美国取得了成功。

人物传记
海因兹·诺德霍夫（Heinz Nordhoff）

1949年是大众进入美国市场的第一年，但仅卖出了2辆车。6年后，大众在美国的年销量增长到2.5万辆，超过名爵而成为最受美国欢迎的进口车品牌。大众甲壳虫与奥斯汀、希尔曼、莫里斯、名爵等品牌一样开始没能适应美国的汽车市场。

不同于英国制造商的拒绝或是无法根据美国市场调整车型，大众当时的主席海因兹·诺德霍夫决定听取美国用户对大众汽车的意见和建议，并让工程部对车辆的转向、制动、性能进行改良。大众的销量开始渐渐攀升：1950年328辆，1951年417辆，1952年980辆。大众在密西西比州指定经销商后，销量涨势更猛：1953年卖出1214辆，1954年卖出8895辆。

除了1958年的雷诺Dauphine，甲壳虫直到70年代初一直都是美国销量最大的进口车，在1968年达到销量巅峰42万辆。

大众主席海因兹·诺德霍夫奠定了大众在美国市场的成功

GM-WSU-C
417-66-4
22

第六章
科技与安全

1961—1980

科技与安全

60年代是经典汽车的黄金年代，也诞生了许多改变汽车市场的游戏规则的跑车。小型车中有迷你和雷诺4；中高档轿车中出现了福特Falcon、福特Cortina、宝马1500、雷诺16；而赛车中也诞生了MGB、保时捷911、阿尔法·罗密欧Duetto、捷豹E型、莲花Elan；还有更激动人心的超级跑车，例如兰博基尼Miura、福特GT40、法拉利Daytona。

乐趣、天赋、自由

许多创新性设计之所以在这个年代不断涌现存在着诸多原因。首先是材料、技术、电子学、赛车理念、量产方法、意式风格等的进步。其次是全新的动力系统，包括转子发动机和涡轮增压发动机，同样引发了汽车变革的浪潮。但60—70年代汽车设计中最重大的革新还属结构布置，尤其是前轮驱动的底盘与功能各异的车身组合后所产生的"化学反应"。受到主流车企的影响，许多国家都将年度最佳车型授予采用全新布置模式的汽车，从而产生了滚雪球效应。

在这个时代，人们开始追求驾驶的乐趣，传统的敞开式两座车渐渐被华丽、快速、可靠的双门轿车取代。小巧的掀背式汽车开始在拉力赛中大放异彩，零售款的"小钢炮"也一度成为焦点。不论你驾驶的是越野车还是传统的轿车，握住方向盘的那一刻，你就能享受到极致的乐趣。

部分成功的商人也不再雇司机，而是亲自上阵，甚至参加欧洲的一些汽车赛事。

安全与环境

60年代的汽车业面临着一个严峻而关键的问

雪佛兰科尔维特Stingray成为经典之作

汽车车企面临着提高安全性的压力

"在60年代结束之际，人们也开始考虑污染的问题。"

题——如何保证车手的安全。美国政客拉尔夫·纳德（Ralph Nader）向民众表示，他无法接受日常的汽车使用可能会对民众造成的伤害。

为了解决这一问题，美国为汽车设置了强制性安全标准，汽车业也开始主动或者被动地采取各种措施以保证乘客的安全，安全带就是措施之一。在60年代结束之际，人们也开始考虑污染的问题，因为汽车正是加重污染的元凶之一。燃烧汽油的大排量车尽管看起来非常酷炫，却因为污染排放被诟病。美国汽车不得不做出妥协，降低了发动机功率，缩短了车身长度、减少了材料消耗。也正是这时，小巧、清洁、耗油量少的日本车进入了美国市场，销量达数百万辆。

交通拥堵和停车问题仍是汽车行业的难题，因此，FM广播电台、唱片机等打发时间的娱乐设备成为车内的必备品。另外，工程师们经过仔细研究，对交通标志进行了改良，不仅更加便于驾驶员理解，还营造了和谐、安全的全新交通环境。60年代，更多国家开始发展汽车产业，包括韩国、伊朗等，这也为它们带来了现代化的交通及经济模式。

停车收费器成为许多城市的一道风景线

尽管受到限制，汽车仍然是大家快乐的源泉

日本汽车走向全球

日本汽车的出现使全球汽车市场产生了巨大的变化：汽车需求量增加的同时，消费者对汽车的要求也发生了变化。欧洲的汽车制造商不得不团结一致，迎接这一全新的挑战。

△ 旅途的开始

1975年，横滨的码头停满了准备出口的达特桑樱花100A和阳光120Y。70年代，日本汽车有着相当广阔的出口市场。

从60年代开始，日本凭借丰田花冠和日产蓝鸟逐渐获得消费者的青睐，走上世界舞台。这两款家用车坚固、朴实，性能优秀。此外，达特桑240Z、马自达Cosmo 110S、本田S800跑车也都有着不小的销量。

到了70年代，日本汽车产量开始急剧上升。本田思域和雅阁首先在海外市场站稳了脚跟，尤其是在美国。1973年开始的石油危机带动了对经济型汽车的需求，而这恰恰是日本汽车的优势。

这是丰田、日产、本田、马自达、三菱、斯巴鲁、铃木、五十铃、大发等日本汽车品牌展现实力的时代，也是达特桑樱花的时代：它小巧却亮眼，价格低廉却方便、环保、可靠。这些品质让樱花赢得了许多消费者的喜爱。

与欧洲竞争

达特桑是欧洲重建汽车产业时期的重要对手。在英国，1968年成立的汽车公司利兰在1975年完成了国有化。表面来看，利兰似乎表现不错，但实际受经营不善、工业尚未恢复等诸多因素影响，利兰车无法满足市场需求。因此70年代，利兰开始与本田进行合作，生产了包括雅阁在内的全新一代的轿车。日本汽车在当地的影响力也因此持续走高。

在意大利，蓝旗亚和法拉利被菲亚特的光芒所掩盖；在法国，标致在1975年收购了危在旦夕的雪铁龙，在1978年吞并了克莱斯勒（欧洲），重启了塔伯特。而希尔曼、辛格等则只能消失在历史之中。但对日本人来说，这些都不足为道，日本汽车的高品质和高产量在欧美国家有目共睹。欧美国家为了保护本国品牌和日企屡次发生贸易冲突，甚至对日本汽车进行限额进口。

◁ 美国的第一批日本进口车

1957年，"丰田宝贝"登上前往美国的货船。这是美国的第一批日本进口车，也为60年代日本汽车在美国的盛行打下了基础。

大事件

- 1957年　第一辆丰田花冠诞生
- 1963年　本田发布了首款乘用车S500
- 1966年　丰台发布了花冠，这是丰田最畅销的车型之一
- 60年代　日本生产了一系列轻型轿车
- 1967年　日本汽车工业协会JAMA成立
- 1972年　本田发布了思域
- 1973年　阿拉伯石油输出国组织宣布禁止出口石油，油价飙升。便宜、节能的日本车在全球的人气大幅提升
- 70年代　日产的海外品牌达特桑广受出口市场欢迎
- 1980年　日本取代美国成为世界最大汽车制造国

1970年，本田1300X在东京车展上展出

△ 业界人士在1963年第十届日本汽车展上参观全新的车型，图中是正在展出的王子汽车，后来被日产收购

国际拉力赛

在20世纪60年代，拉力赛是最壮观的汽车运动。拉力赛吸引了大量汽车和车手在欧洲的森林、非洲的黄土上相互角逐。

导航技术的发展和驾驶流畅度的提升是拉力赛在60年代广受欢迎的关键因素，而拉力赛的盛行也和引入计时赛有着一定关系。RAC拉力赛就是一场驾驶水平的比拼，参赛者们需要以最快速度驾车连续驶过几个急转弯，然后将车倒入由标志桶组成的停车位中；而蒙特卡洛拉力赛甚至将摩纳哥大奖赛的赛道作为比赛赛段的一部分。

之后，国际性的拉力赛事引入计时特殊赛段（SS），许多顶级拉力赛（例如1982年引入的B组拉力赛）的比赛模式被彻底改变。不只比赛规则有所变化，拉力赛赛车也在不断改进。空间充裕、能够容纳2~3个人的舒适轿车已不再具有竞争力。拉力赛赛车不仅要动力强大，还要具有良好的操控性。宝马的Mini Cooper因两位芬兰"飞人"提莫·马基宁（Timo Makinen）、劳诺·阿托宁（Rauno Aaltonen）以及北爱尔兰人帕蒂·霍普基克（Paddy Hopkirk）而受到世人的关注。随着拉力赛赛车动力的逐步提升，地面附着力变得尤为重要，其中后置发动机、后轮驱动的保时捷911和雷诺Alpine 110出类拔萃。进入70年代后，福特灵巧的RS Escort成了许多拉力赛车手在俱乐部乃至国际拉力赛中的选择，最重要的原因就是福特为车手们提供了多种零配件，方便他们根据需求进行改装。但在世界顶级赛事中，福特、装有法拉利发动机的蓝旗亚Stratos和阿巴斯-菲亚特131s之间的竞争仍非常激烈。

除了赛程较短的欧洲拉力赛外，还有一些马拉松赛事，例如横跨大洲的世界杯拉力赛、肯尼亚的东非Safari拉力赛、象牙海岸的班达马拉力赛。这些比赛的赛道长达上千英里（1英里=1.61千米），对赛车的整体性能和车手的经验有着极高的要求。乌干达的谢哈尔·梅塔（Shekhar Mehta）在1973—1982年驾驶着日产汽车夺得了5次Safari拉力赛冠军。

▷ 爬坡

1969年，肯尼亚的大峡谷附近，一辆奥斯汀加速驶过一条狭窄的小路，扬起一片尘土，当地人却毫无反应。非洲拉力赛一般在原始的路面上进行，对车和人都是一场艰苦的考验，遇上野生动物也是常有的事。

"仅一个赛段就长达900千米。我开车快要睡着时，迦纳·帕姆（Gunnar Palm）便会用路程记事本敲打我，让我保持清醒。"

——汉努·米克拉（Hannu Mikkola）回忆世界杯拉力赛

强大的3.8升顶置双凸
轮轴直列6缸发动机提
供了197.7千瓦的功率

可拆卸的铝制发动机
盖能够降低整车重量

滑移式后备厢置
于复杂的独立后
悬架之上

△ 捷豹E型，1961

E型车由获得勒芒耐力赛冠军的D型车衍生而来，其飞镖般的
外形和光滑的铬质装饰给人们极大的视觉冲击。只要花法拉利
1/3的价格就能得到这辆最高车速240千米/时的车。

钢制的辐条之
中有一片双翼
的装饰品

△ 名爵MGB，1962

灵活敏捷、启动迅速、比例协调的MGB是一款颇具潜力的车
型。内置的1.8升直列4缸发动机能够提供166千米/时的最高车
速，其在驾驶爱好者中极具人气。

"我只要喝酒、养鸟、飙车的钱，剩下的我都无所谓。"

——乔治·贝斯特（George Best），英国足球运动员

宽阔的挡风玻璃提供了良好的保护

合金轮胎由售后提供

△ 认特桑淑女，1965

日本制造商达特桑试图模仿名爵在美国的成功，生产了类似风格的两座跑车。该车与蓝鸟均采用了可靠的1.6升发动机。

船形车尾是早期Duetto车型的标志

1.6升双凸轮轴发动机由早期的车型演变而来

△ 阿尔法·罗密欧Spider，1966

这款时尚动感的意大利跑车将经典的外形、五档变速器、盘式制动器融于一体。Spider的原型车直到90年代仍在销售。

跑车的黄金年代

▽ 雪佛兰科尔维特Stingray

作为一款经典的美国跑车，60年代的科尔维特外观英气逼人，5.3L的V8发动机提供了与外貌相符的惊人速度。第二代科尔维特跑车在各地的汽车赛事中都取得了巨大的成功。

为了满足驾驶乐趣而制造的跑车——一般是两座小轿车——在20世纪20年代便已经出现，并在60年代到达鼎盛时期。它们是人们地位的象征，既代表了车主的财务自由，更反映了车主无拘无束的生活态度。

许多60年代的跑车技术精良、外形潇洒，使人们纷纷投以艳羡的目光。一部分跑车直接延续了赛车的设计，意大利车企则通过先进的发动机和悬架技术为跑车爱好者们带来了绝妙的驾车体验。在英国，名爵的量产将跑车变为大众化商品。而在美国，从西海岸的加州到东北部的纽约，人们对英国的凯旋、德国的保时捷等知名跑车充满了热情和期待。

△ DIY跑车套件

跑车套件（如图中的古内塔G4）首创于20世纪50年代，为资金不足的跑车爱好者提供了一种选择。车手无须购买装配好的整车，而是购买套件独自安装，可以省下相当可观的一笔税款。

路标改革

1957年，英国成立了安德森委员会，旨在为公路设立一套统一的新路标体系。委员会雇用了2名图形设计师，他们的设计成果被沿用至今，影响力遍及全球。

△ 警告：小心路滑

在基尼尔和卡尔弗特的体系中，三角形是标示警告的形状。三角形的外框和汽车打滑的图案用最简单的方式传达了所有必要的信息。

▽ 标志的语言

约克·基尼尔（右）见证了他设计的路标的诞生过程。方形路标用于指示目的地信息。

高速公路的出现意味着更高的车速，也带来了前所未有的车流量，因此英国路标的统一化势在必行。直到50年代，路标的字体、大小、风格都相当混乱，尽管它们在汽车普及的早期表现尚可，但随着车的数量和速度的共同提高，这一体系也亟待更新。此外，英国在1931年拒绝了《日内瓦公约》提出的路标统一化的建议，因此路标的符号化、去文字化对英国尤为重要，否则会让外国人难以理解。

1957年，英国成立安德森委员会，对路标进行修订，并邀请P&O东方航运公司的CEO科林·安德森（Colin Anderson）担任主席。除了P&O图标设计师约克·基尼尔（Jock Kinneir）外，安德森还邀请基尼尔的徒弟玛格瑞特·卡尔弗特（Margaret Calvert）共同进行路标的重新设计。

在此之前，基尼尔和卡尔弗特就曾共同担任伦敦盖特维克机场的标志设计。他们的目标是尽可能地简化路标，只保留必要的信息。因此，他们特意为高速公路设计了一种全新的字体——交通体，

▷ 高速公路路标，1958
基尼尔和卡尔弗特设计的新路标在海德公园和附近的一座地下停车场进行试验。1958年，普雷斯顿辅路率先启用了新路标。

并通过俯视图为司机提供前方路口的信息。与早期英国的路标不同，新路标中的字符区分大小写，因此即使在高速行驶时也能保证良好的可读性。所有路标都是蓝底白字，并且由反光材料制成，便于司机夜间读取。路标中字体的大小、边界的宽度、指示线的宽度全部进行了标准化。

面向全国的设计

在安德森委员会对高速公路的路标进行整改的同时，英国的其他公路也急需统一的路标。1961年，设计师林伯特·斯宾瑟（Herbert Spencer）在《版面设计》（Typography）杂志上发表了2篇文章，详细描写了他从伦敦市中心到希思罗机场这段路途中看到的各种不协调的路标。

因此，1963年英国成立了沃博伊斯委员会，继续邀请基尼尔和卡尔弗特担任英国路网的路标设计师。委员会希望最终的路标与1949年达成的《日内瓦公约》保持一致：用图案传达必要的信息，三角路标表示警告、圆形表示指令、方形表示目的地信息。

在设计中，基尼尔和卡尔弗特仍沿用了俯视图和交通字体指示距离和方向，主路采用绿底白字，距离用黄色表示；辅路则用白底黑字。

由玛格瑞特·卡尔弗特设计的众多路标中，"儿童穿行"路标中女孩的原型正是她的女儿；表示注意乡村动物的路标中的牛，也是以她熟悉的牛作为原型。基尼尔和卡尔弗特设计出的路标自1965年推出后几乎没有进行过大幅的改动，依然能够准确地为司机提供必要的信息。这套路标后来被全世界广泛采用。

玛格瑞特·卡尔弗特和她设计的标志，伦敦，2015

"路标、路名之于道路就像燃油之于发动机。"

——约克·基尼尔，1965

"动力全开时，它能瞬间提供惊人的**加速**和无与伦比的**爬坡**能力。"

——克莱斯勒宣传影片，1963

太空时代的汽车

人类成功登月后，克莱斯勒也发布了一款由飞机发动机驱动的汽车——克莱斯勒Turbine。

尽管克莱斯勒不是唯一使用飞机发动机的制造商，但它却是最接近量产安装了飞机发动机汽车的公司。1962—1964年，克莱斯勒为了对5种设计原型进行公开测试，与吉亚（Ghia）合作，共同生产了50多辆测试车。这些车由前福特设计师厄尔伍德·恩格尔（Elwood Engel）设计，外形与1961年的福特雷鸟神似，但其他方面都比雷鸟要好得多。

喷气机时代的造型在这辆车上展现得淋漓尽致：嵌入式鱼鳍状前灯、受到飞机启发的仪表盘，还有最重要的核心——飞机中采用的燃气轮机。它的别致尾灯神似火箭推进器。多达30000人报名参加燃气轮机车的测试，克莱斯勒从中选择了203个家庭，总测试里程超过了100万英里（161万千米）。在3个月的测试中，每名参与者都记录下行车日志，并仔细描述在各种交通环境下车辆的燃油经济性、可靠性和动力性。

这些车在机械方面表现出色，出现的问题基本上都是因为司机加错了燃油导致的。但测试之后，克莱斯勒不得不面临艰难的抉择。参与测试的人非常喜欢这些车，但它们的燃油经济性和130马力（95.61千瓦）喷气机发动机的动力性却不比克莱斯勒原有的中型V8发动机出色，而燃气轮机的造价却是传统V8发动机的10倍。1966年是这些测试车的问世之年，但由于排放政策日趋严格，克莱斯勒只能选择放弃量产。

测试之后，46辆燃气轮机汽车在底特律的废品厂被销毁，剩余9辆则被送至博物馆。尽管直到1977年，克莱斯勒仍在尝试燃气轮机驱动的汽车，但排放和燃油消耗的问题迟迟无法解决，最后仍以失败告终。

◁ 时尚标杆
顺滑的外形和先进的技术让克莱斯勒Turbine在1963年登上了时尚杂志的封面，但过于高昂的造价使这款车无法投入量产。

汽车的安全设计

汽车数量的增加无可避免地造成了更多的交通事故。汽车安全问题因媒体的宣传和技术的进步在20世纪60年代开始引起公众的重视。

汽车发明之初，人们就已经意识到存在的安全隐患。有记录的第一起致人死亡的交通事故发生在1896年，伦敦行人布里吉特·德里斯克（Bridget Driscoll）被车辆撞死。到1955年为止，全球共有超过100万人死于交通事故；而在20世纪末，每年都有100万人因车祸死亡。

早期汽车的设计师几乎不会考虑安全问题：发生车祸时，转向柱会像长枪一般插入司机的胸口，虽然这种情况基本会被阻挡杆消除。最早的碰撞测试由通用在1934年进行。说起来有些恐怖，通用当时是使用尸体对事故后果进行模拟。之后，他们请了活人志愿者，直到1949年测试用的假人才正式投入使用。

早期汽车的车身没有缓冲的余地，因此一旦受到强大的外力，车辆会直接将冲击力作用给乘客。梅赛德斯–奔驰是首家意识到这一点的公司，并从1959年开始在车中设计了缓冲区。缓冲区能够减轻冲击力对乘车人员的伤害。

系上安全带

道路安全历史上最杰出的发明就是

▷ 促进发展
1965年拉尔夫·纳德的著作《任何速度都不安全》改变了人们对于汽车安全性的认知——纳德此时已被一家心虚的汽车公司四处诋毁。

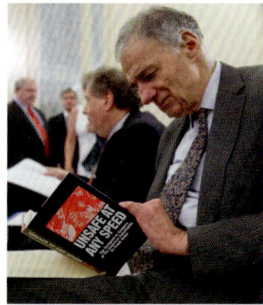

安全带。1950年，美国汽车制造商纳什在Rambler车型上安装了大腿安全带，它也是现代安全带的雏形。安全带直到

> "汽车带来了数百万人的伤亡。"

——拉尔夫·纳德（Ralph Nader），《任何速度都不安全》
（*Unsafe at Any Speed*）序

1958 年才真正出现，瑞典沃尔沃的尼尔斯·博林（Nils Bohlin）发明了三点式安全带，能够同时绑住肩膀和大腿。博林意识到了这一发明的重要性，并说服了沃尔沃放弃安全带专利，让所有汽车公司都能够使用。

很快，许多国家开始提出要为新车装上安全带。1968 年，美国通过了一项法案落实了这一提议，其他国家则稍晚一些。直到 1983 年，英国才强制要求使用安全带。

《任何速度都不安全》

拉尔夫·纳德是最关注汽车安全的人之一。作为一名律师，他在 1965 年出版畅销书《任何速度都不安全》，在书中，他狠狠批判了通用雪佛兰的 Corvair。纳德认为，Corvair 为了降低成本在底盘设计上偷工减料，因此引发了大量的事故。此书不仅迫使通用改变设计，同时也促成 1966 年国家机动车辆安全法案的颁布，该法案对车辆安全标准进行了规定。

◁ 受伤仿真
汽车制造商用假人和碰撞台架对汽车安全性进行评估。安全性是汽车企业成功的关键因素。

全新的安全技术

20 世纪 60 年代也催生了新的安全技术。1966 年的杰森 FF 是最早采用防抱装置的车型，沃尔沃在 1972 年为新车提供了儿童防护锁。通用在 1973 年最先发明了安全气囊，防止司机向前冲撞；而梅赛德斯-奔驰则到了 1981 年才在 S 级汽车上安装安全气囊。

▽ 安全测试
测试假人的概念来源于航空业，测试无须再由真人参与。

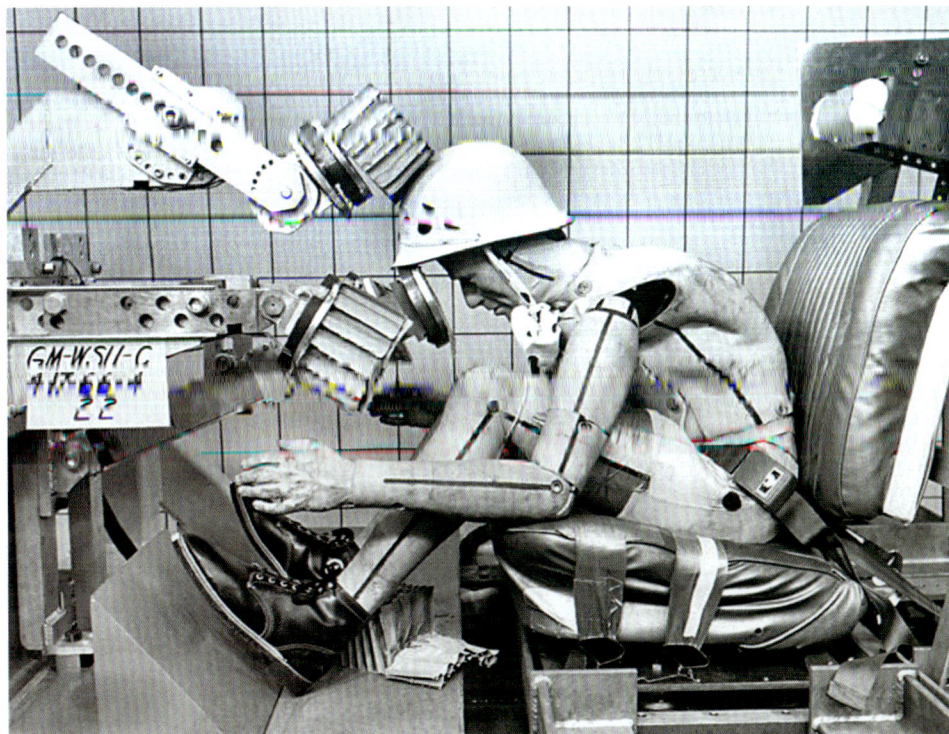

人物传记
拉尔夫·纳德

拉尔夫·纳德是全球最负盛名的政客之一。他的父母均为黎巴嫩人，他本人毕业于哈佛法学院，成为律师之前他在军队中担任炊事员。纳德 1965 年出版的著作《任何速度都不安全》引发了激烈的公共争论，通用汽车甚至雇用了私人侦探试图让他名誉扫地。纳德随后将通用告上法庭，并用 42.5 万美元赔偿金建立了一个律师机构。1966 年，美国新交通车辆安全法案出台后，时代周刊将纳德誉为"不屈的斗魂"。他也曾 4 度尝试竞选美国总统，但都以失败告终。

1966 年，拉尔夫·纳德的著作在美国引起了有关汽车安全性的广泛讨论

木质辐条，劳斯莱斯，1906—1925

钢丝辐条，奥本，1910

20世纪20年代，合金轮辋首先在布加迪35型上应用

压制钢，希尔曼明克斯，1936

金属轮盘，阿尔法·罗密欧8C轿跑，1938

铬制轮毂，凯迪拉克62系列，1959

轮胎的时尚

材料和结构的进步让轮胎变得更轻、更强。轮胎开始成为汽车外形的重要因素，并用于区分车型。

最早的汽车都采用线圈作为轮辋、实心橡胶作为外胎，有时轮辋也会使用木头或钢制作。20世纪10—20年代，轮胎开始渐渐采用钢丝辐条。但艾托·布加迪（Ettore Bugatti）却不走寻常路，他将自己铸造的铝合金轮辋装到轮胎中，并设计了一体式制动鼓和可拆卸式轮圈。直到60年代，都很少会有车采用铝合金轮辋。

当时，家用轿车的轮辋基本由钢铁压制而成，质量较轻、强度高且方便批量生产；而豪车上则一般采用铬制的毂盖。

镁合金和铝合金轮辋在60年代开始被应用到跑车中，在80年代得以普及。而在今天，最先进的轮辋都由更轻的碳纤维复合材料制成。

铸造合金，兰博基尼Countach，1990

布加迪35B，1927—1930

辐轮的24幅轮比木质
轮和钢丝辐条轮更
轻、更坚固

铬制辐条，捷豹E型，1964

铸造合金，法拉利Daytona，1968

伪合金，名爵Midget，1969

复合材料，梅赛德斯-奔驰概念车，2017

关键发展
零配件市场中的合金

更换轮胎一直是汽车爱好者为爱车调整外观或提升性能的重要途径。早在20世纪60年代早期，品种繁多的用车轮辋都可以从Campagnolo、Cromodora、Halibrand、Fuchs等品牌中购买、替换，因此轮胎配件开始在改装爱好者中流行，其市场也逐渐扩大。其中，最早出现的是镁合金轮辋，被称为mags。尽管后来大部分家用车采用的都是铝合金轮辋，但合金轮辋mags的称呼被一直沿用。伴随着汽车的普及，轮胎公司如美国的Keystone和Cragar、英国的Minilite和Wolfrace，以及ATS、Speedline和BBS在70年代逐渐发展起来，并在80年代达到了巅峰

门基车，1968年为美国流行乐队门基（The Monkees）专门打造，以Cragar的铝合金轮辋为特色

▽ Meyers Manx沙滩车，1968

轻盈的塑料车身、富有弹性的宽胎、可靠的气冷发动机是这辆沙滩车的核心组件。装载了雪佛兰Corvair 6缸发动机的Meyers Manx为史蒂夫·麦昆（Steve McQueen）所有。图为1968年的电影《托马斯·克朗事件》（*The Thomas Crown Affair*）中，麦昆与费·唐纳薇（Faye Dunaway）共同驾驶这辆沙滩车的场景。

有两门和四门
两种类型

电镀技术保
护了车身

长发动机盖
下装载着直
列4缸发动机

溜背式车尾赋予这
辆车帅气的外观

顶置凸轮1.1
升发动机

△ 丰田花冠，1966

花冠的设计理念就是全方位超过其他竞争对手。车上安
装了特制的发动机和全新的内饰。车主可以在车内尽情
享受舒适的座椅、空调、收音机。

△ 福特Pinto，1971

Pinto主要面向美国市场，与日本和欧洲的进口车竞争。
尽管早年有容易自燃的负面消息，但它确实销量不错，
总共卖出了300万辆。

流行的小型车

在汽车领域，时不时就会出现颠覆行业观念的
车型。这些车型或是引入了新技术、新设计，或是
因准确地迎合了民众的需求而吸引了大量买家。后
者或许在技术和外形上没有达到巅峰，但是它们通
过提高实用性、可靠性、操纵性赢得了大众市场。
60年代的Mini属于前者，它彻底改变了小型车的
设计模式；而丰田花冠则是后者，它将汽车的可靠

性提升了一个等级，也让其他制造商意识到了可靠
的重要性。福特Pinto作为70年代的领头羊，是美
国市场上最早的小型掀背汽车，不过碰撞安全问题
严重影响了其声誉。大众高尔夫也是当时极具影响
力的车型之一，高水平的制造质量、实用性、操纵性、
外形的完美结合，让它无法被复制和超越。

▷ 小巧即美丽

这张照片摄于1979年的法国，展示了几辆接连
驶过的别致的小型车。从前到后分别是Mini、
雪铁龙2CV、雷诺5型。

The Renault 5 TX
of a luxury Renault 5 Based on the new
Renault 5 TX it can be distinguished easily

by the sports-styled alloy wheels, bronze
tinted windows and the black radio
antenna. It has been created as an
expression in style and luxury and for

those who wish to move into a Renault 5
without loss in status or level of comfort
and equipment. This is the ultimate town
car.

△ 雷诺5TX的海报，1981

早在高尔夫出现之前，雷诺就制造了广受喜爱的三门
超迷你级的5型车。TX也是Mk1系列的最后一代汽车。

MINI

座舱为乘客提供了
非常大的空间

水冷发动机的排量可以
在1.1~1.6升之间选择

变速箱在横
置发动机的
一侧

△ 菲亚特128，1972

菲亚特的第一款横置发动机、前轮驱动的车型。它有两门
和四门两个版本，并为掀背型的127的设计打下了基础。

掀背式后备厢
和可折叠座椅
相当实用

△ 大众高尔夫，1974

大众将历史悠久的甲壳虫升级成了高尔夫。依靠着前置
水冷发动机和充足的车内空间，它很快成了最经典的掀
背式家用轿车。图中为一辆GTI。

"我们要设计出一
辆让车主为之自豪
的汽车。"

——长谷川龙雄（Tatsuo Hasegawa），他是思
域工程师

穿越达连

1971年，路虎揽胜宣布将穿越地球上最险恶、沼泽最多的丛林。尽管一开始只是宣传的噱头，但事实证明，这场长达180千米的旅途实属艰险。

泛美高速公路全程长达2.9万千米，北至阿拉斯加，南及火地群岛，纵贯南、北美洲，除了巴拿马境内的一段路未能修通，因为直到1972年，都未曾有人能够驾车穿越这片名为达连地堑的土地。1962年，雪佛兰派出了3辆Corvair去探路，但最终团队弃车而逃。10年后，路虎揽胜再次发起挑战，希望借此打响品牌。

这场探险的领头人是英国皇家空军工程师约翰·布拉什福德-斯奈尔（John Blashford-Snell）上校，他组建了一支64人的团队，其中大多数都是他原来的部下，剩下的随行人员包括科学家、机组人员、路虎专业技师。上校还用一箱尊尼获加黑方威士忌换来了12位巴拿马监狱中的杀人犯作为苦力，并承诺在探险结束后让他们重获自由。

布兰登·奥布里恩（Brendon O'Brien）是一位在3个月内徒步穿越达连地堑的爱尔兰人，上校一行人沿着他的路线展开探险，并带着28匹马运送物资，以及用电动手推车开路。还有英国空军的支援飞机，为这支队伍提供准确的侦查信息，并在沿途空投补给。

△ 探险的幸存者
在1971—1972年的探险中成功跨越达连地堑的揽胜中的一辆。它现在被保存在盖登的英国汽车博物馆。

▽ 渡河
穿越达连地堑过程中，团队要渡过许多条河。其中一辆车不幸翻入图伊拉河，之后被拆解并重组。

穿越达连

探险之旅开始没多久问题就出现了。刚进入达连没几天，2辆揽胜的差速器就都坏了，探险也就此停滞。正当技师也无计可施之际，路虎为他们送去了全新设计的差速器。

这款差速器花了探险队整整一周时间才装好，但很快电动手推车也坏了，最终只能丢弃。团队于是又找来了一辆旧款的揽胜IIA，工程师们带着缆绳、锯子、链条登上车并制造车辙。

探险途中还遇到了许多其他困难。尽管出发时预计当地是旱季，但延期的雨季让沼泽地变成了泥浆地。工程师们在制造车辙时都染上了战壕足，还有一些患上了疟疾。蝎子、蛇、咬人的蚂蚁

▷ **提供补给，1972**
休伊直升机降落在丛林中，为揽胜提供全新的差速器。图中最显眼的是盖文·汤普森（Gavin Thompson）。

更是随处可见。恶劣的环境还损坏了揽胜的沼泽特制轮胎，最后只能用标准路面胎。

尽管大部分陆地都是驾驶揽胜驶过的，但渡河时还是用了木筏。在图伊拉河上，一艘木筏突然倾覆，使一辆揽胜沉入水中。尽管这辆车当时处于熄火状态，但水还是渗入了车内的各个角落。技师们花了36个小时将这辆车拆解后重新组装。惊人的是，最终2辆车和团队里的所有人都成功完成探险，成为一段传奇。

"**我们以为这是沼泽，没想到它居然是泥浆！**"

——盖文·汤普森（Gavin Thompson）在旅途中说到

车轮背后
Corvair 的探险

1959年，雪佛兰发布了家庭版的Corvair，将其称为"能够应对任何状况的车"。为了吸引消费者，芝加哥的1名雪佛兰经销商在1962年试驾新款Corvair雪佛兰，首次踏上了穿越达连的旅途。同行的还有装载着绞车和补给的几台雪佛兰卡车。

气冷铝制发动机确实帮助雪佛兰跨过了前几座山谷，但之后面对更陡峭的地形时，探险队不得不用圆木制造桥梁。其中一辆车无法抵御恶劣的环境，被遗弃在丛林中。剩下的2辆车虽然成功抵达了哥伦比亚的边界，但最后也被丢弃了。揽胜团队在10年后发现了它的残骸。

达连地堑中雪佛兰Corvair的残骸在10年后被发现

别样的汽车文化

早在二战之前，美国——尤其是加利福尼亚州——就出现了一批独特的改装车：装载着福特平头V8发动机，有着精简的车身和狂野的喷漆。

△ 路霸，1965
路霸由艺术家和改装专家、"大老爹"艾德·罗斯（Ed "Big Daddy" Roth）共同完成，有着粉红的外壳、橘色的车顶。"大老爹"是60年代美国改装车领域的标志性人物。

最早的改装车出现在20世纪30—40年代，原型车一般都是T型车、雪佛兰敞篷跑车和1932年的福特车。很快，改装爱好者们发明了自己独特的术语，例如用"流线者""热破"等词来形容不同风格的改装。

二战结束之后，改装汽车再次盛行。许多退役的军队工程师和技师利用他们的专业技能在社会中再次发光发热。对他们而言，汽车改装从单纯的兴趣变成为一项全新的职业。

同时，汽车在战后恢复了生产，为改造家们提供了充足的原型车。战后剩余的大量材料，例如P-38和P-51战斗机上的泪珠形的油桶，其别致的形状让它们具有良好的空气动力性。同时它们的坚固性，也十分适合安装在汽车上，这给加利福尼亚州改装车产业的发展带来了强大的推力。

改装业

随着产业的发展，改装的专业程度也变得越来越高。加州南部开设了许多专门的改装工坊，工程师和商人也开始为车主们提供零配件邮购服务，包括凸轮轴、汽化器、进排气歧管等，这些优质的零部件能大大提升普通发动机的性能。改装的原型车最早都是美国本土车，但随后掀起了一股改装进口车的风潮，尤其是大众。大众旗下的甲壳虫和2型面包车成为60年代最受改装爱好者欢迎的车型。处于60年代初的年轻人正值叛逆期，不愿意接受老一辈喜爱的旧事物，他们便以嬉皮士的风格对大众车进行改造，表达他们心中对和平、爱、乐趣的理解。许多制造商看到了这一趋势并加入其中。1964年，英国汽车公司基于奥斯汀的Mini发布了小型四座敞篷车Mini Moke。截至1993年，Moke在3个国家

▷ 改装Mini Moke，1966
Moke的设计初衷是希望成为像路虎一样的轻型对标车，但低底盘的设计让其无法拥有良好的越野性能。右图为流行乐队"沙滩男孩"的宣传照，图中的车就是改装后的Mini Moke。后来它在沙滩车的路上越走越远。

"好的想法就是要与众不同且充满乐趣！"

——丹·伍兹（Dan Woods），改装车专家

共生产了 5 万余辆。Moke 最初的设计理念是轻型军用吉普车，但在 60 年代却成为了嬉皮士们的标志。另外，它还能被用作沙滩车，在假期给人们带来无比的欢乐。同样的沙滩车还有塑料车身的雪铁龙 Mehari 和非亚特 Chin Jolly。Mehari 的原型是雪铁龙 2CV；而 Jolly 则是低配版的菲亚特 600，但它额外装了遮阳篷，可以避免乘客在海滩被阳光晒伤，因此在拥有游艇的富二代间非常流行。

除了 Moke 之外，许多日本制造商也对吉普车做出了独特的改造，例如三菱和铃木。同时，菲律宾制造商也为吉普车添上了华美的装饰。

△ 美国热破

一位美国少年正在对他的热破车进行改造。美国市场中有着大量价格低廉的轿车，因此30年代起，热破车的改装风靡全美。

关键发展
大众 2 型 Kombi

经典的大众Kombi野营面包车是60年代嬉皮士风格的最佳车型。它车身坚固、空间充足、性能可靠的特点十分适于改造。例如，车头巨大的大众标志就为改造家们提供了展示个性的空间。大众Kombi能满足你睡觉、野营、生活在其中的需求。它虽然行驶速度不是很快，但运行、维修都很便且。当时的许多改装车到现在已经成为珍贵的藏品。披头士风格乐队"感恩至死"的领队杰瑞·加西亚（Jerry Garcia）在1995年去世，大众特意为他制作了一幅广告，广告的主角是一辆60年代的大众面包车，前灯落下了点点泪水。

图中这款70年代的大众野营面包车被涂上了亮丽的色彩。尽管嬉皮士风格已不再流行，但粉丝们仍用这种方式将嬉皮士精神延续下去。

道奇Deora

50—60年代，最著名的汽车基本都是加州的乔治·巴里斯（George Barris）和迪恩·杰弗里斯（Dean Jeffries）等人制造的定制版汽车。其中，最轰动一时的还属麦克和拉里·亚历山大（Mike and Larry Alexander）兄弟制造的道奇Deora。

二战后，美国加州兴起了定制汽车的风潮，电影明星或富豪会请专业的工作室进行设计、制造。定制汽车一般都有着极强的动力、铬制镶边，并辅以狂野的车身颜色。

然而，底特律的亚历山大兄弟——他们从未经受过专业的设计训练——却设计出了世界上最负盛名的概念车——道奇Deora。亚历山大兄弟在50年代起开始制造定制汽车，主要负责配色和简单的改装。通用设计师兼汽车杂志画师哈利·宾利·布拉德雷（Harry Bentley Bradley）注意到了这对兄弟的才能，并在1964年委托亚历山大兄弟改造道奇A100的卡车，即后来的道奇Deora。

亚历山大兄弟将发动机和变速器从引擎盖下移到了车尾，把1960年福特Country Sedan的后备厢盖装在了车头，安装了改装后的奥兹莫比尔Tornado的转向盘，并将斯图华纳的全套仪器都装在了仪表盘上。要想进入这辆车，必须先打开车头的后备厢盖，掀起挡风玻璃，爬进车时还得小心转向柱。1967年，Deora在底特律发布时引起了一片哗然，而在美泰玩具厂工作的布拉德雷在1968年发布的第一套风火轮玩具汽车，Deora便是其中之一。这是世界上第一辆概念皮卡，克莱斯勒将其展出了整整2年。亚历山大兄弟在有生之年也见证了Deora在2009年的拍卖会上被私人买家以32.45万美元的价格拍下。

▷ 作秀的设计
道奇Deora首先于1967年在底特律的亚历山大兄弟汽车站上亮相，随后被克莱斯勒租借2年，作为概念车进行展出。之后，它被尘封至90年代。

"你就不想拥有一辆完全与众不同的车吗？"

——乔治·巴里斯，《定制汽车编年史》（Custom Car Chronicle），1968

"2+2"的车身布置，后座空间较小

1.9升燃油喷射发动机，最高速度可达192千米/时

△ 欧宝Manta GT/E，1970

Manta的前身是Ascona。它有着时尚的运动型外观和别致的环状尾灯，是福特Capri的主要竞争对手。它的名字来源于1961年的Manta Ray概念车。

微微倾斜的前发动机盖减小了风阻、美化了外观

四轮均采用盘式制动器，在当时的小型车中比较少见

△ 阿尔法·罗密欧Alfasud Sprint，1976

这款优雅的Alfasud Sprint采用水平4缸发动机，车身则是加大版的Alfetta GTV。尽管驱动方式为前轮驱动，但优秀的底盘设计提供了绝佳的操控性。

"福特Capri：一辆随时都能让自己满意的车。"

——福特的广告语，1969

△ 福特野马，1965

野马的外形、动力、内设都留有非常大的改造空间，可以让车主打造出自己心仪的汽车。因此，世界上很难找到两辆完全相同的野马。

光滑狭窄的车头上装有弹出式车灯

玻璃后舱提供了储存空间

△ **保时捷924，1976**
保时捷希望通过这款"2+2"的双门轿车扩大影响力。尽管前置的奥迪水冷发动机与传统保时捷背道而驰，但也广受好评。大众在车辆设计中给予了协助。

发动机排量根据车型不同而介于1.6~2.6升之间

粗壮的B柱是无框车窗的关键

△ **丰田Celica MkII，1977**
丰田看到了福特野马和Capri的成功，于是决定加入竞争市场。在该系列的第一代、第二代车型中，掀背型后舱盖是最大的特色。

新风尚

时尚的外形、强大的性能、4人的乘坐空间、适合全天候出行，能将这些结合起来的只有豪华旅行车，也就是GT。豪华旅行车最早只有富人才能够拥有。随着二战的结束，新生代喜爱的不再是原来那些古板的车型，他们想要的是有一些豪华、性价比较高、能够买得起的车，简单来说就是便宜的GT。在美国，李·亚科卡（Lee Iacocca）以"个人的运动型轿车"为理念设计的福特野马（Mustang），取得了巨大的成功。全球的其他制造商也纷纷推出了对标产品，例如欧洲福特的Capri、欧宝的Manta、日本的Celica等都广受好评。

◁ **福特Capri，1969**
Capri就是欧洲的野马，它与福特Cortina、Escort等其他车型共用部分零配件，因此售价和维修成本都不高。

付费停车

20世纪下半叶,汽车数量激增,停车位的需求也随之增加。停车收费器和巡逻女警的配合为拥挤的市中心重塑了秩序。

为了解决停车混乱的问题,政府决定对停车进行收费。20世纪早期就已经出现了多层停车场,但是直到1935年美国才正式使用投币式停车收费器,而英国引入收费器则是在1958年。在40年代早期,美国共设立了14万余座收费器。

黄线和巡逻女警

1960年,英国街头被画上了黄线以对停车时间进行限制,双黄线代表严禁停车区。当然,政府需要雇一批人管理停车位。1960年9月,第一批巡逻女警在伦敦威斯敏斯特上岗。他们共有40人,穿着半军队风格的外衣,戴着黄色条纹的帽子,随时准备收取2英镑的罚款。巡逻女警为司机带来了恐惧和厌恶,甚至还有爱。美国在50年代末发明了"停车位姑娘"的说法,并随着披头士的歌曲《可爱的丽塔》迅速风靡。

另一种选择

如何停放空车的问题困扰了城市

◁ 在德国停车
德国汉诺威的停车场中停着各种档次的车。如果想长时间停车,必须频繁地返回停车器处付款。

▷ 查表,1964
宾夕法尼亚州匹兹堡的停车位巡逻女警维拉·坎德拉(Willa Chandler)正在检查停车收费器。

规划者将近1个世纪。早在1905年,巴黎就开设了一家半自动停车场,电梯可以将车辆运至上层,由上层的工作人员把车停好。

伦敦东南部伍利奇的自动车库则更先进,通过皮带、升降机、滑动台架的组合能够自动将车辆运送到8层256个车位中的任意一个。该车库在1961年开业,但由于运转过于复杂,开业第一天就发生了故障,并在几个月后就关停了。

停车收费器和巡逻女警似乎是维护街道秩序、提高财政收入的最佳方式。但在澳大利亚,1965年出现了一种特殊的停车模式。

到达昆士兰冲浪者天堂景点的游客都会遇到停车收费的问题,但海滩上有一群非官方的代缴费人员,专门负责为即将超时的汽车付款。这一现象完全违背了市政规划者伯尔尼·艾尔西(Bernie Elsey)的设想,尽管关乎政治正确,但冲浪者天堂至今仍保留着这条特殊的风景线。

大事件

- **1933年** 美国人霍格·乔治·修森(Holger George Thuesen)和杰拉德·海尔(Gerald A. Hale)发明了第一座投币式停车收费器"黑暗玛利亚"
- **1935年** 世界第一座停车收费器出现在美国俄克拉荷马市
- **1954年** 第一座自动停车场在美国启用。购买月卡后可以刷卡自由出入
- **1954年** 澳大利亚首座停车收费器出现在塔斯马尼亚的霍巴特
- **1958年** 英国首座停车收费器开始在伦敦运营,每小时的停车费为6便士
- **1960年** 英国巡逻女警为托马斯·克雷顿(Thomas Creighton)医生的车贴上罚单,当时他为了抢救心脏病人而违章停车。在民众的呼吁下,罚单被免除
- **1974年** 英国首家自动付款停车场在牛津投入运营。车主在入口处买票、出口处付款后,栏杆才会抬起

世界上第一座停车收费器,俄克拉荷马市,1935

△ 一位女士正在伦敦街头付费停车

停车器只收取一种硬币，因此必须备好零钱。

空运汽车

若想带着爱车和家人跨越英吉利海峡，除了坐船之外，还可以乘飞机。

银城航空公司在1948年首次推出汽车的空中运输业务。他们使用布里斯托尔货机（Bristol Freighter）作为运输机，这些飞机在战时被用于运输军车。乘坐飞机跨越英吉利海峡只需19分钟，飞机也仅需攀升300米。最初，在每年的7—9月，银城航空会提供从英国肯特郡的林姆尼到法国北岸勒图凯的飞行业务。载有4名乘客的家用汽车单程费用为32英镑。

这项业务很快获得了大量的人气，英国为此特意在肯特郡的莱德建造了菲丽菲尔德（Ferryfield）机场，专供空运汽车使用。同时，英法之间的航线也得到了扩展，英国的空运港口包括莱德、林姆尼、盖特维克、南安普顿，法国的则包括勒图凯、加来、瑟堡，还有比利时的奥斯坦德。1955年，又新增了苏格兰的斯特兰拉尔到北爱尔兰的贝尔法斯特、伯明翰到勒图凯的航线。

当时，空桥是银城的竞争对手，主要提供埃塞克斯到加来、奥斯坦德、荷兰鹿特丹等地的航线。两家公司在1963年合并为英国联合空运公司。之后，公司又增加了更多的航线，包括前往瑞士巴塞尔、斯特拉斯堡、日内瓦等地的远程航线，而日内瓦因当时热映的有关詹姆斯·邦德的电影《金手指》（Goldfomger）被大众所熟知。老一代的布里斯托尔货机被4引擎的卡维尔（Carvair）取代，卡维尔正是弗雷迪·雷克尔（Freddie Laker）所设计的道格拉斯DC-4的改款。一架卡维尔能够运载5辆汽车。

爱尔兰航空公司自1963年起也开始用卡维尔进行空运，但当时大家对空运的热情已经消退，大部分跨洋业务都被廉价的驶入式渡轮取代。1977年，空运汽车的时代结束了。

▷ 银城航空的布里斯托尔货机
这架双引擎飞机在机头有可敞开式的舱门，方便汽车、摩托车、自行车、乘客上、下机舱。

改良设计

发展中国家并没有高质量的路网系统，而且当地制造的汽车一般以西方汽车为原型，所以为应对各种较差的路面条件，还需对汽车稍加改良。

伊朗直到 1966 年才有自己的汽车产业。在产业建立之初，伊朗从英国引进了希尔曼 Hunter 的全套零部件，并在国内进行组装。这款车被称为 Paykan，在波斯语中是"箭"的意思（Hunter 的研发代号就是 Arrow，即箭）。在民间，它也被称为"波斯战车"。

▽ 1972的拉达
拉达由伏尔加汽车工厂（VAZ）制造，外形简洁、易于维修、能够应对雪地等多种复杂环境的特点使其深受出口市场喜爱。

70 年代，Hunter 在英国停产。英国将生产设备卖给了伊朗，这样伊朗就能够在国内自主生产 Hunter 的零部件了。之后，希尔曼方面又为 Hunter 加强了耐久性和可靠性，让它更适合伊朗凹凸不平的路面和参差不齐的保养水平。

伊朗人的标志

事实证明，"波斯战车"在伊朗非常流行，每年在德黑兰的产量可达 12 万余辆。之后，人们对"战车"进行了升级，外观和内饰都得到了巨大的改变，还衍生出了皮卡的版本；原有的 1.7 升 Rootes 发动机则被标致 1.6 升发动机模组替代。Hunter 到 1979 年已经基本被欧美国家淘汰，但 Paykan 在之后的很长一段时间仍在继续生产。廉价、简洁、耐用使

Paykan 成为伊朗私人或企业车主的首选，近半数伊朗人开的车都是 Paykan。2005 年，基于标致 405 设计的 Samand 替代了 Paykan 轿车，但皮卡版本直到 2015 年才停产，第三方生产商甚至直到 2017 年还在为 Paykan 生产备用零件。

现有设计

当时，对许多国家的汽车业而言，

> "笨拙且无用。"
> ——1992年，赛图莱特（L. J. K. Setright）在《汽车杂志》（Car Magazine）中对拉达的描述

基于西方的现有设计进行改良是最划算的。1957—2014 年的"印度斯坦大使"（Hindustan Ambassador）就是在加尔各答生产的莫里斯 Oxford 3 系车。50 年代生产的莫里斯非常可靠，很适合印度粗糙、肮脏又挤满人的土路。80 年代，印度斯坦公司又基于沃克斯豪尔 Victor FE 设计了 Contessa。除此之外，印度对揽胜 SD1、菲亚特 124 等车都进行了改良。菲亚特 124 是一款四四方方的紧凑型四门轿车，是 1967 年的年度车型，苏联也对其进行了改良，衍变为了 VAZ 2101。在当时的苏联，私家车的保有量非常低，物流和人们的出行仍主要依靠火车，某些地区道路建设的资金投入也相当有限。所以，在原车型的基础上 VAZ 2101 调高了底盘、车身采用更厚的钢板、刹车片由盘式变为了鼓式。另外，由于西伯利

◁ Paykan在现代化的德黑兰
Paykan在伊朗具有强大的生命力，哪怕在现在的德黑兰街头仍能看到。

亚的寒冷气候对汽车的启动和运行都非常不利，VAZ 2101 的点火和泵油系统都加装了手动操纵模式。

在菲亚特 124 被 131 取代之后，苏联的拉达（Lada）汽车也加入了欧洲经济型轿车的竞争市场。1979 年，苏联对拉达的外形和发动机都进行了升级。这款车很快便成为苏联政府重要的经济来源，被用来与外国进行货物交易，其中包括了大量的可口可乐。拉达被出口到了许多国家，包括巴西、新西兰、加拿大、芬兰、瑞典等。21 世纪的到来也没有让拉达生产的脚步停下，直到 2012 年拉达完成了最后一辆汽车的生产。但直到现在，拉达仍是埃及境内非常受欢迎的出租车车型。

关键发展
中国自行车的起起落落

在20世纪末的中国，大多数人都骑自行车出行。当时，中国每年可以生产2500万辆飞鸽牌自行车，使自行车成为全球使用人数最多的交通工具。但当时想要买一辆自行车也要等上很久，花费将近2个月的工资。改革开放之后，中国对汽车的需求急剧上升，自行车使用量明显下降。在北京，1980年有63%的人靠骑自行车出行，而到了2017年，这一数字已降到不足12%。

1979年，广州的市民正推着自行车穿过街道

《汽车鉴赏》（*The Car Illustrated*），1904

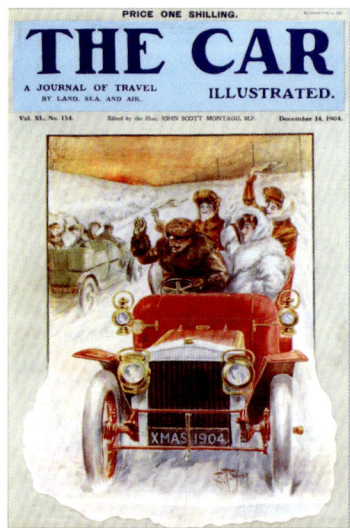

《图解》（*L' Illustration*），1928

《汽车》（*The Autocar*），1928

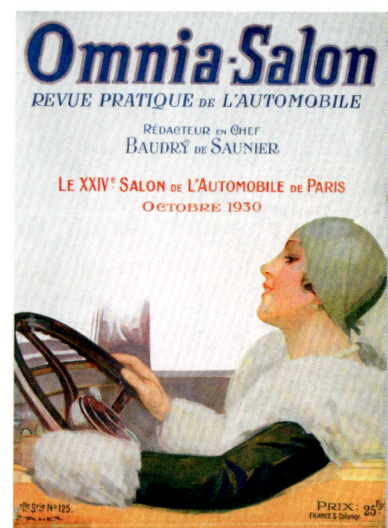

《大众狂欢》（*Omnia-Salon*），1930

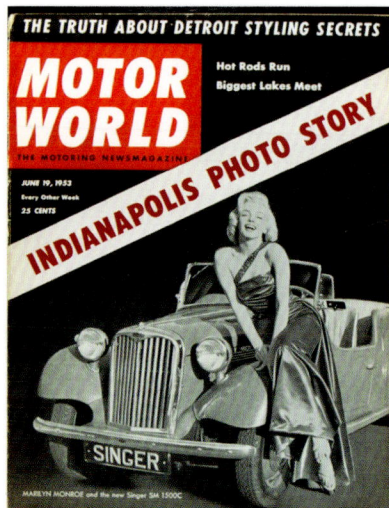

《汽车世界》（*Motor World*），1953

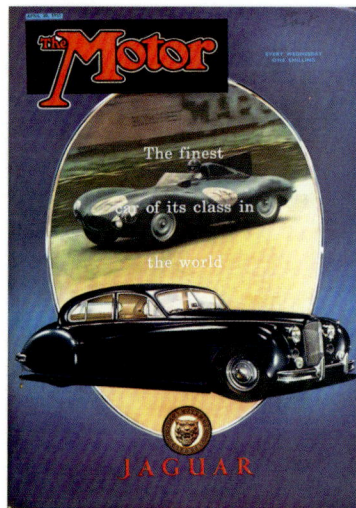

《发动机》（*The Motor*），1955

《明日之星》（*Das Sternchen*），1955

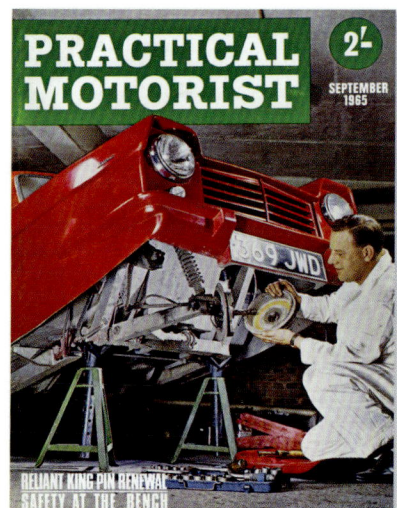

《汽车实践家》（*Practical Motorist*），1965

汽车出版物

全球有数千种汽车出版物，大部分报刊亭和书店中也都设有汽车出版物专区。

1895 年 11 月，最早的两本与汽车相关的杂志诞生。美国的《无马时代》（*The Horseless Age*）记录了汽车由牲畜拉动向发动机驱动的变革过程。英国的《汽车》（*The Autocar*）则将重点放在了"机动车"这一概念上。这两本杂志至今仍在，但杂志名称已经分别变为《汽车工业》（*Automotive Industries*）和《汽车》（*Autocar*）。

事实上，几乎每个国家都有一本受到全球汽车业和汽车爱好者尊敬的汽车杂志，例如德国的《汽车与运动》（*Motor Und Sport*）、美国的《车辆与司机》（*Car and Driver*）、日本的《图解汽车》（*Car Graphic*）等。除了介绍汽车界的新闻、报导赛车赛事之外，这些杂志还会对车辆进行专业的道路测试，验证车企的宣传是否属实。不同的出版物会分别将关注点放在汽车设计、介绍经典汽车、汽车保养、购买建议、改装知识等。即使是在现在的互联网时代，汽车杂志仍广受读者欢迎，每年都会出现新的杂志。

《汽车杂志》（*L' auto-Journal*），1983

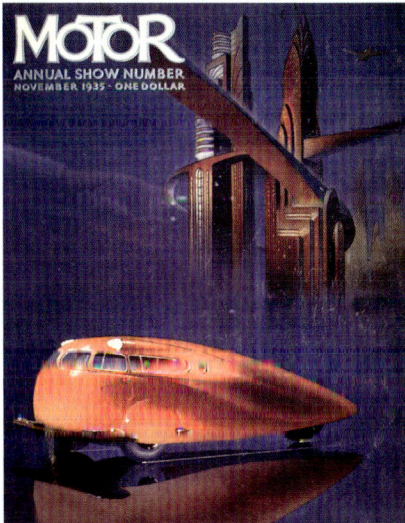
《发动机》（*Motor*），1935

《速度》（*Speed*），1936

《车展》（*Motor Schau*），1938

《汽车与运动》（*Motor Und Sport*），1939

《车王》（*Quattroruote*），1967

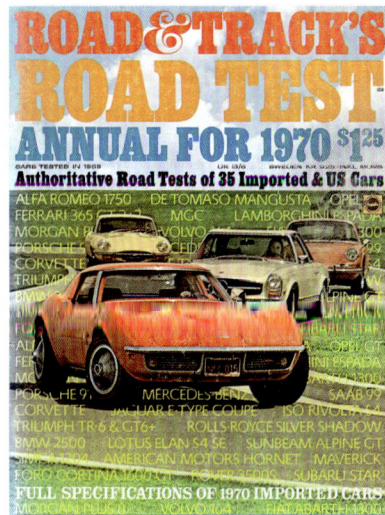
《道路与跑道》（*Road and Track's*），1969

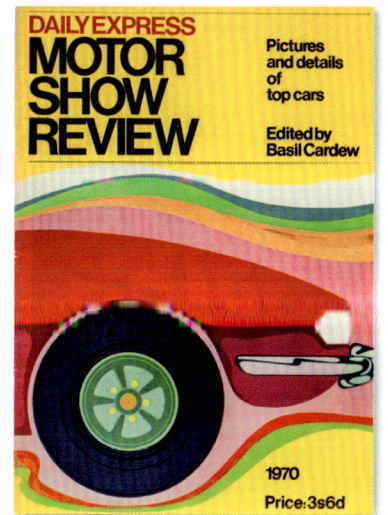
《每日车展快报》（*Daily Express Motor Show Review*），1970

关键发展
《海恩斯维修手册》（*Haynes Manuals*）

汽车制造出发布的官方维修手册通常只在专业领域，但在1965年，独立出版人约翰·海恩斯（John Haynes）出版的维修手册让普通的车主也能够在自家车库完成维修。他将车辆拆解（第一辆是奥斯汀Sprite）后再组装，对每一步都拍照记录，并标注出重、难点，以方便读者理解。《海恩斯维修手册》在70—80年代风靡欧美，让DIY维修变得容易上手。这套手册至今仍在销售。

《海恩斯维修手册》为业余技师们提供了指导

嘉年华万岁！

福特嘉年华（Fiesta）创造了汽车史中最成功的典范：这辆西班牙制造的超级迷你车在80年代受到狂热的追捧，并成为英国和德国同档次汽车中最畅销的车型。

1972年，在福特欧洲的会议室策划的"山猫计划"促成了嘉年华的诞生。在这之前，小型前轮驱动溜背车（即超级迷你车，是多功能、舒适性、安全性、操控性在迷你车上的集合体）的概念已经存在了数年。在亨利·福特二世的支持下，这一概念最终落地。1973年的石油危机推动了新一代经济型轿车的发展；1974年，这款超级迷你车就迅速在西班牙投入生产，并在当地获得了政府和业界的支持。它的名字理所当然地被认为应该是出自西班牙语：福特欧洲提出了"布拉沃"（Bravo，意为好极了），但福特还是选择了"嘉年华"。

除了在西班牙瓦伦西亚的福特工厂生产外，1升发动机版嘉年华在1976年进入法国、德国，在1977年进入英国。嘉年华产生了相当的影响力。1981年，嘉年华又推出了载有1.6升发动机、最高时速能达到161千米的运动型XR2。1983年，更加节油的嘉年华Mk3诞生，使嘉年华的影响力进一步扩大。

由于在美国销量较差，嘉年华在1980年就退出了市场（尽管在2010年又回到了美国），但它在欧洲却有着巨大的粉丝基础，从20世纪90年代到21世纪，一代又一代人被其吸引。嘉年华为什么会如此流行呢？秘诀就在于它是唯一一款将高性价比、动力性、节油性、功能性集于一体的车。1976年，它是同档次汽车中唯一一款采用前轮驱动、横置发动机、折叠式座椅、溜背式车身，并且便于装载行李的车。它是之后的小型溜背车的模板，更是它们的领军者。

▷ 福特嘉年华里程碑，1979
工厂的员工们共同庆祝第100万辆嘉年华Mk1在西班牙瓦伦西亚的福特工厂下线。嘉年华的7代车型总共在全球卖出了1500万辆。

"怪物"的诞生

用"怪物"卡车或"怪物"轿车碾压其他汽车是一项风靡全球的美式活动。不过，这一切都是一场意外引发的。

"怪物"卡车和"怪物"轿车从20世纪80年代开始兴起，是由4x4汽车专家鲍勃·钱德勒（Bob Chandler）开创的。一场摩托车事故终结了钱德勒的设计生涯，之后他开始经营自己的皮卡维修铺和零配件商店。1974年起，他开始驾驶福特F250去参加四驱车比赛或去郊外野营。一次出行途中，卡车的车轴断了，钱德勒换上了一根更粗壮的轴。但他还觉得不过瘾，又对车轮和发动机进行了升级。到了1979年，经钱德勒改造的这辆卡车已经大了一圈，并采用了一般军车才会使用的四轮转向系统。

某天，钱德勒驾驶着自己的卡车碾过两台报废的汽车，并将全过程录制下来在自己的商店中作为噱头播放。这段视频恰巧被一位营销商发现，他说服了钱德勒，让他前往科罗拉多州丹佛的一场车展，并还原碾压的过程。这辆"大脚"卡车成为车展的热点，碾压表演很快遍布全美。夸张的碾压表演吸引了大量观众。1983年，同时有6.8万人共同观看"大脚"的表演。钱德勒对各种订单一律来者不拒，因为他认为这场狂欢不会持续太久。事实证明的确如此，因为其他人也相继造出了类似的车，被后世称为"怪物"卡车或"怪物"汽车。

△ 碾压汽车从此开始
图中的场景来自钱德勒最早独自拍摄的碾压汽车视频。后来出现的"大脚"的轮胎甚至比图中的更巨大。

▷ "大脚"的热潮
在20世纪80年代的美国，"大脚"是一个家喻户晓的名字。图中为1985年"大脚"正在碾过3辆丰田和1辆萨博。在"大脚"巡回表演的过程中，钱德勒还制造了一辆电动"大脚"。

屏幕中的汽车

自19世纪90年代汽车业和影视业开始发展以来，汽车一直是电影中的常客。但20世纪60—80年代才是汽车和电影完美结合的黄金年代。

汽车在电影中一直扮演着不可或缺的角色，或是警车，或是跑车，也有可能是罪犯逃跑用的车。随着60年代电视机在全球范围内逐渐普及，汽车也成了电视屏幕中的大明星。

▽ 电影《偷天换日》中的Mini Cooper，1969
尽管看似不适合抢劫黄金，但依靠着小巧灵活的外形，Mini Cooper能够飞驰在都灵街头。

时尚偶像

60年代中期，没有比詹姆斯·邦德的阿斯顿·马丁DB5更火爆、更酷炫的车。这辆为肖恩·康纳利（Sean Connery）的007系列特别打造的银色GT配备了2挺

◁ 福特野马GT Bullitt，1968
史蒂夫·麦肯锡（Steve McQueen）在电影中扮演一位驾驶着野马的探员，史诗级的追车戏为未来几十年的动作电影奠定了标杆。

机枪、喷油器、"轮胎杀手"、烟幕装置，以及按下换挡杆上的隐藏按钮后就能将邦德弹出车顶的弹射座椅。正是这辆DB5，帮助阿斯顿·马丁走出了财政困境。类似的还有沃尔沃P1800，这是1962—1969年的电视剧《圣徒西门》（The Saint）中罗杰·摩尔（Roger Moore）的爱车。这部电视剧不仅让这辆车一举成名，更是帮助沃尔沃打入了美国的市场。

许多屏幕中的知名汽车都不是量产车。例如，1966—1968年的美国电视节目中的蝙蝠车就是好莱坞大咖乔治·巴里斯（George Barris）定制的福特概念车——林肯Futura。门基乐队所驾驶的改装款庞蒂亚克GTO，即门基车，就是迪恩·杰弗里斯（Dean Jeffries）的杰作。还有一些电视中的车，如美国电视剧《青蜂侠》（The Green Hormet）中的"黑暗丽人"是1966年的克莱斯勒帝国、《囚徒》（The Prisoner）中的莲花7、《警界双雄》（Starsky）中夺人眼目的福特GT，它们与影视作品中的明星一样的耀眼。

汽车明星

70年代，电影和汽车技术的共同进步，使汽车在电影中的作用越发重要。除了007系列电影中大放异彩的DB5和之后的阿斯顿·马丁外，许多车在电影中都扮演着明星的角色，并成为传奇。阿尔法·罗密欧Duetto Spider在1967年的电影《毕业生》（The Graduate）中极具标志性，1985年阿尔法·罗密欧推出了它的低配版，并以"毕业生"命名。还有1969

大事件

■ 1960年 美国电视节目《66号公路》（Route 66）首次让豪车雪佛兰科尔维特出镜

■ 1962年 詹姆斯·邦德在007电影《诺博士》（Dr. No）中驾驶着一辆蓝色的辛宾Alpine。1963年的《俄罗斯之恋》（From Russia With Love）中则换成了宾利Mark IV

■ 1964年 《金手指》（Goldfinger）中的阿斯顿·马丁DB5在全球范围内引起轰动

■ 1966年 蝙蝠车为全球青少年打开了畅想之门

■ 60—70年代 只要电影中出现非洲、大洋洲、南美洲的丛林，路虎几乎都会登场，展现其惊人的越野能力

■ 1977年 邦德在《海底城》（The Spy who Loved Me）中回归，这次驾驶着莲花进入了海洋

■ 1979年 梅尔·吉布森（Mel Gibson）主演的《疯狂的麦克斯》（Mael Max）和其中的福特Falcon XB GT让全球见识到了澳大利亚电影的精彩

■ 1980年 《福禄双霸天》（The Blues Brothers）中有一辆老旧的道奇Monaco警车、红色的捷豹E型车、凯莉·费雪（Carrie Fisher）和极致的音效

《正义先锋》中的General Lee就是1968年的道奇Charger

年的影片《偷天换日》（The Italian Job）中，主角们驾驶着Mini Cooper在都灵进行了一场黄金大劫案，让这款10年前的老车重焕新生。有的车还在电影中担任"主角"，例如迪士尼电影《万能金龟车》（The Love Bug）中的大众甲壳虫，以及《飞天万能车》（Chitty Chitty Bang Bang）中的飞行汽车，这两部电影都于1968年上映。

△ "邦德车"阿斯顿·马丁DB5的原型，它在肖恩·康纳利（Sean Connery）1964年的电影《金手指》中有着出色的表现

◁ 现代小马，1975

现代小马是崭新的汽车品牌，更是韩国上
品牌进军全球汽车业的第一步。依靠着日本
三菱的发动机、意大利的设计风格、英国的
制造技术，中低端的小马价格亲民、质量上
乘，为现代的未来奠定了基础。

"小钢炮"崛起

赋予小型家庭掀背车充足的动力不仅对广大车手颇具吸引力，也是发展的必然趋势。"小钢炮"就是在这一背景下流行起来的。

△ 塔伯特-辛宾-莲花拉力车
塔伯特-辛宾-莲花基于Avenger后驱平台开发，辅以强大的莲花发动机，使它成为拉力赛中的佼佼者。

菲亚特旗下的比安基以及英国汽车公司的Mini Cooper证明高性能的小型家用车广受消费者喜爱。因此，"小钢炮"（载有高性能发动机的家用车）的流行只是时间问题。

早期的"小钢炮"有比安基A112 Abarth、雷诺5 Alpine、西姆卡1100Ti，但1976年的大众高尔夫GTi正式打响了"小钢炮"的知名度。GTi的配置包括110马力（80.90千瓦）、1.6L的燃油喷射发动机，紧带悬架，宽胎，以及哑光

黑色的装饰。高尔夫GTi满足了大众的胃口，也改变了汽车市场。1983年，英国25%的高尔夫都是GTi。

新时代的到来

对英国车企而言，"小钢炮"的发展之路却有所不同。英国"小钢炮"的原型车都是后轮驱动轿车：例如塔伯特-辛宾-莲花、沃克斯豪尔Chevette 2300HS，它们都是在操作性方面有着良好口碑的拉力赛赛车；还有莫里斯Marina TC、沃克斯豪尔Firenza等日渐衰落的老牌中型轿跑，它们被许多进口品牌瓜分了市场，更成为高尔夫的垫脚石。

在80年代早期，"小钢炮"的标配是四轮驱动、燃油喷射。其中最具标志性的包括福特Escort CR3i、标致205GTi、沃克斯豪尔Astra GT/E、名爵Maestro EFi。它们很快、很实用、容易维修，势头甚至盖过了传统敞篷跑车。

大事件

- 1971年 菲亚特的跑车部发布了第一辆"小钢炮"比安基A112 Abarth。
- 1974年 1.3升发动机的西姆卡1100Ti在法国开始销售。尽管不是最快的小型家用跑车，但它强劲的动力确实相当出色。
- 1976年 大众高尔夫GTi，这款定义了时代的"小钢炮"开始在德国生产。自此，高尔夫的销量一路走高。
- 1976年 高性能的雷诺5于法国开始生产。法国版的叫Alpine，而英国版的叫Gordini。
- 1979年 英国"小钢炮"塔伯特-辛宾-莲花进入汽车市场，它比以往所有"小钢炮"的动力都强。150马力（110.32千瓦）的发动机提供了强大的速度保障，即使放到现在也不可小觑。
- 1983年 法国标致205GTi发布，让标致"小钢炮"一举成名。小巧的205GTi载有130马力（95.61千瓦）、1.6升的发动机，它是同时代表现最出色的汽车之一。

标致205GTi，80年代教科书式的"小钢炮"

◁ 沃克斯豪尔Chevette 2300HS，1978
Chevette的设计初衷是希望成为迷你版的雪佛兰，70年代中期却成了英国销量最好的"小钢炮"之一。它也是非常成功的拉力赛赛车。

△ 1983年的大众高尔夫MKII GTi，高尔夫现在已经发展到了第7代

第七章
变化的世界

一种全新的汽车

现代的多功能汽车诞生于1984年，是汽车制造商半个世纪努力的成果。

1984 年，雷诺在欧洲发布了 Espace，克莱斯勒则为美国带来了道奇凯领（Caravan）和普利茅斯捷龙（Voyager）。这些车型是最早的现代化的微型面包车，或者叫多功能汽车（MPV）。几种关键技术——前轮驱动、滑动车门、可调节座椅、平坦的车底、承载式车身，其实都已经应用多年，只是之前分散于不同的车型上。雷诺和克莱斯勒所做的

仅仅是将它们融于一体。之前的一些 MPV，例如小奇迹的 Schnellaster、大众的 Transporter、菲亚特 600 Multipla 等（原型均为 40—50 年代的车型）与现代的 MPV 大小相仿，却欠缺宽敞的空间和易用的功能。其中有些是基于货运面包车的改款，操作性较差；还有一些采用平头驾驶室，司机和前排乘客不得不爬进驾驶舱，行车途中还要坐在前轴的正

△ 小奇迹F89L Schnellaster

小奇迹F89L Schnellaster有着前轮驱动技术及盒子状的外形，可以说是现代MPV的鼻祖。

上方。小奇迹 Schnellaster（意为"高速载货车"）采用了横置发动机和前轮驱动，这与现代的 MPV 的设计已经非常接近。但是它独立的车身结构和铰接式车门则显得老旧。

日渐成熟

　　1981 年，日产推出了 Prairie（美国版的叫 Stanza Wagon），车身两侧都采用滑动式车门，包含折叠式后座以及向外打开的后备厢。此时的 Prairie 已经非常接近现代 MPV 了，唯独有一个缺点：它是基于日产阳光设计的，对家庭而言车内空间太小了。由此可见，MPV 还应满足以下要求：三排座位、方便进出、足够的行李空间且能够停进车位。车内空间问题让 Prairie 昙花一现，Stanza Wagon 也从未能成为美国的主流车型。

　　克莱斯勒的微型面包车基于 K 型车的平台，推出之后很快打开了欧美的市场。道奇凯领则允许客户根据需求定制，长短轴距、5 挡变速器、涡轮增压发动机、四轮驱动等都由客户自主选择。

　　80 年代末期，MPV 成为众多家庭的选择。它满足了搭载一家老小和全部家当，舒适且方便地前往任何想去的地方的需求。在美国，道奇凯领、普利茅斯捷龙、豪华版的克莱斯勒城乡（City & Country）等微型面包车的销量超过 1100 万辆。

△ Espace的座位布置，80年代
雷诺Espace是最早的MPV之一，总共能容纳7名乘客，且所有座椅都能够移动。前排的两个座位甚至还能旋转180°。

市场变革

　　雷诺和克莱斯勒推出 MPV 之后，主流汽车品牌都相继开发出相应的车型。丰田和本田分别将塞纳和奥德赛打入美国 MPV 市场，成为克莱斯勒的竞争对手。在欧洲，福特和大众联手，雪铁龙、标致、菲亚特等品牌生产也纷纷推出 MPV 与 Espace 竞争。MPV 的成功让各大品牌开始注重其他档次汽车的实用性、舒适性、操控性。紧凑型 MPV，如雷诺风景（Scenic）、雪铁龙赛纳-毕加索（Xsara Picasso），以及城市 SUV，如吉普切诺基（Cherokee）、宝马 X3 渐渐进入大众市场。渐渐地，汽车领域又多出了一个门类——跨界车。

◁ 道奇凯领
1986年的道奇凯领是一款空间宽裕的掀背车。打开滑动门即可进入后座。

关键发展
斯托特圣甲虫（Stout Scarab）

　　在雷诺Espace、道奇凯领、日产Prairie出现的50年前，其实就已经存在微型面包车了——底特律汽车与航空工程师威廉·斯托特（William B. Stout）创造的斯托特圣甲虫。圣甲虫外形由荷兰设计师约翰·贾达（John Tjaarda）设计，采用的技术包括铝质车身、平整底盘、后置福特V8发动机、四轮独立悬架。

　　圣甲虫内部的座位可以向多个方向移动，甚至可以向后躺平变成一张床。司机和乘客都可以从任意一侧的车门进出。这辆车的造价高达5000美元，相当于今天的91000美元，是大萧条期间最贵的车之一。圣甲虫总共仅制造了9辆。

后置发动机、铝质外壳的圣甲虫的宣传照，1935

四轮驱动系统有着极好的稳定性

3缸548cc发动机内含双凸轮轴及涡轮中冷器

△ 三菱Minica Dangan ZZ，1989

"Dangan"是日文"弹丸"的读音，意为子弹，是全球最特别的轻型车之一。发动机单个气缸中包含5个气门，是全球首创的技术，其最大转速可达9000转/分。整车融动力、外形、节能于一体。

紧凑的车身与贴近地面的底盘提供了良好的操控性

舒适的有限车内空间

后备厢放不下很多行李

△ 本田Beat，1991

Beat与本田NSX处于同一时代，同样采用了中置发动机技术。Beat仅有2个座位，行李空间狭小，与其他车型完全不同。

日本轻型机动车

"轻自动车"，即日本的迷你车，一直都有自己独特的体系。日本的第一批轻型机动车出现在50年代中期，它们价格低廉、尺寸小巧，将战后的日本带上了复苏的正轨。之后，轻型机动车的种类得到了大规模的扩展，包括娱乐用跑车、小型家用车、多功能轿车、混合动力车等。它们在尺寸、功率、最高速度上受到严格的限制，但车主能获得税收和停车方面的优惠。早期的轻型车的发动机排量不能超过360cc，但随着时间推移，这一限制略有放宽。今天，轻型车的长度上限为3.4米，发动机排量不能超过660cc。由于车身长度受限，一些流行的车型有着高脚柜般的外形，车顶额外的空间弥补了长度上的不足。由于运行成本低、尺寸小巧，轻型机动车在日本，尤其是东京广受欢迎。

▽ 三菱Minica

三菱Minica的历史可以追溯到1962年，当时采用的是二冲程发动机。下图是一辆1975年的Minica F4，尽管车身变成了掀背式，但发动机仍只有2个气缸、2个冲程。

折叠式顶篷整齐
地收在车座后方

前置3缸涡
轮发动机

△ 铃木卡布奇诺，1991

铃木对经典英国车的改造成就了1991年的卡布奇诺。前置发动机、后轮驱动的配置使其颇具驾驶乐趣。它也是日本少数正式出口至欧洲的轻型车之一。

短引擎盖是高脚
柜车的典型特征

小车轮让城市
驾驶更加灵活

△ 铃木Wagon R，1993

铃木Wagon R发布于1993年，引领了高脚柜轻型车的风潮。Wagon R通过巧妙的设计来尽可能扩大车厢空间。

△ 铃木Suzulight

Suzulight发布于1955年，是最早的轻型车之一。尽管它的配置非常惊人，采用了360m三缸油及动机，但一共仅制造了43辆。

"我们需要一台小巧、
实用、所有人都买得起
的车。"

——铃木道雄，铃木汽车公司奠基者

▽ 敞篷车回归

70年代中期，由于法律的制约，敞篷车在美国几乎绝迹。1982年的克莱斯勒与1987年的凯迪拉克两座Allante（下图）对此发起了反抗，并再次将敞篷车带回美国汽车市场。Allante的车身由意大利的宾尼法利纳（Pininfarina）公司手工打造，空运至美国后进行装配。

安全第一

工程师们在提升赛车的功率和性能的同时，也对其安全性做了多方面提升，让这些强壮的"四轮野兽"乖乖听话。

雷诺在 1977 年首次为 F1 带来了涡轮增压发动机，但其技术在多年之后才逐渐成熟，成为冠军的有力争夺者。涡轮增压发动机复杂的技术和高昂的成本让许多个人出资的车手难以为继，即使是小型的赛车队伍也需要百万级的预算，但大型车队的背后都有世界级车企的支持。

涡轮增压发动机大大提高了汽车的动力。自然吸气发动机，以福特考斯沃斯（Cosworth）为例，在平稳状况下能够达到 450 马力（330.97 千瓦），但涡轮增压发动机能够轻松输出 600 马力（441.30 千瓦），技术改良之后能够远超 1000 马力（735.50 千瓦）。赛车上还应用了最新的研究成果——"地面效应"，通过侧翼维持车下方的低气压，增强汽车的抓地力，从而增大转弯速度、提高竞赛能力。但是短短几年之内，赛车的速度就超过了赛道的极限，因此又出现了一系列规则让赛车慢下来：1983 年，侧翼被强制取消；1988 年年底，季节型增压发动机也成为历史。

拉力赛的平均车速低于 F1，因此风阻对车速的影响并不明显。奥迪 Quattro 通过复杂的四轮驱动系统增大抓地力，并很快被其他车企效仿。大部分赛车都会装有涡轮增压器，而蓝旗亚的 Delta S4 上既有涡轮增压器（用于高转速）又有机械增压器（用于低转速）。不过，之后名爵为 Metro 6R4 配置了 F1 团队打造的大型自然吸气发动机，就此终结了涡轮增压统治。

B 组赛事中，强大的发动机与四轮驱动系统的结合是最大的看点。由于 80 年代发生了一系列惨痛的事故，B 组赛事被禁止，但又有人发起了更疯狂的 S 组赛车。最后，拉力赛被定为 A 组，虽然动力、速度都非顶尖，但比起常见的家用车，同样能够激发观众们的狂热之情。之后，房车赛事在欧洲、亚洲、大洋洲开始流行起来。福特 Sierra RS Cosworth、梅赛德斯-奔驰 190E 2.3-16、宝马 M3 等

△ 标准安全头盔
马里奥·安德烈蒂（Mario Andretti）在 1988 年印地赛车的测试日带上了头盔和手套。

▽ 路面上的赛车
赛车技术也被应用到了高性能乘用车中，例如图中的这辆福特 Sierra RS Cosworth 就由一台 2 升的涡轮增压发动机驱动。

"如果所有东西都在控制之中，那你不可能快。"

——马里奥·安德烈蒂，1978 年 F1 世界冠军、曾 4 次获印地赛车冠军

车型与威廉姆斯 本田（Williams-Honda）、麦拿伦（McLaren-TAG）、布拉伯汉姆-宝马（Brabham-GMW）等共同成为 F1 的标杆。

NASCAR 系列赛事

美国的 NASCAR 系列赛事也是极具观赏性的体育比赛，其中最受欢迎的是戴通纳（Daytona）500。比起其他运动，它的电视观众人数尤为庞大。开轮式赛事在进入 21 世纪后被分为 CART 冠军赛和印地赛车联盟。不过，印第安纳波利斯 500 仍是美国最大的汽车赛事，每年吸引了超过 25 万名赛车粉丝。

关键发展
危险的 B 组

强大的涡轮增压发动机、复杂的四轮驱动系统、轻量型的结构布置、珍贵的材料是 80 年代 B 组拉力赛车的重要特征。它们惊人的速度吸引了大批狂热的观众，有的观众为了得到更好的观看体验，甚至不惜让自己身处危险之中。于是，事故不可避免地发生了。1986 年的科赛拉力赛（Tour de Corse）上，亨利·托沃宁（Henri Toivonen）驾驶的蓝旗亚 Delta S4 冲出跑道后着火爆炸，他与副手塞吉奥·克雷斯托（Sergio Cresto）遇难。之后，B 组赛事就被禁止了。

B 组赛事中，米基·比亚森（Miki Biasion）驾驶着蓝旗亚 Delta S4 加速通过人群

▽ 喷火的法拉利

史蒂芬·约翰逊（Stefan Johansson）的法拉利 156/85 在 1985 年蒙特卡洛摩纳哥大奖赛上喷出了火焰。

欧洲统一

1989年，柏林墙被推倒等事件都预示着冷战的结束、世界巨变的来临。东、西方民众将共享同一条道路。当然，他们也会比较各自的汽车。

▷ 柏林墙被推倒
1989年11月10日早晨，民众们推倒了柏林墙。这场革命导致了后来苏联的解体和欧洲的巨变。

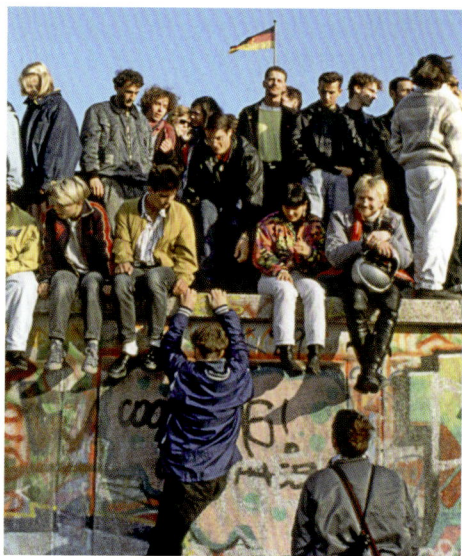

随着铁幕的终结，苏联和西方国家之间生活质量的巨大差距一目了然。在西方人眼中，苏联的汽车就是个笑话——尽管坚固、廉价，但外形老土、配置粗糙。

柏林墙倒塌之后，西方还见到了民主德国落后的特拉贝特——采用二冲程发动机和废料制成的车身。德国统一之后，与车身更大、性能更强的奥迪、梅赛德斯等车共同行驶在马路上，一旦发生碰撞，特拉贝特无疑会被直接撞毁。而且，特拉贝特形成的的排放污染也十分严重。很快，特拉贝特的销量直线下滑，莫泽尔的生产工厂只能靠政府的资金维持生存。1991年，公司被卖给了大众，也成了西方人之间的一段笑话。

拉达和斯柯达

铁幕终结后，特拉贝特并不是唯一的受害者。尽管拉达的销量尚可，但它不仅背后有着巨大的贪污内幕，甚至与俄罗斯犯罪组织勾结，这让公司的前途日渐渺茫。1996年，拉达的母公司VAZ成为俄罗斯最大的税收债务人，在政府的命令下被迫与通用进行合作。

苏联唯一存活下来且从中获益的车企就是斯柯达。它从1991年开始与大众联合经营并牢牢把握住了主导权，确保了这家捷克公司能够进入大众的开发平台和汽车市场。斯柯达尽管只是一个廉价品牌，却得到了西方的广泛认可。

大事件

- 1932年　苏联与福特共同成立了GAZ
- 1957年　第一辆特拉贝特下线
- 1959年　斯柯达Felicia从捷克斯洛伐克出口至美国
- 1966~1970年　苏联政府建立了有史以来最大的汽车工厂
- 1977年　南斯拉夫汽车车企Zastava在菲亚特的许可下开始进行其旗下标志性汽车Yugo的生产
- 1989年　柏林墙倒塌
- 1991年　斯柯达将30%股权转让给大众集团
- 20世纪末　俄罗斯从英国复进口拉达
- 2001年　VAZ和通用成立了联合企业GM-AvtoVAZ
- 2012年　拉达Riva停产

斯柯达Estelle是1976年英国最便宜的车，图中的是其1980年的车型

◁ 两个世界的重逢
在柏林，一辆联邦德国的梅赛德斯与一辆民主德国的特拉贝特并排停放，特拉贝特显得又小又旧。

△ 1989年，柏林墙倒塌，民主德国的司机驾驶着特拉贝特驶向西方

底特律的陨落

美国汽车制造商无视进口小型轿车的流行趋势，底特律三巨头——通用、福特、克莱斯勒差点亲手将自己毁了。

50年代末期，大众甲壳虫在美国获得了巨大的销量。60年代的雷诺Dauphine在美国共卖出10.2万辆。但底特律却视而不见，仍将研发重点放在动力上。它们发明了高压缩比的"火箭"V8发动机、高尾鳍、涡轮增压、冲压空气技术等，只为增强汽车的动力和更改外观。而欧洲、亚洲的车企则遍地开花，研发出盘式制动器、独立后悬架、齿轮齿条转向、5挡手动变速器、顶置凸轮轴、燃油直喷等大大小小的实用技术，将底特律的车企甩在了身后。

在小型车市场，美国的本土车与进口车相比几乎没有竞争力。以雪佛兰为例，1959—1969年的Corvair和1971—1977年的Vega既没有丰田花冠的精良制作、安全可靠，又有没有甲壳虫的简洁设计、亲民价格。美国第一款可靠的现代化小轿车是通用旗下的土星设计制造的，推出时间是1990年秋，而早在31年前同类车的模板——英国汽车公司的Mini——就已经存在了。

1973年的石油危机更是将底特律的问题暴露无遗。大型的卡车、轿车卖不出去，工人被迫休假，汽车行业工会拒绝接受调整，底特律人才尽失。

即使是在高端产品市场，底特律也在竞争中变得力不从心。本田雅阁高端车型和雷克萨斯成为更多美国人的选择。2009年，通用和克莱斯勒宣布破产，福特通过抵押公司资产筹集了236亿美元维持生计。不过，最近随着油价下跌，卡车和SUV的需求增势，底特律的汽车制造商们又开始了豪赌。

◁ 底特律的生产线，1982
福特生产线上写着"有质量我们才有生意，有生意你们才有工作"，伴随着美国汽车业的衰落，这句话显得格外具有讽刺意味。

安全的汽车，洁净的空气

20世纪90年代，随着安全与排放控制系统的推广，汽车设计经历了一场悄无声息的巨变。汽车变得更安全、更安静，不过也更不适合家庭维修。

△ 未过滤的尾气
1973年，意大利米兰的2个孩子不得不靠捂住口、鼻来抵挡汽车排放的尾气。此时，汽车的安全与排放技术仍处于起步阶段。

20世纪60年代的汽车是乐趣与自由的象征，但70年代的道路上充斥着死亡与污染的恐怖，这让各国尤其是美国的立法者深感焦虑。美国国家安全交通委员会开始制定各种法律以解决这一问题。其中一些措施，例如强制规定保险杠及车前灯的大小、位置，引起了汽车制造商的普遍不满。甚至有人认为，根据美国新的安全要求，敞篷跑车会渐渐消失。不过，由于美国是欧洲和日本汽车的重要消费市场，它们的出口车因此也必须满足美国的安全和排放标准，这某种意义上促成了世界范围内的规范。汽车正是因为法律的限制和工程师们的创新而变得更加安全和洁净。

安全第一

90年代出现了两个关键的安全技术，其中之一就是防抱装置（ABS）。它通过对制动压力的实时控制，防止汽车在急刹车过程中出现轮胎抱死打滑的现象，保证车辆的操控性。一些飞机在40年代就已经开始使用ABS了；60年代的杰森FF、70年代的克莱斯勒及部分通用豪华轿车上也有类似的装置。依靠强大的小型计算机，ABS实现了全自动电子控制。1979年，梅赛德斯-奔驰首先将ABS应用在S级轿车上，紧接着是福特80年代中期的Scorpio/Granada。10年之后，这一技术已经被广泛应用了。

另一项安全技术则是安全气囊。安全气囊从50年代开始发展起来，1973年前，福特和通用都在各种车型上进行了多次尝试，2年后，通用为奥兹莫比尔装上了安全气囊。不过安全气囊自身也引发了许多安全问题，通用的一位安全专家曾建议用电子座椅替代安全气囊，因为安全气囊的错误使用甚至可能会撞断乘客的脖子。随着气囊技术的渐渐成熟；1988年开始，几乎每一辆克莱斯勒车都装上了安全气囊。11年后，美国法律规定所有汽车都必须配备安全气囊。很快，身侧、膝盖、座位等处的安全气囊都完成了研发。

欧洲的进步则略显迟缓。梅赛德斯-奔驰在1981年才首次使用安全气囊；直到90年代，以福特蒙迪欧为首的日本和欧洲汽车品牌才开始进行大规模应用。除了一些专业级的跑车，21世纪初期，几乎所有新车上都有了安全气囊，它们与安全带预紧装置共同保护了人们的安全。之后还诞生了一些其他安全技术，例如碰撞时吸收冲击力的防撞缓冲区，以及侧门的门梁。

催化改变

催化转化器（又名"三效催化器"）首次在美国出现是在20世纪70年代，它能够过滤废气，通过化学反应将有害物质消除。最早，安装了催化装置的汽车都采用化油器进行油气混合。但是效果不佳，不仅导致功率和效率降低，同时还产生了大量温室气体——二氧化碳。从80年代末起，大部分汽车开始改用电喷技术进行精确的燃烧控制，并取消了化油器。此时，催化转化器的效果变得更加显著，并很快成为汽车的标配。

▷ 碰撞测试，1997
这是一场卡车与雷诺Megane之间面对面的碰撞测试。Megane是首个在欧洲新车碰撞测试（NCAP）中收获5星的车型。

▷ 发动机排放
1981年，技术人员正在检查一辆汽车的发动机排放。80年代末，政府、车企、个人都开始重视排放问题。

日产玛驰1升涡轮增压发动机

帆布顶篷采用了清淡优美的色彩

△ 日产费加罗，1991

受标致403散篷车、庞阿尔Dyna、纳什Metropolitan等诸多车型的影响，费加罗的外观相当别致。它的车内布置和驱动桥采用了日产玛驰（Micra）的设计。

两门式车身对甲壳虫进行了充分还原，但现在的车型基本都有后备厢

△ 大众甲壳虫，1998

新甲壳虫基于高尔夫的设计，采用了前置发动机、前轮驱动的布置模式，推出之后市场反响强烈。它的外形则借鉴了更古老的车型，不过也加入了全新的元素，例如空调。

侧翼板让它看起来更加复古

"后现代主义的高峰。"

——设计评论家菲尔·巴顿（Phil Patton）对日产Pike项目的评价

△ 新Mini，2000

宝马推出的这款由罗孚开发的新Mini，尽管看起来与旧版相差不大，但它的车内空间、驾驶体验和配置选择都进行了极大的优化。

车内可容纳4个人

低底盘设计提供了良好的弯道操控性

△ 克莱斯勒PT漫步者（Cruiser），2000

PT漫步者是一辆小型MPV，提供了宽敞、灵活的内部空间，而外形则可以追溯到30—50年代。它在2010年停产，共生产了超过百万辆。

尾部翘起是50年代高性能车的特点

散热栅与克莱斯勒气流非常像

▽ 日产费加罗

日产费加罗是Pike项目的一部分，除此之外还包括了S-Cargo面包车和Pao掀背车，它们都充满了雪铁龙H型厢式车和比安基Primula的元素。Pike项目中的Be-1是将菲亚特600和Mini融合的小型掀背车。

复古风

复古是贯穿 1990—2000 年的主题。年复一年的重复设计让人们怀念起了 50—60 年代的经典老车。许多大型车纷纷采用经典车型，例如雪铁龙 XM 就有 SM 跑车的影子，但更多采用经典车型的是对车身曲线和舒适度进行了大幅优化的小轿车。

一些车企再次推出了经典车型，例如甲壳虫和 Mini；还有一些则设计了全新的复古轿车，日产的 Pike 项目就是其中之一，而费加罗（Figaro）正是之中的佼佼者。除此之外，还有借鉴了 2CV 的 S-Cargo 面包车和 Pao 掀背车。

J629 HGK

▷ Smart塔

Smart汽车是戴姆勒AG的一个子品牌，专注于设计微型汽车。其盒子形的车厢中仅有2个座位，但这也拓宽了它的行驶空间。

全球陷入堵车

　　其实在汽车发明之前，首尾相接的交通拥堵就已屡见不鲜，只不过当时是真正的马头和马尾。而当道路中的主角变成汽车之后，拥堵状况更加恶化了。

　　经济的发展伴随着车辆的增加和日益严重的交通问题。2010年，北京一条公路上因车辆抛锚引发了长达100千米的交通拥堵，并且耗时10天时间才得以疏通。令人稍感慰藉的是部分专业公司派出了摩托车前去救助被困在路上的司机。司机与服务人员交接之后互换位置——司机坐上摩托车后座前往目的地，而服务人员负责在这无尽的车海中等待。

　　但德国在1990年4月的复活节时生发的交通拥堵就没有那么贴心的救助服务了。随着柏林墙的倒塌，原来联邦德国每天仅有50万车流的街道上突然涌入了将近1800万辆汽车。尽管这场混乱耗时数天才得以解决，但这是德意志民族几代人政治分歧之后的久别重逢，展示了他们对德国统一的渴望。直到今天，这仍是全球涉及车辆数目最多的一场堵车。

　　而全球最长的堵车要再向前追溯10年。1980年的2月，数千辆从瑞士阿尔卑斯山滑雪圣地度假返回巴黎的法国车辆，在里昂-巴黎路段形成了大规模的拥堵，而恶劣的气候更是加重了这一情况。整条车队长达177千米，占里昂-巴黎全程的1/3。这场堵车2天后才被渐渐疏解。

　　自动驾驶的倡导者认为，一旦自动驾驶技术成熟了，汽车之间的车距就会被尽可能缩小，从而避免交通拥堵。但是自动驾驶是否真的有效呢？自动驾驶为交通拥堵带来的益处又会不会被日益增多的汽车总量抵消呢？这一切都要等待时间给出的答案。

▷ 俯瞰城市
晚高峰时，北京的立交桥拥堵严重。近年来，中国汽车保有量急剧增加，尽管中国的路网和道路基础设施的建设速度很快，但堵车仍频繁发生。

关键发展
欢庆女神（Spirit of Ecstasy）

劳斯莱斯对部分车主擅自安装其他装饰物的行为相当不满，因此在1911年自己设计了一款引擎盖装饰。欢庆女神是雕塑家查尔斯·罗宾逊·赛克斯（Charles Robinson Sykes）的杰作，展现了一位女神迎风前倾、长裙飘舞。起初，这位女神是可选配件，但很快便成了劳斯莱斯汽车的标配和最具盛名的代名词。现在的劳斯莱斯车身更宽、底盘更低，女神的尺寸也依此进行了调整；之后，劳斯莱斯还推出了跪姿版本的女神，但效果不如从前。今天，劳斯莱斯上的女神像能够自动收入引擎盖内，以防在碰撞时受损，或在停车场被偷。

劳斯莱斯车头的欢庆女神

照相猪

驾驭战车的女神

飞跃的羚羊

帕特森30飞鱼

翼人

赛马与马球

吃蜂蜜的熊

醉鬼

干净的线条是艺术
装饰风格的特点

飞机

路易·勒琼的"老比尔"

拉利克的玻璃制品"维多利亚"

拉利克的玻璃制品"珑骧"

跳舞的情侣

舞女

警察

汽车装饰物

20世纪10—30年代，在车前盖穹上一个好看的装饰物颇为流行。

许多装饰物都是为了载明车辆的速度，因此，翅膀的外观、矫健的人物、盘旋的飞马、跃起的野兽等装饰物广受欢迎。还有一些是广告标志，例如固特异的飞艇和米其林的轮胎人——必比登（Bibendum）。随着艺术装饰的风靡，有些装饰物也开始采用棱角分明的几何图案，而飞机、火箭、机车等速度的象征也十分流行。顶级的装饰品都是由青铜、黄铜制成的，而便宜的则是镍或镀铬制品。

雷内·拉利克（Rene Lalique）的玻璃装饰物异常贵且脆弱，但其设计和品质却是其他装饰物无可比拟的。其中最著名的"维多利亚"（Victoire）是一位在风中飘扬着长发的女性的造型。有些拉利克的作品下方会装有灯，随着汽车的行驶，发动机带动滤光片的旋转，灯光透过滤光片放射出不断变化的多彩光芒。拉利克的蜻蜓就是根据这一原理"扇动"翅膀。

脚踏板有着二战
前汽车的风格

可选择直列6缸
或V8的发动机

1955年标准
的红白配色

车尾挡板由玻
璃纤维制成

货箱长2米，
能载重1吨

△ 福特F系列，1948

福特F系列依靠着时尚的驾驶室和独立的货箱开辟了
新市场。福特皮卡的原型是普通轿车，仅1948年就卖
出了11万辆。

△ 雪佛兰Cameo，1955

Cameo是最早将皮卡从商用转为民用的，它搭载了V8
发动机、自动变速箱，设计时髦、乘坐舒适。

▽ 道奇Ram，1994

今天的美国皮卡有3种车型——中型、半
吨、重型。重型皮卡道奇Ram却能够达到
160千米/时的最高车速。

滑动开启的后窗
是全新的设计

△ 斯蒂庞克Champ，1960

斯蒂庞克是小型的美国汽车制造商，但在卡车和
皮卡市场却占据了一席之地。斯蒂庞克于1964年
倒闭，现存的Champ少之又少。

驾驶舱部分与斯蒂
庞克Lark轿车相同

可以选择2.8升
柴油机

乘客的位置也可
用于摆放货物

符合流体力学的保险
杠降低了风噪，也提
高了节油性

△ GMC Canyon，2004

Canyon和雪佛兰的库罗德（Colorado）相同，自80
年代起均逐渐从中型皮卡衍变为全尺寸皮卡。

美国皮卡

美国汽车产业最为人称道的就是大功率汽车，
例如野马、大黄蜂（Camaro）、蝰蛇（Viper）等。
不过，底特律汽车车企中盈利最高的产品还是卡车，
在美国之外被称为皮卡。

从汽车产业诞生到现在，皮卡一直都是美国人
最喜爱的车型，它既有实用的功能又能展现强大的
男子气概。而自20世纪70年代早期起，美国消费
者更是将皮卡作为一个展现自己生活态度的平台。
80年代，通用、福特、克莱斯勒开始增大旗下的皮
卡的车内空间、加入豪华元素、配置强大动力的发
动机，皮卡的销量和利润都登上了新的高度。

△ 福特Ranchero，1957

福特Ranchero开启了大容量两门皮卡的新潮流，之后的雪佛兰El Camino也向
这一市场发起了挑战。在澳大利亚和南非，这款功能丰富、富有男子气概的
功能车到今天仍有着巨大的市场。

SUV的兴起

这种易于驾驶的四轮驱动汽车在城市路面、户外越野、粗犷外形等方面的表现都独领风骚，成为越来越多家庭的首选。

以前，很少有人会想到去买一辆多人汽车甚至旅行车。但随着人们生活方式的改变，这类车的销量成倍增长。随之而来的就是SUV的时代。一方面，基础技术的进步，例如复杂的独立悬架、可靠的四轮驱动等，为SUV提供了性能的保障；另一方面，SUV既拥有充足的车内空间，更能激起人们的冒险精神。SUV上下车方便，有着较高的底盘、良好的视野，还有最重要的就是独有的舒适性和便利性，这些都为SUV积累了巨大的人气。

美国SUV的鼻祖是吉普XJ系列的切诺基（Cherokee），1983年发布，至新世纪之后才停止生产。后来，通用有了雪佛兰开拓者（Blazer），福特则在1990年凭借探险者（Explorer）进入市场，并一度成为同类型车中的销量冠军。当然，还有一些进口的对手，例如三菱将军（Shogan）、丰田陆地巡洋舰（Land Cruiser），以及英国的揽胜和路虎发现（Discovery）。

随着市场的增大，SUV的魅力越发突显。林肯领航员（Navigator）将车内空间做到了极致，而90年代的丰田RAV4、路虎神行者（Freelander）则反其道而行，被打造成紧凑型SUV。还有一些跨界车，例如日产的逍客（Qashqai）将最好的SUV和最好的旅行车进行了融合，完全看不出这是一辆越野车。除此之外，AMC的Eagle和奥迪的Allroad都是各具特色的SUV旅行车。很快，保时捷也加入潮流，推出了卡宴（Cayenne），成为史上最畅销的SUV之一。

▷ 过雪地
1997年，美国阿拉斯加的一场暴风雪过后，家长们开着SUV去接孩子。能够应对恶劣的天气是SUV广受欢迎的原因之一。

"我经常开我的揽胜，因为那就像操纵着一只野兽一般。"
——辣妹艾玛·伯顿（Emma Bunton）

企业合并

20世纪90年代，大型车企为了实现利润最大化而开始收购小型车企，汽车产业也因此发生了巨大的变化。不过，事情也不完全遂人愿。

80年代中期，美国车企感受到了来自日本汽车的威胁，它们正渐渐侵占美国的汽车市场。美国汽车无法与这些高效、低耗的新车一较高下，只能通过企业规模进行反击。

全球化是公认的成功的关键。通过收购小型汽车制造商而形成合资企业，完整的销售、零部件供应、制造体系建立了起来，车企的生产更加高效，利润也更加丰厚。

战略联盟在全球汽车产业整合中起到了重要作用。90年代，全球共有500家跨国企业联盟，其中300家是合资企业，剩下的则是合资制造商。大部分大型汽车品牌都会在海外劳动力较便宜的地区，

▽ 慕尼黑的宝马中心
90年代末，宝马旗下有英国的劳斯莱斯、罗孚、Mini、路虎等品牌。

例如亚洲，进行生产。

开始合并

福特在90年代率先与英国制造商捷豹合并，然后在1999年和2000年分别与沃尔沃、路虎合并，但之后这两家公司又分别卖给了中国和印度。福特在马自达的持股比例也从1979年的25%增长到1996年的33.4%。而通用在1999年买下了五十铃；同年，日产与雷诺达成了同盟。雷诺承担了日产54亿美元的债务，并换来了36.6%的股份。这大大扩张了雷诺的市场，尤其是美国和亚洲的市场，雷诺也因此成为2017年上半年全球最大的汽车制造商。

90年代末发生了最令人津津乐道的合并：1998年6月，大众收购了英国豪车品牌劳斯莱斯和宾利，但就在几个月后，又转手将劳斯莱斯卖给了宝马。不过，最庞大的合并还属同年11月，德国的戴姆勒-奔驰和美国的克莱斯勒合并成为价值超过400亿美元的超级企业。

梦想破碎

在合并协议中，戴姆勒控制57%的股权并在美国站稳了脚跟，此前它仅有

△ 便宜、可靠、流行
1999年推出的斯柯达晶锐（Fabia）是斯柯达与大众共同生产的。这种模式降低了成本，也意味着售价的降低。

1%的市场保有量。二者各有所长，并从中得益：克莱斯勒有着极低的开发成本，而戴姆勒-奔驰拥有着更先进的技术和强大的全球化网络。研发、生产、销售的强强结合更让公司获得了强大的资金保障，不过由于管理风格的冲突，戴姆勒在2007年卖掉了克莱斯勒80%的股份。

尽管三巨头——通用、福特、克莱斯勒做出了努力，但来自日本的竞争者正慢慢侵占美国市场。90年代末，日本车占据了美国高达1/4的汽车销量。其实，之前疯狂的并购行为中受益最大的是被收购者而非收购者。9年之间，汽车业销售额增长了21.8%，其中收购方增长了15%，而被收购方增长了38%。值得一提的是，丰田与本田之间未能合并，但它们的销量却比三巨头更高。

> "奇怪的组合，抑或是完美的契合？"
>
> ——CNN对戴姆勒与克莱斯勒合并的评价，1998

关键技术
三巨头加意大利

2009年，克莱斯勒申请破产标志着90年代并购狂潮的结束。该公司最后被美国、加拿大政府以及意大利品牌菲亚特所有。后者逐年增持克莱斯勒的股份，并在2014年完成了对该公司的收购，衰落的美国三巨头中加入了意大利的血统。菲亚特-克莱斯勒继承了美国的传奇品牌道奇和吉普以及意大利的阿尔法·罗密欧和蓝旗亚的血统。

菲亚特-克莱斯勒汽车公司主席塞吉奥·马尔乔内（Sergio Marchionne）

风冷后置发动机
不会发生过热

两门设计降低了造价
（平均载运1.8名乘客）

美国出租车大王约翰·赫兹
（John Hertz）为他的出租
车队选择了黄色

简洁却坚固的通用
发动机及零部件

△ 大众Fusca，1953

巴西制造的甲壳虫看起来并不像出租车，因为它只有两扇门。但它凭借着低成本和可靠性生存了下来。

△ 切克（Checker）A8，1958

这款经典的纽约出租车诞生于1958年，直到1982年都是A8车型。之后，公园大道和时代广场的出租车改为了加大豪华款。

全球的出租车

乘车并不是有车一族的特权，出租车让没车的人也能够频繁地坐车出行。

出租车在汽车历史上占有非常重要的地位，更是现代社会不可或缺的一员。其实"出租车"这一概念的历史可能与汽车相当，而且是城市生活的重要组成部分，从出租车的样子就能判断出这是哪一座城市。纽约、东京、伦敦都根据各自的城市环境发展出了别具一格的出租车风格。其中，装载柴油发动机，有着巨大的车内空间、典雅的内饰的丰田皇冠Comfort可能是其中最豪华的一款。纽约的"小黄车"堪称城市的象征。在某些地方，出租车也许并不那么奢华，却也担当重任，例如印度的三轮车。不论在哪里，我们对出租车的要求都是相同的：铺上地毯、实用可靠、易于维修。

"他们全部都会来坐你的车，这是早晚的事。"

——企业家威廉·伦道夫·赫斯特（William Randolph Hearst）对纽约出租车先驱哈利·艾伦（Harry N. Allen）说

▷ 印度出租车，加尔各答

"印度斯坦大使"是印度大城市中最经典的出租车车型。该车型在1958—2014年生产，其原型是莫里斯Oxford III系列。

可靠的2.7升日
产柴油发动机

车身与悬架分离
保证了耐用性

高挑垂直的车厢形状
提供了巨大的空间

车翼上的镜子有助于
在城市中安全行驶

△ LTI Fairway，1958

黑色出租车是伦敦生活的标志，最早采用了奥斯汀FX4，之后由伦敦国际出租车公司（LTI）进行生产，其最大的特点就是小至7.5米的转弯半径。

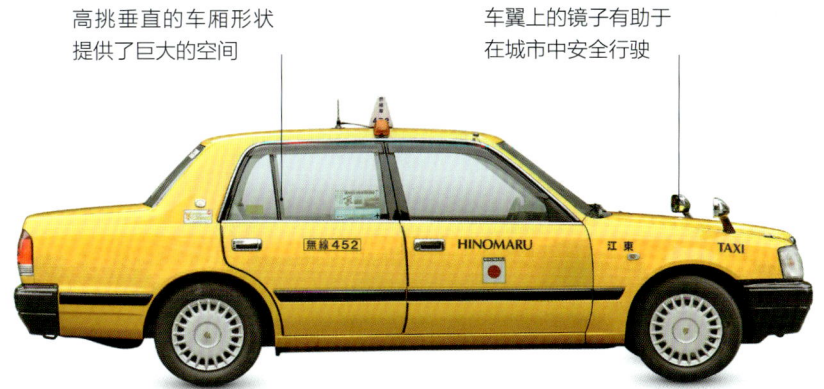

△ 丰田皇冠Comfort，1995

Comfort是专为出租车设计的车型，使用简单的机械部件，拥有较好的耐用性。燃料可以是柴油或液化石油气（LPG）。

WB·04E·8173

TAXI NO REFUSAL

反对汽车

数十年来，人们一直想的是如何在城市中容纳更多汽车、如何提升道路等级、如何通过技术降低排放，却从未想过直接削减汽车数量。终有一天，城市会不堪重负，民众会走到汽车的对立面。

数十年来，发达国家一直在毫无节制地修建道路，并把它当作城市基础建设的重要组成部分。新的城市在规划阶段就已经把汽车作为规划的一部分，而旧的城市也要通过添置宽阔马路、多层停车场、城内环路、环城高速公路以方便驾车出行。通过城际、州际的高速公路建设，城与城之间也建成了发达的公路网。但是现在，道路建设却成为一个

具有争议的话题，因为它破坏了环境。汽车对公共安全也存在着隐患，它们不仅导致车祸，更迫使城市居民吸入各种有毒的排放物。

环境危机

环保运动出现在60年代，并在70年代将汽车视为恶魔。尽管新添了许多道路，但交通环境却在不断变差——噪声更大、堵车和污染更严重、交通事故导致的死亡比例更高。改善路网当然有许多支持者，他们一部分来自从中看到商机的商界，一部分来自想提升出行体验的民众。但是，当话题变为"建设道路"时，环保斗士们一跃而起，将这一行为视作对大自然的亵渎。反对汽车的斗争从此开始，并持续至今。

▽ 抗议污染

1984年，在德国法兰克福，环保组织"罗宾汉"的成员身披树枝，在抗议中砸烂了一辆旧车。

"如果我写信给国会议员，能得到这一切吗？！"

——抗议者"小顽皮"，1996

通向繁荣之路

1989 年，英国开启了新的道路计划，称为"通向繁荣之路"。这一计划遭遇了一系列的抗议活动，让一些不知名的小村庄，如特威福德（Twyford Down）、索斯贝里（Solsbury Hill）等一夜成名。在纽伯里（Newbury）旁路建设的抗议活动中，警方共逮捕了 1000 余名抗议者，其中一名自称"小顽皮"（Swampy）的抗议者躲在德文郡在建的隧道中，而后成为名人。纽伯里旁路的建设一度中止，但最后还是继续推进了下去。修建过程中共砍伐了 10000 棵树木，花费了 7500 万英镑用于建设、500 万英镑用于维护秩序。

城区翻新

同时代还有一个趋势就是翻新城市的环境。费城实施了一个名为"绿化"的项目，在城市中建造了数百块公共花园、绿地。而在波士顿，连接城区和洛根国际机场的 I-93 高速公路和为一条公路被掩埋，并用隧道进行替代。这也是美国历史上成本最高昂的高速公路项目。"波士顿大隧道"项目耗时 9 年进行规划、15 年进行建设，受到工期延迟、成本超支、设计瑕疵等诸多问题的反复困扰。而地面上却因此诞生了一个全新的景点——玫瑰肯尼迪林荫道（Rose Fitzgerald Kennedy Greenway）。林荫道沿着 I-93 的旧址，满是花园、步道、广场、喷泉和艺术。

类似的还有 1989 年对于丑陋的旧金山双层滨海高架的争论。这场争论止于一场地震，高架在地震中受到了不可逆的损伤，最后，这片区域被重新规划，被宽阔的步行街和轻轨轨道取代。城市的美化在许多地方纷纷上演，例如波特兰、密尔沃基、西雅图，还有

◁ 波士顿大隧道
1998年，波士顿大隧道正在建设之中。原来的93号公路被覆盖，变成了长达5.6千米的波士顿大隧道（Thomas P. O'Neil Jr. Tunnel）。

美国之外的马德里、首尔等。汽车向城市建设妥协，这是数十年来的首次。

车轮背后
拥堵费

20世纪50年代，政府就提出了向高峰时段进城的车辆收费的措施，但直到70年代才开始实施。新加坡在1976年开始施行这一法案，中国香港则在80年代通过了类似的临时法案。伦敦的拥堵费法案始于2003年，并延续至今。政府还通过一些其他方法限制交通，例如每周限制人员进城的天数、开设多乘客车道，还有驻车换乘方案，它使停车场增加了交通枢纽的功能。

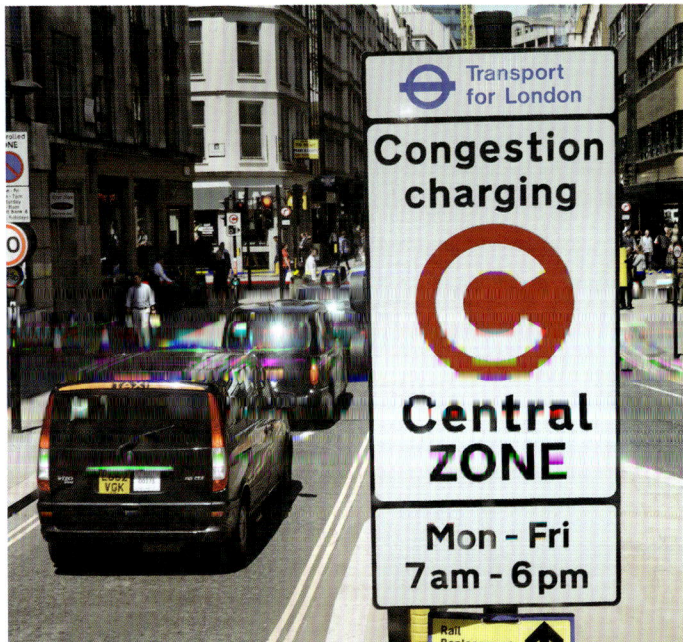

伦敦市中心拥堵收费区的标志，它只在工作日的工作时段开启

第八章
驶向未来

2001—现在

驶向未来

许多年来，"概念车"代表着更轻、更快、更环保的理念，亦被当作是未来交通的"领路人"。然而它们在超大城市，例如伦敦、东京、都灵、洛杉矶的车展上华丽亮相之后，很快便消失了。人们依旧堵在路上、呼吸着尾气、付着高昂的停车费、无奈地看着汽车贬值，而概念车只是他们辛酸生活中的一点幻想，更是永远无法企及的幻影。闲暇之时，人们或许会想，我买车到底是为了什么呢？

不过，随着全球变暖问题的日益严重，化石燃料即将被舍弃。通信技术的发展改变了传统的信息交互模式，聪明的人们将这一技术应用到了汽车上。汽车确确实实在发生改变。世纪之交，混合动力崭露头角，让人们看到了希望。人们开始思考如何进一步降低排放、降低车辆运行成本、提升混合动力汽车的驾驶体验。同样，锂电池在手机中的成功应用让电动汽车成为现实，锂电池技术的进步则让电动汽车能够跑得更远。尽管电动汽车的发展几经挫折，但最终还是得到了飞速发展。电动汽车仅仅是在技术上尚未成熟，但部分柴油车却因在排放问题上造假而败坏了化石能源车的名声，从而加速了自己的消亡。

驾驶的终结？

由于自动化技术的进步，无人驾驶技术也进入了人们的视线——汽车可以替代人们导航和驾驶，而车主解放了双手，可以做更多自己想做的事，比如社交或休息。与全速运转的发动机融为一体，感受驾车激情的岁月或许即将过去。这到底是好事还是坏事呢？

新车型继续诞生，例如跨界车

柴油车造假事件让人们更加渴望环保汽车

"无人驾驶技术也进入了人们的视线。"

多样的市场

2000年后，传统汽车的外形发生了巨大的变化。跨界车将不同类型的车进行了融合。汽车提高了底盘、完善了功能，却也未必要像传统的大车那样采用四轮驱动。全球卫星定位系统（GPS）降低了人们对地图的依赖，车内再也不会发生"转错弯了！""要迟到了！"之类的争吵。先进的技术可以防止司机走神，即使走神了汽车也能自己避免发生交通事故，保障车内人员的安全。

汽车市场也被重新洗牌。中国汽车登上了世界舞台，百万级的汽车产量给了传统汽车强国当头一棒。中国的道路系统和汽车产业的建设齐头并进，这样的大幅进步让西方的努力瞬间显得暗淡无光。现在，超级汽车的最高速度已经可以达到402千

米/时。奢华的轿车、跑车依然受到大量消费者的追捧，手工打造的车身依旧是一部分人自豪的资本，世界上只要还有人热爱着传统汽车，它们就不可能消失。

超安全的无人驾驶概念车将驶向未来

对传统汽车的热爱永远不会被磨灭

EV1死于谁手

1996—1999年，通用率先推出了量产电动车EV1。然而在2002年，这批车被全部召回，或报废、或销毁，其中的原因至今不明。

EV1 作为一款颇具未来感的电动汽车，其前身要从通用 1990 年的概念电动汽车 Impact 开始说起。促成 Impact 设计的是加州空气资源委员会（CARB），它要求五大汽车制造商总产量的 2% 在 1998 年前实现零排放，并且该比例在 2001 年前达到 5%、2010 年前达到 10%。制定这一法案的初衷是为了减少汽车尾气排放、改善加州糟糕的空气质量。但评论家们认为，如果 Impact 成功了，将对通用自身造成非常大的损失，其旗下绝大多数的燃油发动机汽车都将面临威胁。

两代 EV1

尽管有人认为通用是故意不将电动汽车做好的，但是它依然将 50 辆 Impact 交给志愿者试驾，并让他们进行评价。通用在 1996 年对 Impact 概念车进行了改进，并推出了 EV1。这批车也被租给了用户，但在合同中规定用户不能直接购买这些汽车。月租金在 399~549 美元之间，并且租客必须得住在亚利桑那州或者南加利福尼亚州。1999 年，通用又根据用户反馈发布了噪声更小、电池更轻、成本更低的第二代 EV1。第一代车也被换上了改进后的电池，租客也可以再续约两年。然而，2002 年通用突然宣布 EV1 项目终止，所有车都由通用回收并销毁。通用方面给出的解释是加利福尼亚州强制要求的 15 年零件供应成本过于高昂，而且电池技术的发展也慢于预期，影响

△ 通用Impact，1990
Impact是通用首次涉足电动汽车领域的汽车。该车由电动汽车车企AeroVironment负责研发，并在1990年车展上首次亮相。

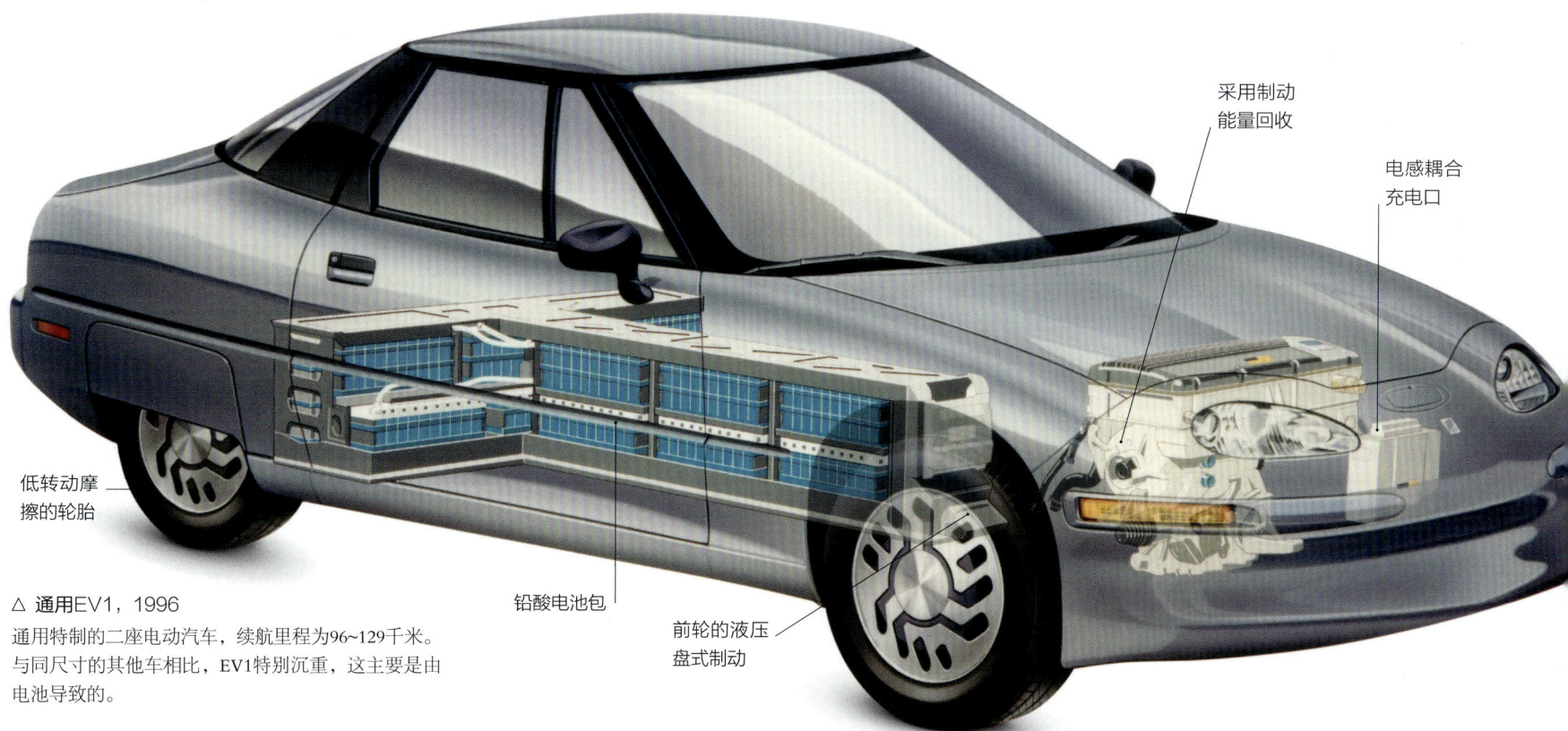

采用制动能量回收

电感耦合充电口

低转动摩擦的轮胎

△ 通用EV1，1996
通用特制的二座电动汽车，续航里程为96~129千米。与同尺寸的其他车相比，EV1特别沉重，这主要是由电池导致的。

铅酸电池包

前轮的液压盘式制动

◁ 摧毁EV1

◁ 摧毁EV1

2002年，一堆被回收的EV1将被通用销毁。通用共销毁了1117辆租期结束的EV1，其中大部分租客都对此相当惋惜。

了公司的销售规划。

60位EV1的租客希望能够延续租期，并且独自承担风险，但通用还是拒绝了，并返还了他们的租金。大约40辆EV1被报废并捐给了博物馆，其余的则被悉数销毁。

生不逢时的好车

评论家认为，通用之所以终止了EV1项目可能是害怕其他州会像加州一样出台类似的电动车法案。通用和丰田其实在这一方面达成了共识，它们认为现在的市场还不适合电动车进入，或许氢能在未来有更广泛的前景。

相传每辆EV1的开发和生产成本共计8万～10万美元，而一位通用内部人士则称每辆车的成本达到25万美元。

这批车每个月的租金仅400美元，但还有每年近34000美元的折旧费，EV1根本就是入不敷出。这可能也是通用放弃项目的原因之一。不过，当时确实几乎无人对电动汽车感兴趣，别说赢利了，就连回本都只是幻想。然而，如果没有

EV1，电动汽车及其相关基础设施也不可能在今天有如此快速的发展。

△ 驾驶EV1

路面上，EV1加速至96千米/时的时间为惊人的7.7秒，最高速度可达129千米/时。

车轮背后
相关的电影

2006年，克里斯·佩恩（Chris Pain）导演了纪录片《电动汽车死于谁手？》（*Who Killed The Electric Car?*），希望借此揭开EV1背后的秘密。他认为通用EV1计划的终止是因石油公司从中作梗，因为电动汽车的普及肯定会导致汽油等销量下降。电影拍摄了几辆免于被销毁的EV1，并指出通用其实认为在20世纪结束之前都没有必要推广电动汽车。通用也对这部电影的内容做了回应，解释EV1被终止有一系列原因，比如经济问题，成本和售价对企业和消费者都很高昂，还有生产方面，经过3年的生产后，很多零部件都已经供不应求了。

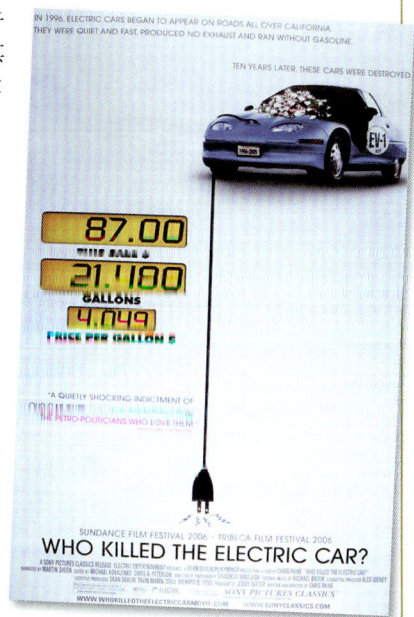

电影海报明确地将矛头指向石油行业

"EV1不仅是一辆汽车，更是拯救国家的途径。"

——EV1租客在写给通用CEO里克·瓦格纳（Rick Wagoner）的信中说

V6发动机并不能为车身偏重的Pacifica提供良好的动力性

可选择汽油或柴油发动机，最高能提供440马力（323.62千瓦）的动力

△ 克莱斯勒Pacifica，2004

由加拿大制造的7座Pacifica没采用4轮驱动，却能提供接近SUV的驾车体验。Pacifica功能齐全，不过价格偏高，但它毫无疑问是跨界车的先驱。

车厢内有3排7座

△ 保时捷Macan

继卡宴的成功之后，保时捷在2014年又推出了紧凑型的Macan。该车采用了V6发动机，在部分地区还可以选择配置适合新手的4缸涡轮增压发动机。

典型的4轮驱动（并带有空气悬架）

可以选择3缸汽油
机或4缸柴油机

车厢同其他宾
利一样豪华

可以选择W12汽油/V8
汽油/V8柴油发动机

△ 雪铁龙C4 Cactus，2014

Cactus是一款紧凑型跨界车，搭载了全新的"空气护板"
（Airbump）保护装置。"空气护板"是车身侧面一块柔
软的塑料板，能够防止车门在停车场中被剐蹭。

"空气护板"保
护了车身侧面

△ 宾利添越（Bentayga），2015

宾利继传统的轿车和跑车车型后，将业务拓展到豪华级
高性能跨界车上，并在2016年推出添越。添越的问世刷新
了跨界车的速度和价格纪录。

◁ 日产逍客（Qashqai）

逍客自2006年起开始生产，是最早一
批将四轮驱动和传统旅行车融于一体
的车型。跨界车吸引了来自世界各地
的家庭。

宽敞、舒适的跨界车

SUV的安全性、适应性、舒适性，以及巨大的
车内空间是吸引许多家庭的重要因素。但是对于大
多数普通家庭而言，SUV异常坚固的车身和强大的
越野性能又并非必需。于是，跨界车应运而生。跨
界车将四轮驱动的SUV与传统的旅行车进行了完美
结合：一体式车身能够减轻重量，独立悬架能够提

高灵活性和操纵性，也能让乘客坐在驾驶室中体验
居高临下的自豪感。跨界车尤其受女性司机的喜爱，
而女性在家庭汽车选择中的重要话语权也为跨界车
带来了巨大的市场。许多高端品牌，例如保时捷、
宾利、劳斯莱斯都开始涉足跨界车。

△ 吉普自由侠（Renegade），2014

吉普以四轮驱动系统闻名于世，而自由侠是它进军跨界车的标志
车型。吉普自由侠与菲亚特500X共享制造平台，它们当时同为
菲亚特-克莱斯勒集团旗下的品牌。

卫星保驾护航

近年来，卫星导航和交通数据系统的发展改变了传统的驾驶模式。同时，车内的信息系统也降低了车辆被盗的风险和发生交通事故的可能性。

GPS 由美国军方自 70 年代起开始研发，于 1995 年开始启用。起初，民用 GPS 的信号质量受到限制，但即使这样，各大品牌仍纷纷为自己的汽车装上了导航系统。除了本车的位置数据外，导航系统还需要掌握整体的交通数据，以优化路径、避开拥堵。这彻底改变了人们的出行方式：导航系统一步一步详尽的指示既能节省时间，又能降低油耗，还能保障安全，司机彻底抛开了传统的纸质地图。同时，这也形成了信息技术的新分支——信息通信技术。

GPS 的应用

2001 年，GPS 数据的精度进一步提高，同时应用也更加广泛。通用汽车创建了安吉星（OnStar）系统，将 GPS 位置数据与手机相结合，当汽车的安全气囊弹出时，手机会自动寻求紧急服务。安吉星的早期试点相当成功，后来越来越多的汽车都装上了这一系统。

英国保险公司则开始提供远程"黑匣子"服务，记录汽车何时何地有怎样的行驶状态。保险公司能通过这些数据了解司机的车辆使用习惯，为他们提供更精确的定制化保险。而年轻人只要好好开车、避免危险驾驶（例如别在深夜开车），就无须担心保险金的压力。据统计，选择"黑匣子"服务的司机的索赔率比其他司机低了 20%；而如果所有司机都使用"黑匣子"服务，由司机失误（最常见的事故原因）引起的车祸量将降低 40%。

更先进的信息通信

劳斯莱斯是首家在变速箱中应用 GPS 数据的公司。它研发的系统能够感知汽车的行驶方向，并根据地理位置选

▷ 车联网

右图展示了车联网信息通信系统的工作原理。每一辆车中都有一台雷达以监测与其他车辆之间的距离，如果离得太近，警报就会响起。

择正确的挡位——要上坡时会自动降低挡位，而非莽撞地冲上坡。这一系统带来了更精确、更智能的驾驶体验。许多商用车也采用了类似的系统以节省燃油成本。在中国，最大的通信商之一与一所工科大学合作开发了一套用户车辆定位系统。该系统能够对交通事故进行快速响应，提醒车主及时保养，甚至先于车主发现车辆的问题。在未来，信息通信技术的发展将能够实现让车辆感知附近其他车的位置，并在互相靠得太近时开启自动避撞系统。同时，信息通信技术与其他道路环境信息（例如红绿灯、交通标志等）的配合，将会使人们的旅途更简单、更通畅、更安全。

◁ GPS导航
司机正在伦敦的街道上使用GPS导航。输入终点之后，设备会自动在每个路口进行提醒。

"人们如果**把车辆当作一个信息平台**，那么各种思路**自然而然**就会产生。"

——文斯·巴拉巴（Vince Barabba），通用汽车，1999

驾驶技术
交通监测

交通数据系统，例如INRIX，会通过各种各样的途径搜集交通信息。一些手机通信公司会收集用户的匿名位置信息，主干道上会有车辆计数器，而大型车队也会将自己的行驶信息提供给数据中心。这些数据经过处理之后，既可以通过广播也可以通过汽车的导航系统反馈给乘车人。

2014年的美国消费者电子展中，宝马正在展示i3驾驶舱中的INRIX电脑

中国汽车的成功

中国曾经是自行车王国，从20世纪90年代开始大力发展汽车业，与西方各大车企建立合资公司，现在已经发展成为世界最大的汽车制造国。

△ 东风装配线
2017年，武汉的东风本田工厂中，技术人员正在操作思域的生产线。

中国的汽车产业起步于20世纪20年代，但直到50年代才完全成型。在苏联的帮助下，拥有了先进的工业体系和车型设计。

改革开放前，中国汽车年产量最高可达20万辆，且主要在中国国内销售。由于当时实行计划经济政策，大部分车辆为国家所有。做出重大贡献的群众也会被奖励汽车。

改革开放后，中国推行市场经济，在促进外贸与投资的同时，大力推动国内的消费市场，尤其是汽车市场。中国民众对于家用汽车的需求激增，远超中国当时的制造能力。因此，中国从俄罗斯和日本进口了大量汽车，导致贸易赤字增长。

中国开始征收进口贸易关税以缓解赤字压力，但这并非长远之计，于是与西方国家车企建立合资企业被提上了日程。在80年代初，美国汽车公司、大众、标致-雪铁龙等开始在中国开设装配工厂。这不仅让中国的汽车产量大幅上升，也降低了欧美汽车的生产成本。

合作共赢

今天，中国的汽车产业主要包括五大国有品牌：上海汽车集团股份有限公司、东风汽车集团有限公司、中国第一汽车集团有限公司、北京汽车股份有限公司（戴姆勒集团部分持股）、重庆长安汽车股份有限公司。这些企业与外国各大汽车制造商均有合作，包括大众、福特、通用、本田、标致-雪铁龙等，共同为中国国内市场供应汽车。除了合资企业，中国制造商也收购了不少西方品牌。国内最大的汽车制造商上汽收购了英国的名爵，而第十大制造商吉利汽车集团则收购了瑞典的沃尔沃、伦敦出租车公司、马来西亚的宝腾（Proton）及其旗下的莲花。

巨大的市场规模势必会反哺车型设计。西方汽车制造商也越来越重视中国市场，希望自己的车型能适应中国市场。部分中国消费者喜欢追求亮丽的外观，因此越来越多的车身都镀上了铬。还有许多人会请司机开车，自己坐在后排，因此充足的后座空间也成为汽车设计需要关注的重点，部分西方车企会专门为中国市场提供长轴距版车型。北京车展和上海车展的规模已不输西方，中国也必然会对全球的汽车市场带来新鲜血液。

"考虑到中国巨大的体量，中国的生产数额没有上限。"

——克劳斯·泽尔默（Klaus Zellmer），保时捷主席兼CEO

关键发展
再看一眼……

英国作家查尔斯·科顿（Charles Collton）曾说过"模仿是最真诚的赞美"，这句话也可以用在汽车业。不难发现，外观相似的汽车很常见。

陆风X7与揽胜极光（Evoque）

△ 上海车展，2017

上海车展是中国最大的车展之一。图中，一辆现代悦动（Celesta）正在展出，证明越来越多的外国品牌入驻了中国市场。

6升双涡轮增压V8发动机提供了850马力（625.17千瓦）的功率

宽敞的车内空间也颇具实用性

进气口吸入空气，以冷却发动机和电池

中置发动机提供了349千米/时的最高速度

△ 梅赛德斯-奔驰GLE 850巴博斯（Brabus），2016
德国改装专家巴博斯改造了梅赛德斯-奔驰的GLE，为它装上了更强大的发动机和悬架。它能够为4名乘客提供舒适的乘车体验。

△ 法拉利LeFerrari，2013
LeFerrari是法拉利首款混合动力汽车，采用电机辅助6.3升V12发动机进行加速。最大混合动力为950马力（698.72千瓦）。

超级快的超级车

极少人会将汽车开到车速超过322千米/时，在1987年前，这甚至是普通家用车不可能达到的速度。随着炫酷的法拉利F40横空出世，双涡轮增压、478马力（351.57千瓦）的V8发动机能够将它带到482千米/时的超高速。30年的发展让汽车技术更进一步，现在不仅超级跑车能达到该速度，SUV也突破了这一速度。以前仅存于赛车界的动力和速度，现在在家用轿车上也随处可见，它们轻轻松松就能击败曾经的纪录保持者。

布加迪凯龙（Chiron）的最高速度被限制在420千米/时，但摘下限制器后最高时速能到463千米，汽车制造商们离突破482千米/时这一速度大关越来越近。

"再美也不为过，再贵也不为过。"

——埃多尔·布加迪（Ettore Bugatti），布加迪的奠基者

GT-R的发动机
由专业技师单独
手工打造

铝制嵌板减轻
了车身重量

△ 日产GT-R，2007
配有3.8升双涡轮增压发动机、加强四轮驱动系统以及铝
合金车身零件。GT-R是发布期间全球技术最先进的汽
车之一。

碳纤维单体壳外承载着
手工打造的铝质车身

后置可调扰流板提升了
高速时的稳定性和操控性

△ 阿斯顿·马丁One-77，2008
阿斯顿·马丁One-77是全球最强的自然吸气车，采用了
阿斯顿·马丁最负盛名的V12发动机的衍生版。它达到
354.067千米/时的速度。

▽ 布加迪凯龙，2016
凯龙继创时代的布加迪威龙（Veyron）
之后继续采用了8升W16四涡轮增压发动
机。出于安全考虑，它的最高车速被限制
在420千米/时。

本田安全系统

70年代之后，行车安全成为越来越重要的话题。2002年，本田在新款雅阁中装载了全新的安全系统，它能够保证车辆不偏离车道，为汽车、司机和乘客提供安全保障。

本田雅阁不仅仅是世界上最畅销的车，它的技术水平更是一直远超其他同档次的车型。2002年的车道偏离系统（LDS）就是一款里程碑式的设计。LDS是一款电子控制系统，能够保证汽车在行驶过程中一直在车道内，以减轻司机的负担。LDS也是本田智能驾驶员辅助系统（HiDS）的一部分，HiDS则能维持车辆速度、与其他车辆保持适当距离。这些设备偶尔能在昂贵的沃尔沃或梅赛德斯–奔驰车上见到，但价格亲民的雅阁却是最早在车上搭载如此复杂的安全系统的车型。

LDS的核心是车道维持辅助系统（LKAS），它能够通过挡风玻璃上的数码相机记录车辆前方的画面，并进行车道判断，然后汽车的发动机控制单元ECU会计算出要修正的角度，并进行控制。系统设定的车速可以在65千米/时以上。如果汽车偏离了车道，车内的蜂鸣器会响起，提醒司机重新控制方向盘。LKAS和雷达系统的结合能够让车辆维持恒定的巡航速度，并与前车保持一定的距离，这些系统让本田雅阁走在了汽车安全的最前沿。

▷ 技术进步
2002年本田雅阁率先推出的安全系统现在已经在许多其他本田车型上得以应用。图中为2015年的CR–V，车前的雷达和车后的摄像机能够兼顾前、后方的道路。

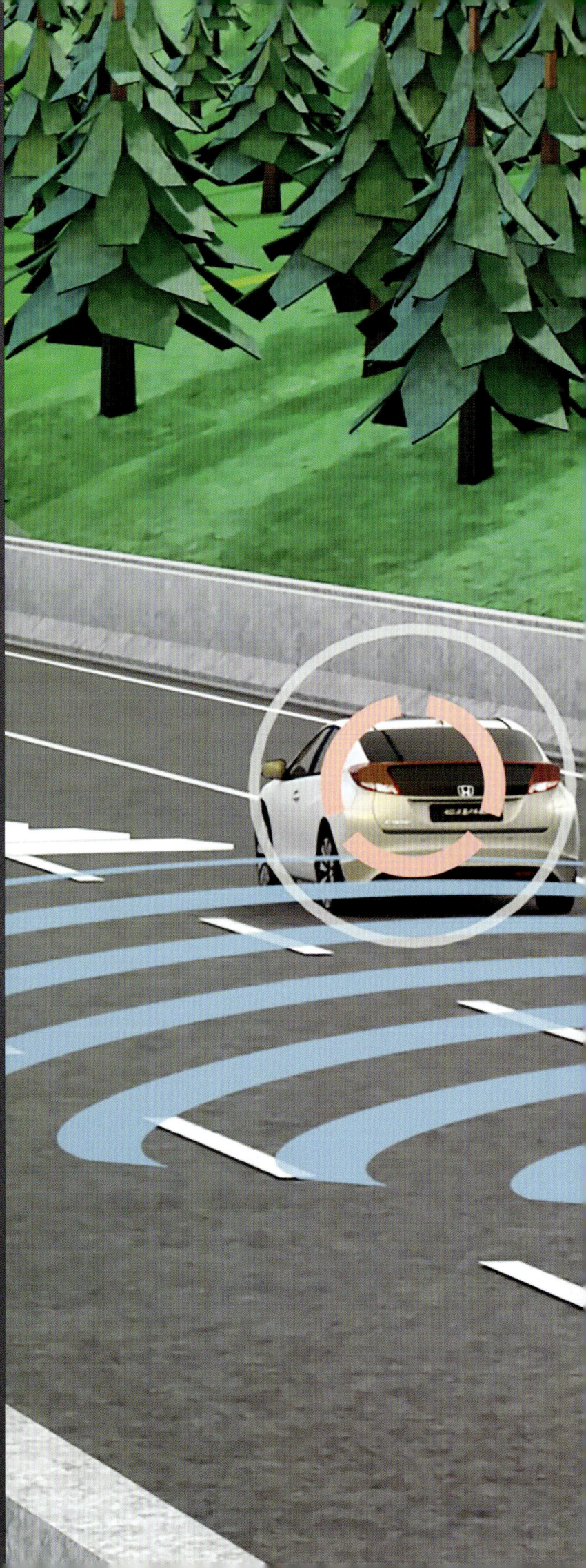

混合动力汽车的春天

继90年代末丰田、本田发布了第一代混合动力汽车之后，21世纪这些"绿色汽车"迎来了属于自己的时代，电动汽车也有了逐渐兴起的趋势。

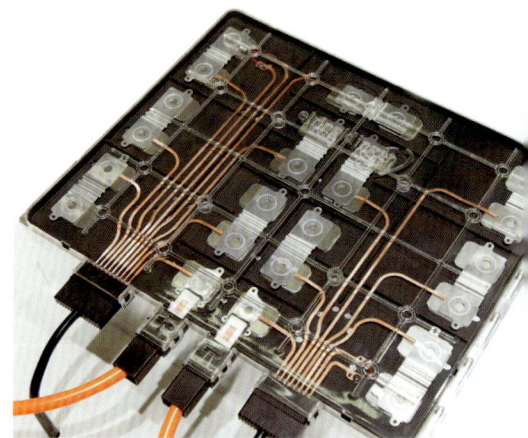

锂离子电池普遍用于混合动力汽车和电动汽车，它能量密度较高，能够驱动车载电机。

混合动力汽车是现代社会中的一种环境友好型汽车。正如其名，混合动力汽车有两个动力源，一个是传统的内燃机，另一个则是与电池相连的电机，二者的共同协作能够降低排放，同时提升燃油经济性。

日本带头

纵观整个汽车业，日本企业尤其是丰田和本田对混合动力汽车情有独钟。

尽管混合动力汽车的成本和复杂性都比普通汽车要高，但丰田早在1997年就独立推出了混合动力汽车的鼻祖——普锐斯。普锐斯很快带动了"绿色汽车"革命，而且每一代（2003、2009、2015）都比之前有着大幅的进步。普锐斯为丰田、雷克萨斯的其他混合动力车型铺平了道路，其中既包括标准混动，也有插电式混动。后者在纯电动（零排放）的情况下，驾驶里程更远。同时，本田在1999年发布了Insight——一款小巧美观、水滴形的混合动力汽车——对标丰田的普锐斯。本田的混合动力技术核心IMA（集成式电机辅助）出现在了飞度、思域、雅阁，甚至CR-Z跑车等一系列车型上。与此同时，本田开创出了最先进的SH-4WD三

▽ 宝马i8
宝马i8是一款装载了LED灯的极具未来感的混合动力跑车，在纯电驱动下也能达到120千米/时的速度。碳纤维的车厢有效地减轻了汽车的重量。

启动和低速时由
电池和电机驱动

高速巡航时由
内燃机驱动

△ 雷克萨斯内部
2006年的雷克萨斯GS 450h的剖面图。它采用了丰田HSD（混合协同驱动）系统，由内燃机和电机共同驱动。HSD对1997年普锐斯所采用的系统进行了进一步优化。

电机混合动力系统，这一强大的创新系统被应用于全新的NSX超级轿车上。

混合动力的普及

丰田和本田是最早将混合动力汽车投入市场的生产商，随后，沃尔沃、通用、标致、梅赛德斯等也开始发展混合动力技术。由于现在的纯电动汽车价格高昂，且存在"里程焦虑"（指电动汽车电池容量有限，无法长距离行驶）的问题，许多车企将混合动力汽车作为燃油车向电动车转变的过渡车型。

混合动力到电动？

通用的EV1为电动汽车敲开了大门，但是2006年的纪录片《电动汽车死于谁手？》也揭示了EV1所面临的窘境和最后的无奈落幕。今天，随着汽车产业正逐步向电动化转型，混合动力和纯电动正在取代原来的内燃机。瑞典公司沃尔沃承诺自2019年起，所有车型都会"带电"。而其他公司，例如雷诺-日产、宝马、大众也均宣布了各自的混合动力和电动汽车计划。21世纪第一款面向大众的电动车雪佛兰Bolt发布于2017年，而特斯拉也在2018年发布了Model 3。这不仅仅是制造商们的意愿，2017年法国和英国都宣布了禁止燃油车的计划。未来的电动出行始于混合动力。

"我们要对交通体系去碳化。"

——英国阿斯顿大学，大卫·贝利（David Bailey）教授

▷ 巅峰的表现力
丰田普锐斯的仪表盘直观地展示了电池、电机和内燃机之间的能量转化过程，以及汽油燃烧和电池寿命的情况。

嵌灯传承了世爵
的航空血统

中置奥迪
V8发动机

△ 世爵（Spyker）C8 Aileron，2008
荷兰品牌世爵自1926年开始沉寂，之后又以这款超级跑车一鸣惊人。这款跑车由纯手工制造，最高时速高达300千米。

中置7.3升AMG
V12发动机

尖头设计既能减小
气流阻力，也能为
车辆提供下压力

碳纤维车身降低了
重量、提升了性能

△ 帕加尼Zonda Roadster F，2006
意大利制造的Zonda历经12年的精心打磨，其成品令人惊艳。轻盈、强大动力的特点让它的速度甚至能与布加迪威龙匹敌。

手工打造的汽车

汽车产业发展的早期，几乎所有零部件都是手工制造的。流水线生产虽然能将产量提升到每天1000辆，但它们都出自没有感情的机器，高端买家会觉得汽车里缺少人性的温度。即使在今天，汽车销售目录中还存在着大量由老师傅们手工打造的汽车。这一切仿佛回到了马车时代，从材料的选取到安装，从颜色到装饰甚至到附加配件，老师傅们完全按照顾客的意思打造出属于他们的定制化汽车。

定制汽车的驾驶体验与量产车截然不同。无论是敞篷的摩根（Morgan）、豪华的布里斯托尔（Bristol），还是令人不禁驻足欣赏的帕加尼（Pagani），它们比量产车更精致、更具个性、更适合车主。

▽ 摩根Aero 8，2001
Aero 8将现代的技术工艺和传统的车身外形相结合，是摩根近40年来的全新设计。它由4.4升V8发动机驱动，最高时速可达241千米。图中是2007年的改款。

AERO 8

轻质铝合金底盘承载
着玻璃纤维的车身

前置4.4升涡轮
增压V8发动机

外形灵感来源于布里
斯托尔最经典的405

功率400马力（294.20
千瓦）、排量4.8升的
宝马发动机

△ 威兹曼（Weismann）MF4，2007

威兹曼的设计理念与摩根非常相似——传统外形
的跑车搭载超强发动机。这家企业于1993年创
立，2003年停产。

后轮驱动

△ 布里斯托尔子弹（Bullet），2017

子弹是布里斯托尔在2011年重生之后发布的第一款新
车。车身材料由碳纤维和铝组成。布里斯托尔以航空
公司起家，因此车身外形也受到了飞行器的影响。

"我们像定做裙子或衬衫那样定制汽车。"

——奥拉西欧·帕加尼（Horacio Pagani），帕加尼汽车创始人

▷ 光冈"大蛇"

光冈是日本首屈一指的定制
汽车车企，这款中置发动机
的"大蛇"于2006年发布，
内部饰满了豪华的羽毛。

引擎盖下

为汽车打造动力核心是一门极为复杂的科学，130年来，人们发明了各种各样的发动机。

早期的内燃机非常简单，一般只有1个气缸，但多加几个气缸可以让发动机的动力更平稳、更强大。气缸排成一列直线的就是直列发动机，这也是最常见的一种发动机形式，能够简单地布置2、3、4、5、6甚至8个气缸。

而把气缸布置成"V"形能够加强发动机的性能，同时节省空间。蓝旗亚自20世纪20年代起就开始采用V4发动机，并持续了数十年。美国汽车制造商马蒙（Marmon）在1905年就发明了V6发动机，随后推出了V16发动机。

凯迪拉克在1914年制造出了美国首台V8发动机，长距离行驶的表现十分优异。

水平对置的布置方式比较少见，一对对气缸交错、相对摆放。最典型的就是大众甲壳虫的水平对置4缸发动机和保时捷的水平对置6缸发动机。还有一些其他奇形怪状的发动机，例如菲利克斯·汪克尔（Felix Wankel）的转子发动机，首次应用于1964年的NSU Spider。而混合动力核心加上了电机系统，在降低排放的同时还能提升动力，被丰田普锐斯发扬光大。

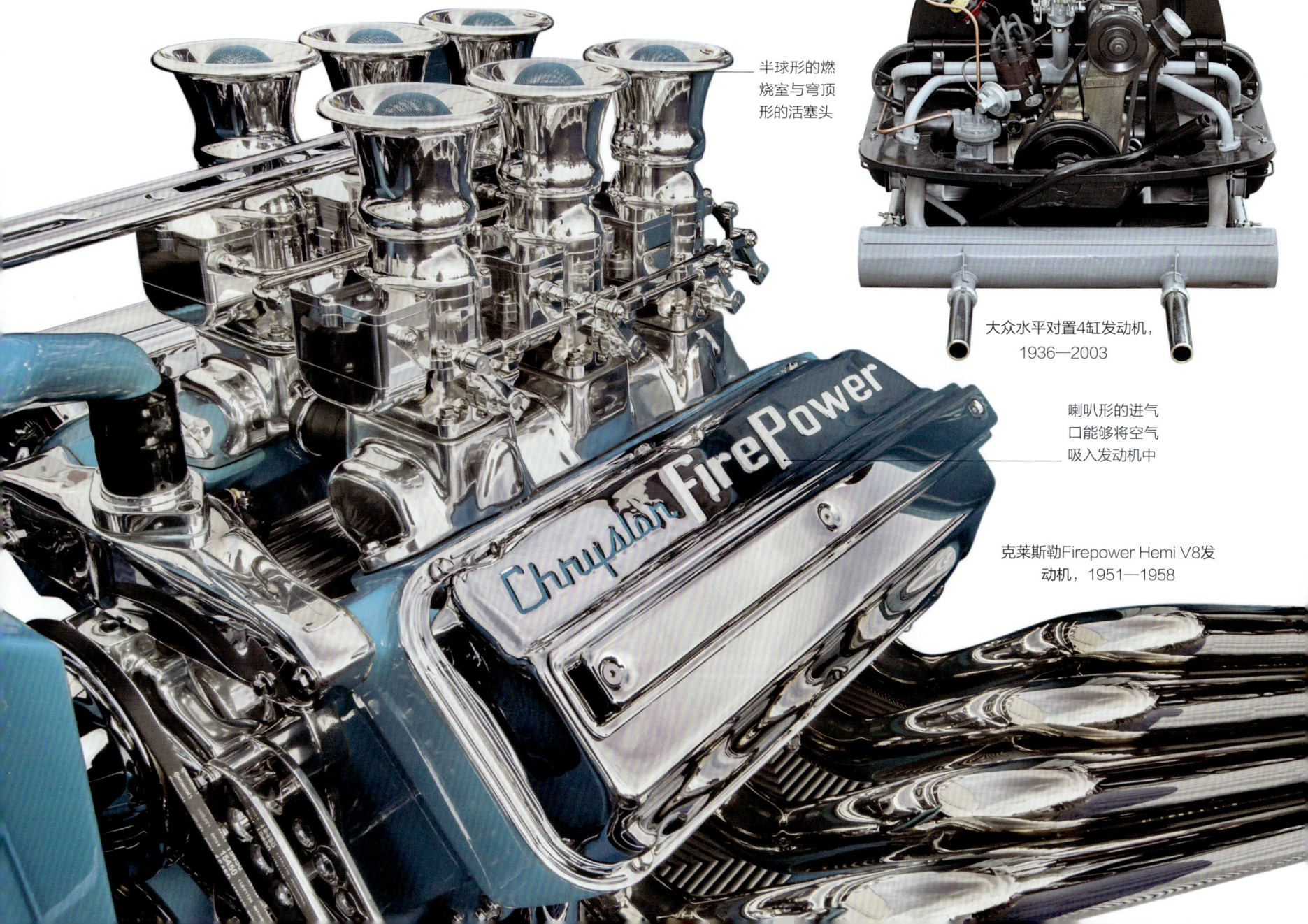

手动启动的手柄与启动棘轮相连

福特T型车直列4缸发动机剖视图，1908—1927

空气滤清器可防止发动机吸入空气中对发动机有害的颗粒

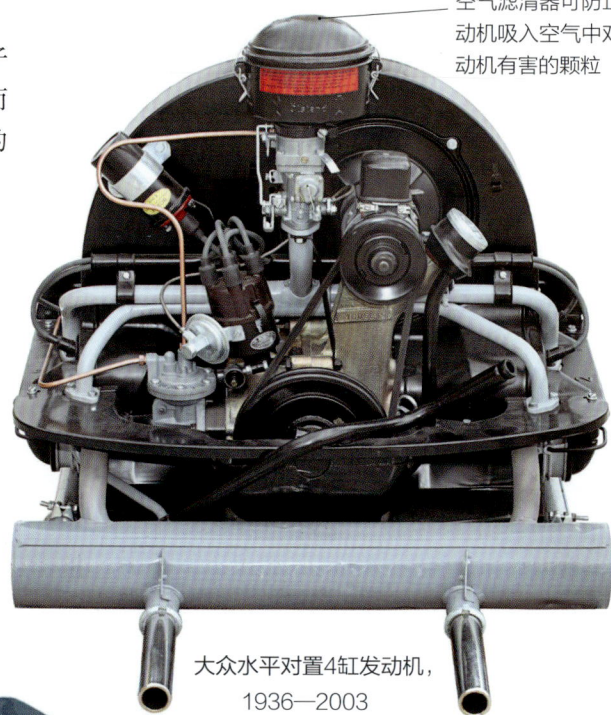

大众水平对置4缸发动机，1936—2003

半球形的燃烧室与穹顶形的活塞头

喇叭形的进气口能够将空气吸入发动机中

克莱斯勒Firepower Hemi V8发动机，1951—1958

Chrysler FirePower

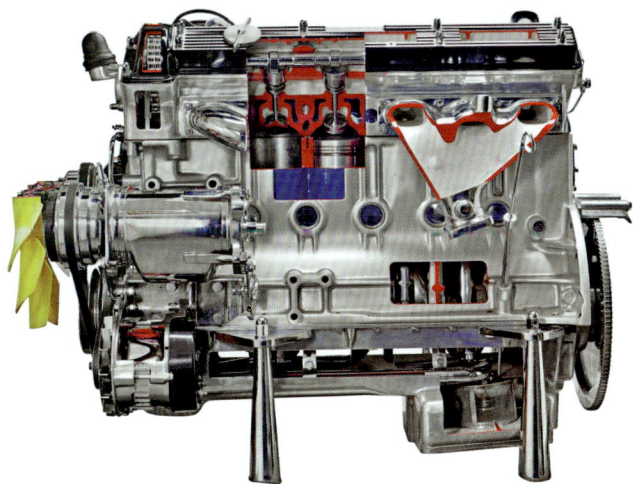

捷豹XK直列6缸发动机，1946—1986

化油器以恰
当的比例进
行油气混合

NSU汪克尔转子发动机，1967—1977

莲花福特考斯沃斯DFV V8发动机，
1967—1986

保时捷911水平对置6缸发动机，1963—1998

16个气缸构成了"W"形，
这是布加迪独有的设计

7速变速箱要传递高达
1479马力（1087.80
千瓦）的动力

布加迪威龙W16发动机，2005年至今

克莱斯勒道奇Viper V10发动机，1991年至今

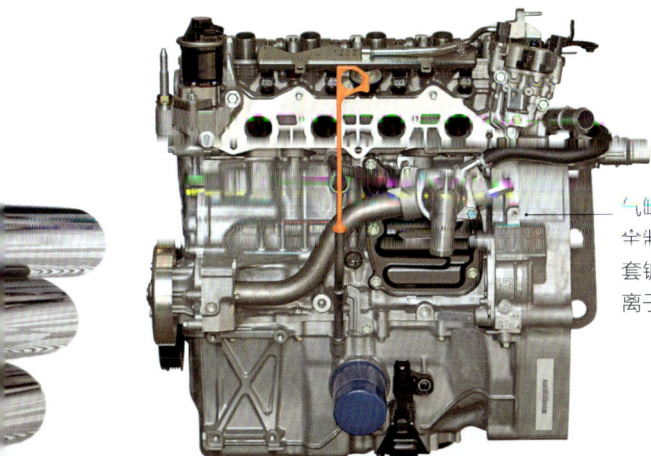

气缸体由铝合
金制成，而缸
套镀上了一层
离子镀层

本田Insight混合动力发动机，2010

驾驶技术
发动机的位置

汽车发动机没有绝对正确的摆放位置。早期，汽车业的传统是把发动机放在车头，发动机通过传动系统将动力送到后轮，然后驱动汽车前进。这一布置形式的质量分配较为均匀。1945年，大众打破了传统，它在全新的甲壳虫中将发动机放在车尾以优化布局。1959年Mini诞生以后，前置发动机、前轮驱动的布置方式很快也得到了普及，这一布置形式具有很强的抓地力，前进时相当稳定。自60年代中期起，兰博基尼Miura、莲花Europa等跑车则开始仿照赛车采用的中置发动机，以提供最好的操控平衡性。

EMD 487K

莲花Europa仿照F1赛车的形式将发动机放在了底盘中间

▽ 寒冷测试，2013

为了保证不同地区驾驶者的驾驶体验，车企会在极端的条件下进行汽车测试。图中的是麦克劳伦（McLaren）P1的原型，车身贴上了一层白色花纹，可与环境融为一体，驰骋在瑞典北部的冰湖之上。

排放造假

大众汽车尾气排放造假事件于2015年9月曝光，在媒体和环保部门之间引发了巨大的争论。争论的焦点主要集中在汽车排放协议以及是否应该禁用柴油车。

2015年，美国汽车专家发现，大众为保证能通过严苛的美国排放测试，在新发布的柴油车上动了手脚，这引发了一系列令人意想不到的连锁反应。

根据消息透露，大众在多达1100万辆柴油车上安装了作弊软件，它在实验室测试环境下会被激活，进入"低排放"模式。但一旦驶上实际路面，汽车实际产生的氮氧化物排放量要比美国标准高出整整40倍。这一欺诈行为最终被揭露，大众赔偿了高达175亿美元用于补偿车

主和净化空气。媒体将这一事件称为"排放门"，不仅是大众，奥迪、西雅特、保时捷、斯柯达等大众旗下的品牌都受到了影响。然而，尽管造假被美国发现了，但大众一直以来都标榜自己的发动机"清洁"，因此该车型已经被卖到了世界各地。

柴油的危害

这一事件的曝光让政府对柴油车的排放问题重新进行了审视。讽刺的是，

直到2012年仍有许多政府将柴油视为"未来的燃料"，因为它产生的二氧化碳比汽油机少一些。例如，2001年英国大臣戈登·布朗（Gordon Brown）宣布为柴油车减免关税，以鼓励更多人从汽油车转向柴油车。2012年，官方的态度发生了180°转变，因为欧洲环境协会表示每年有多达71000人因为吸入柴油机排放的氮氧化物而死亡。"排放门"事件更是重新激起了人们对柴油机威胁公众安全的声讨。

▽ 致命的排放

据估算，汽车行业松懈的柴油机排放测试导致了38000名未成年人的死亡。

△ "排放门"抗议

抗议人士在德国沃尔夫斯堡大众总部的门口，站在大众的车上，举起"别再说谎了"的牌子。

大众汽车尾气排放造假事件发生的几个月后，153 个国家签署了联合国《巴黎气候变化协定》，希望在 21 世纪中叶实现零排放的目标。这让汽车制造大国以及推崇柴油机的国家左右为难，尤其是欧洲国家。欧洲柴油车的销量一直比汽油车史好，而且 90 年代以来柴油的需求量增长了 3 倍。事实上，2013 年德国就已经与英国达成了秘密协定：德国会帮助伦敦金融城阻止欧洲限制银行家奖金的推进，而英国则会帮助德国抵制欧洲日益严苛的排放政策。

降低排放

《巴黎气候变化协定》确实推进了欧洲"去柴油化"的进程。法国率先宣布将在 2040 年前停止生产和使用内燃机，不只是柴油机，连汽油机也包括在内。其他国际汽车制造商也纷纷响应。不过日本早已占据了混合动力车的市场，已经为欧洲降低了 16% 的二氧化碳排放。而短期内，反柴油机的举措也会在各地实施。柏林市中心禁止了老式柴油车的进入，而巴黎、奥斯陆、香港、马德里、墨西哥城等城市也陆续开始采取行动限制或禁止柴油车。尽管柴油车的消亡看似无法避免，但可能还有一种解决方案：自 2008 年起，有人从废弃脂肪中提炼出了"可再生柴油"，现在也成了一种新型的能源，这说不定就是柴油机最后的救命稻草。

驾驶技术
生物燃料

传统的汽车燃料由原油提炼而来，与煤炭一样，都需要历经上百万年才能够形成。这些燃料不可再生，早晚会枯竭，而且在燃烧时会产生有害物质，因此人们需要寻找替代品。由植物制成的"生物燃料"就是其中之一，这种能源可谓永不枯竭。

生物燃料中发展最成熟的就是生物柴油。生物柴油由菜籽油制成，不需要做任何改动就能放到柴油机中使用。还有就是生物乙醇，由从小麦、甘蔗中提取的糖分发酵而成。燃烧生物乙醇需要对发动机进行一定的改进，但是大多数先进的汽油机中可以直接混入10%的乙醇进行燃烧。

雪佛兰Volt的底盘，这是一款概念电动车，能够将电能、汽油、生物柴油作为能源。

"这些不法行为与'大众'所代表的含义背道而驰。"

——马丁·温特科恩博士（Dr. Martin Winterkorn），大众CEO

◁ 召回的大众柴油车

在"排放门"之后，大众对33万辆车进行了退款召回，并将它们置于停车场中。图为密歇根庞蒂亚克某处的停车场。

自动驾驶汽车

自动驾驶汽车被标榜为未来的交通工具，随着汽车制造商对其研发的加大投入，自动驾驶汽车已经驶上了真正的道路。但是在自动驾驶汽车普及之前，还有一些问题需要解决。

△ Firebird Ⅱ
Firebird Ⅱ（左）是通用在1956年发布的概念车，由哈利·厄尔（Harley Earl）（中）设计，其引导系统能够读取路面上的传感器信息。

自动驾驶汽车的设想已经存在了长达一个世纪。汽车行业刚具雏形时，艺术家、工程师们就开始构想无须人为控制的汽车会是怎样的。

早期的尝试

早在 1925 年，第一辆"无人"驾驶汽车——由胡迪纳无线电控制公司（Houdina Radio Control）发明的无线电控制汽车就诞生了。它的发明者是前军队工程师弗朗西斯·胡迪纳（Francis Houdina），该车通过接收后方随行车的无线电信号，成功地在纽约市内安全地行驶了一段距离。

交出控制权

尽管胡迪纳的尝试还算成功，但接下来的数十年自动驾驶汽车几乎没有取得任何进展，直到通用开始介入。1956 年，通用的 Firebird Ⅱ 概念车配备了面向未来高速公路的传感器，它能够接受外界的信号并做出反应，以保障乘车人的安全。

这一概念在 60 年代得到了进一步发展，甚至获得了美国公共道路交通运输局和英国道路研究实验室的大力支持，不过却未能取得任何进展。自动驾驶领域真正意义上的技术进步出现在 1958 年——克莱斯勒帝国成为第一款搭载自动巡航系统的车型，司机第一次不用踩着加速踏板就能让汽车以固定的速度行驶。

尽管 70 年代又有一些零零星星的发展，但第一辆真正的自动驾驶汽车——VaMP 在 1995 年才出现。VaMP（德语"实验型自动驾驶汽车与电脑视觉"的缩写）是一款梅赛德斯 S 级的改装车，在它从慕尼黑驶往哥本哈根的途中，最高速度达到了 175 千米 / 时。这一项目由 EUREKEA 普罗米修斯计划——一个致力研究创新的泛欧跨政府合作组织资助，VaMP 也为今天的自动驾驶汽车奠定了基础。

DARPA 超级挑战赛

DARPA 超级挑战赛开始于 2004 年，比赛中表现最好的自动驾驶汽车会获得 100 万美元，这大大促进了自动驾驶技术的创新。DARPA 隶属于美国国防部，超级挑战赛也吸引了来自世界各地的顶尖科学家，挑战赛在之后的 2005 年、2007 年继续举办。每次比赛都会将自动驾驶技术带上一个新的台阶。谷歌（Google）团队在比赛中脱颖而出，它在 2009 年发布了世界上最先进的自动驾驶汽车。

同时，各大车企，例如宝马、大众、通用都向自动驾驶领域加大了投资。本田宣布将在 2020 年发布一款几乎全自动驾驶的汽车，而宝马也宣布将在 2021 年发布自动驾驶汽车——司机只需在紧急状况下进行控制。

◁ DARPA超级挑战赛
2005年，斯坦福（Stanford）赛车团队的自动驾驶汽车冲过了DARPA超级挑战赛的终点。这场赛事也成为诸多潜在新兴军事技术的试验场。

△ 特斯拉Model 3
特斯拉Model 3发布于2017年，在特定情况下能够实现半自动驾驶。这也是一款续航里程达350千米的纯电动汽车，仪表盘采用触控屏而非传统的刻度盘。

"未来，不能自动驾驶的汽车都会显得很奇怪。"

——埃隆·马斯克（Elon Musk），特斯拉CEO

前途未卜

经过长达1个世纪的演变，今天，自动驾驶终于快要走上大众舞台了。然而，相应的基础设施并未跟上自动驾驶技术正在加快的发展脚步。现在，如果自动驾驶汽车发生了事故，责任认定仍然是个问题。另外，自动驾驶汽车对保险行业也有负面影响。保险公司必须尽快将更安全、事故更少、保费更低的自动驾驶汽车纳入考虑。

驾驶技术
未来的驾驶

在驾驶由计算机掌控、汽车需要与外部无线连接的时代，保障网络的安全性至关重要。为了不被黑客攻击，许多车企正全力开发一套安全网络和软件实时在线更新的系统。业界专家认为，自动驾驶汽车的普及会让私家车保有量降低。由于自动驾驶汽车租车更简单，人们的出行完全可以由第三方出行服务平台根据乘客的需求——例如上班或购物——进行定制，这也就是我们所说的共享汽车。不过，这只是自动驾驶对未来汽车文化影响的冰山一角。

图中的车主正在自动驾驶汽车的驾驶舱内读书，他也可以选择手动驾驶

复合空气动力学特点的外形能够将性能和行驶里程最大化

由于取消了燃油发动机，前、后舱都可以放置行李

△ 捷豹i-Pace，2016
i-Pace将成为捷豹2018年首款概念电动汽车。单次充电后的续航里程能达到482千米，加速至96千米/时的时间仅需4秒。

由前置电机驱动4个车轮

掀开海鸥翼形的车门进入车内

直径60厘米的超大轮胎

△ 梅赛德斯-迈巴赫6，2016
迈巴赫6在2016年加州卵石湾汽车巡展上华丽登场。这款豪华版电动汽车身长6米，却只是"2+2"的座位布置。它可以通过电磁场进行无线充电。

未来概念

今天的汽车正面临着汽车产业诞生以来最大的变局。自动驾驶技术的发展和推广带来了新的挑战，前人未敢尝试的设计在今天成为可能。概念车就是车企的试验场，供它们探索各种全新的操控、动力、承载模式。甚至一些曾经的常识性的问题——是否需要玻璃窗、乘客该坐在哪里的答案在未来或许也会被改变。其中一些概念与现在的量产车很契合，还有一些更像是对未来的幻想，但它们都各具魅力。或许只有时间会告诉我们谁将成为道路的新主人。

▷ 大众Sedric，2017
这是大众集团对未来自动驾驶汽车的设想：全语音控制，没有方向盘，没有操纵杆，没有任何传统的控制手段。

◁ 空客（Airbus）
Pop.Up
地面与空中的独立模块会带着车内的乘客去往城市的各个角落。人工智能系统则会提供最优的行驶路线和模块选择。

"现在是发展电动汽车的**好时机**——实际上是最好的时机。"

——卡洛斯·古森（Carlos Ghosn），雷诺主席兼CEO

△ 丰田i-TRIL，2017

丰田i-TRIL在2017年日内瓦车展亮相，丰田认为i-TRIL将会是城市轿车、小型掀背车、摩托车的替代品。它旨在为城市驾驶带来热情与欢乐。

"1+2"的座位布置

蝴蝶展翅般的开门方式让乘客更方便进出

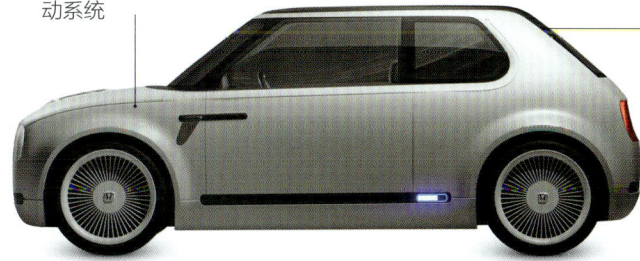

△ 本田Urban EV，2017

本田的这款电动汽车可容纳4个人，外观矮矮胖胖，相当复古。木质仪表盘中装有信息屏。

纯电动驱动系统

前、后均装有显示屏，司机能够与其他车辆的司机"对话"

Welcome!
Where shall we go?

伟大的旅途

全球经典驾驶路线

北美洲

加拿大

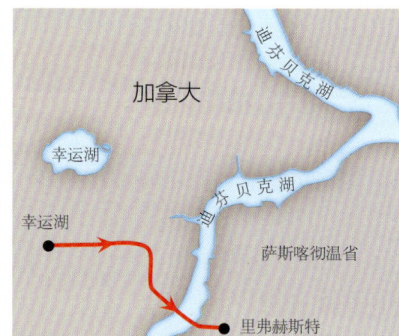

42 号公路跨越了加拿大的萨斯喀彻温省（Saskatchewan）——这片平原上星星点点地散布了 10 万个湖泊——同时又将相隔 199 千米的 2 号公路和 15 号公路相连。大约在半程时，42 号公路会穿过迪芬贝克（Diefenbaker）湖——一个深 60 米的人造水库，湖上的路段长约 1.6 公里。

从幸运（Lucky）湖到里弗赫斯特（Riverhurst）全程 25 千米。夏天时，想要通过迪芬贝克湖必须得乘坐传统的汽车渡轮，渡轮全天候免费开放，但每小时只发一班，一班只能载 15 辆汽车。而到了冬天，湖面结冰并覆上一层白雪，这是穿过此路线的最佳季节。人们无须再等待轮渡，因为冰面成了 42 号公路的一部分，这也就是加拿大最著名的冰上道路"里弗赫斯特横渡"。这段冰上道路景色宜人，令人振奋。

横渡一片冻湖或许听起来有些危险，但事实上这条路线非常安全。冬天将近时，公路局就会仔细地画出一条冰路。车道上的积雪会被铲走，车道旁则排列着锥形路标，提醒司机不要超过 50 千米 / 时的限速。最大车重被限制为 5 吨，但普通家用轿车或 SUV 基本不可能达到这一重量。

公路局宣布开放道路之前，人们是不能在这片冰面上驾驶的，违反法规的冒险者们会被处以高额的罚款。冬天将结束时，专家会开始测量冰面厚度，一旦存在安全隐患，道路就会被封闭。此时，再想到湖对岸就会变得非常麻烦。

在湖面的初冻期和融化期，车辆无法通过，船只也无法通行，此时的 42 号公路就被这片湖泊拦腰截断了。

加拿大

长达 11 千米的幽鹤谷道（Yoho Valley）以加拿大横贯公路为起点，紧邻舒斯瓦普（Shuswap）湖。起点处的警告标示提醒司机这条路不适

一辆汽车正行驶在萨斯喀彻温省的迪芬贝克冻湖上

幽鹤谷道位于不列颠哥伦比亚省

合房车和拖车行驶。幽鹤谷道狭窄弯曲，急转弯数目众多，笨重的房车很难在此驾驭。即使是在最适宜驾驶的天气，幽鹤谷道也是属于小轿车和摩托车的道路。

加拿大是一个拥有许多史诗般的旅行公路、北极车辆冒险路线和刺激的驾驶挑战的国家。其中相当一部分都是长距离高速公路，提供了绝美的驾驶环境。幽鹤谷道可能只是条相对小众的道路，但它却能让车主们领略到落基山脉错综复杂的道路和精美绝

伦的美景。

幽鹤国家公园在不列颠哥伦比亚省，位于落基山脉的西坡。Yoho是克里语，意为敬畏与奇迹，该公园也是加拿大落基山脉世界遗产的一部分。游客中心位于幽鹤谷道旁的菲尔德（Field）小镇。菲尔德是整个国家公园中唯一的居民区，常住人口约200人。伴随着山川河流，幽鹤谷道将游客们引入了一片广袤的山谷之中，同时它也是唯一一条能够欣赏到园区中最壮观的景点——塔卡考

（Takakkaw）瀑布的道路。瀑布由达利（Daly）冰川的融雪形成，水流从300米高的悬崖上倾泻而下。塔卡考瀑布也是加拿大第二高的瀑布。隆丰水期，水从悬崖奔流而下，为山谷蒙上一层朦胧的白雾，彩虹更是随处可见。

谷道的终点是一座停车场，游客可以直接前往瀑布观景点，也可以选择一条幽径徒步进入山间探索更多美景。游玩结束后，游客们必须回到车中，原路返回加拿大横贯公路。

受限于冬天恶劣的天气，幽鹤谷道仅在6—10月开放，若想前往，最好提前咨询。

▽ 佛罗里达群岛

美国

美国

墨西哥湾　佛罗里达　迈阿密

基韦斯特　基拉戈　大西洋

马拉松

在群岛之旅正式开始之前，我们可以先感受一下佛罗里达最具活力的海滩生活。沿着迈阿密海洋大道驾驶，你将感受到炫酷的城市海滩、时尚的艺术酒吧旅馆、光鲜亮丽的摩天大楼。

穿过繁华的迈阿密，沿着1号公路一路向南就能抵达旅途的起点——佛罗里达半岛。在这里，地势低洼的岛屿连成一道柔和的曲线，仿佛为墨西哥湾戴上了一串项链。流畅、平坦的公路从基拉戈（Key Largo）岛开始，共延绵267千米，最后到达基韦斯特（Key West）。这是条世界级的驾驶路线，让人们能够近距离地感受加勒比的魅力，体验与喧嚣的迈阿密城市风光之间的强烈反差。

全程共途经43座岛屿，岛屿的名字中大多包含"key"——来源于西班牙语"cayo"，意为小型的岛屿。整条路线由一连串桥梁与堤道组成，

在这42座桥梁中，最长的一座坐落于墨西哥湾，长约11千米。驾驶时，宛如直接漂浮在波光粼粼的热带碧海之上，沉浸在岛屿与海洋共同带来的视觉享受之中。

各座岛屿多由珊瑚与石灰石组成，上面覆盖着能在半咸水中茂密生长的红树林。除此之外，还有大量的棕榈树为沙滩遮阳。各类野生动物，小至鹈鹕、海龟，大到海豚、海牛，均随处可见。

基韦斯特位于美国的最南端。在这里，棕榈摇曳，人们享受着舒适的生活；许多异国风情的花园古宅、光怪陆离的艺术品商店坐落于此。

这座岛屿还是垂钓者及水中运动爱好者的圣地。你可以去珊瑚礁附近潜水、坐船出海，甚至下海游泳。你也可以选择躺在海边的吊床之中，或是前往邋遢乔酒吧（Sloppy Joe's Bar）——这里曾是作家海明威（Ernest Hemingway）以及朗姆酒商哈巴纳·乔（Habana Joe）的最爱。

不管怎样，基韦斯特是不容错过的自驾游胜地。坐在基韦斯特的岸边，古巴可能都比美国本土离你更近一些。

佛罗里达群岛上壮丽的公路通往海洋中央

路易斯与克拉克小道上的游览信息

△ 路易斯与克拉克小道

美国

一直以来，《美国景观道路图鉴》（US Scenic Byways）会为广大游客提供官方认定的最具魅力的美国道路。而这条长达 280 千米、依傍于清水河谷（Clearwater River Canyon）、穿越爱达荷州山区、坐落于偏僻小镇之间的小道就是其中之一。

这条小道的地势并不复杂，其中遍布了 19 世纪探险家路易斯（Lewis）和克拉克（Clark）的足迹。路易斯和克拉克这对搭档正是受时任美国总统托马斯·杰斐逊（Thomas Jefferson）的任命，对这片土地进行勘查、探索和开拓。

1804 年，探险者们穿越这片土地之后，小道依然保留了自己原有的特色。而 1925 年美国 12 号公路的建成使人们能够更加轻松地重走探险者之路。

地狱之门州立公园（Hells Gate State Park）是整条线路上最大的亮点，除此之外沿途还有许多历史名胜。相传，曾经有一位印第安土著帮助路易斯与克拉克艰难地穿过了海拔 1595 米高的罗洛山口（Lolo Pass）。这条路线至今仍保留，人们可以沿着它进入蒙大拿州，不过其地势崎岖依旧。

▽ 恶龙之尾

美国

恶龙之尾（The Tail of the Dragon）是美国 129 号公路的延伸，这条 18 千米长的道路穿越了一片风景秀丽的丘陵森林，沿途有 318 处弯道，在狂热驾驶者中颇受欢迎。在美国这样一个以道路宽敞、平坦而著称的国家中，这样一条险道无疑带来了独特的驾驶体验，其中许多急弯都有特别的名字，例如引力穴（Gravity Cavity）、日落角（Sunset Corner）、新手末日（Beginner's End）、泥潭角（Mud Corner）。

这条公路穿过了大烟山国家公园且全年开放，尽管公路上鲜有岔口，却也是事故频发路段。导致事故频发的原因除了复杂的地形外，最重要的是变幻莫测的气候，雨和雾随时都会毫无征兆地出现。2005 年，恶龙之尾处的车速被限制在 48 千米 / 时以下，警方也会经常在这一路段处罚超速的司机。

恶龙之尾在不少好莱坞影片中出镜，例如罗伯特·米彻姆（Robert Michum）的《雷霆之道》（Thunder Road, 1958）、蒙特·希尔曼（Monte Hellman）的《双车道柏油路》（Two-Lane Blacktop, 1971）、哈里森·福特（Harrison Ford）的《亡命天涯》（The Fugitive, 1993）。

恶龙之尾，协议峡谷

大瑟尔上壮观的比克斯比河（Bixby Creek）大桥

△ 1号公路大瑟尔

美国

卡梅尔 加利福尼亚州

普费弗峡谷大桥

圣卢西亚山脉

美国

太平洋

圣西蒙

1号公路沿着加利福尼亚中部海岸线而建，被认为是世界上最伟大的公路之一。从洛杉矶到旧金山645千米的旅途中，最壮观的还属大瑟尔（Big Sur），其名字来源于西班牙语"el pais grande del sur"，意为南部的大国。

这段道路就建在悬崖边——西边是太平洋，东边则是绵延137千米的圣卢西亚山脉。而起点与终点分别是两座海滨小镇——卡梅尔（Carmel）

和圣西蒙（San Simeon）。海拔1524米的山峰与太平洋海岸之间仅相隔1600米，形成了美国最长的未开发海岸线，或许也是这片大陆最美丽的海岸线。

加州是美国科技的心脏，但这条道路上却鲜有文明的足迹。许多路段没有手机信号，甚至地质都不稳定，因此出发时要备足燃料。2017年春，一场山体滑坡将98米长的普费弗峡谷（Pfeiffer Canyon）大桥彻底摧

毁。现在大桥已经修复，道路也重新对游客开放。

尽管这条道路险象环生，却有着与内陆高速公路截然不同的景致。路面大部分都与海面齐平，也有的会升至海拔305米。途中会穿越郁郁葱葱的山谷；向下俯冲时，眼前是无垠的海洋；扬起车头时，面朝着奔流的瀑布；站在山巅时，能将太平洋边的原始海滩一览无余。海豹是海滩的主人，幸运时或许还能看见鲸鱼；山顶

则点缀着巨大的红木和仙人掌。

许多游客喜欢沿大路畅快地飞驰，但如果仔细探索这片区域，会发现有许多山间小道。随意选择一条就能感受到最原始的加州。

山坡旁有几家时髦的生态旅馆，为旅客提供俯瞰大海的露台。沿途上也有诸多停车点，在此驻足，游客大可以放松紧绷的神经，无须为惊险的弯道和高耸的悬崖担心，尽情享受加州海滩、岩石、天空构成的自然画卷。

▽ 华盛顿山

美国

华盛顿山（Mount Washington）位于新罕布什尔州，海拔 1917 米，是密西西比河以东最负盛名的山峰，也是美国东北部最高的山峰。

或许，有些游客想在这片新英格兰的土地上进行一场舒适、惬意的自驾游，华盛顿山可能要让他们的愿望落空了。这是美国大陆最艰险的上坡之一，山顶的飞沙走石让许多老司机都望而却步。华盛顿山至今保持着北半球最强的风速纪录——372 千米/时。而且更可怕的是，1 年中有 110 天山顶都刮着如龙卷风般的强风。山顶的温度同样极端，最高时可达 22℃，最低至 -51℃。不过，如果选择一个吉日，尤其是夏天，这段路也并不算特别难行，自山顶眺望的景色更是美不胜收。

自 16 号国道开始，驶过一段8000 米长的收费公路，就能达到海拔 1408 米的高点。尽管华盛顿山上大部分路都狭窄陡峭，但这段路却相当容易行驶，曾经无人问津的地区现在也成为游客众多的景点。如果你不愿意开车，夏天可以乘坐旅行大巴，冬天也会有履带车将你送上山巅。

华盛顿山的山路

车辆缓缓驶下九曲花街

△ 九曲花街

美国

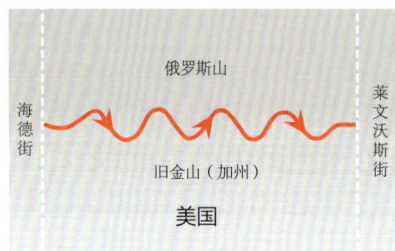

旧金山的伦巴第街（Lombard Street）是一条繁忙的大街，东至普西迪基地（The Presidio），西至内河码头（The Embarcadero），但其中一条 180 米长的小路却吸引了成千上万的游客。驻足于这条小路，能够纵观旧金山湾、恶魔岛（Alcatraz）、海湾大桥的景色，不过这还不是最特别的地方：这条短短的下坡有足足 8 个急弯，吸引众多游客前来体验，因此也得到了"九曲花街"的美名。

这段路建于 1922 年，弯曲的设计是为了减缓下山的坡度。但是今天，这条路已经被铺上了红砖，周围则是装饰精美的绿化带，穿过名为俄罗斯山（Russian Hill）的高档社区。当地居民每天都可以看到许多游客在九曲花街上测试爱车的刹车性能。假期中，这条街则变得更加繁华。车辆头尾相接，有时汽车长龙可延绵数千米，缓缓驶下这座小山坡。九曲花街的限速是 8 千米/时，只能单向通行。

九曲花街极具特色，因此成为大量好莱坞影片的取景地，例如阿尔弗雷德·希区柯克（Alfred Hitchcock）的《迷魂记》（Vertigo，1958），以及比尔·科斯比（Bill Cosby）的《旧金山车神》（Driving in San Francisco，1969）。

傍晚的日落大道

△ 日落大道

美国

日落大道（Sunset Boulevard）始于好莱坞高速公路（Hollywood Freeway）与哈伯高速公路（Harbor Freeway）的交叉口附近，位于洛杉矶市中心林立的摩天大楼之间。旅途刚开始时，日落大道可能与其他繁忙而宽敞的道路并无二致，但随着穿过回声公园（Echo Park）中灯红酒绿的夜店，绕过城市北部的高地，抵达世界闻名的景点——比弗利山庄（Beverly Hills）和好莱坞，沿途驾驶的乐趣不言自明。

毫无疑问，来到这条路上的人们都会抱有极大的期待：日落能够唤醒人们内心深处的情感。当然，日落大道也是美国流行文化的一部分，通过同名电影、电视剧、音乐剧《77号日落大道》（77 Sunset Strip）被观众熟知。

不过，与其他著名的道路不同，日落大道上既没有宏伟的自然景观，也没有崎岖险峻的车道。在日落大道上驾驶时，人们只需尽情享受——戴上太阳镜，播放朋克、摇滚、嘻哈音乐，打开车窗感受美国西海岸的海风。

日落大道全长32千米，其中最著名的路段在好莱坞的西侧。汽车徐徐前行，乘客则仿佛身临影视剧中一般。或许街道上鲜有名人漫步，但巨大的霓虹灯和广告牌下都是世界上最负盛名的酒吧、夜店、电影公司。这里是美国，从汽车到快餐店，每一个角落都是美国现代生活的缩影；这里更是洛杉矶，是美国电影文化的中心，餐厅里挂的是曾来用餐的名人照片，旧货店里卖的也许是哪位明星的第一把吉他。

棒球运动员乔·迪马济奥（Joe DiMaggio）曾于 1952 年在此与玛丽莲·梦露（Marilyn Monroe）进行了一场浪漫的约会。

▽ 场路
美国

历史悠久的 66 号公路从芝加哥延伸到加州，是世界上最知名的公路。20 世纪 30 年代，美国中西部民众受沙尘暴影响而开始迁徙，66 号公路正是在这条迁徙之路的基础上建成的。现在，它既是美国经典的长途旅行路线，也成为诸多音乐、电影、文学作品的创作背景。其中，最出名的就是斯坦贝克（Steinbeck）的小说

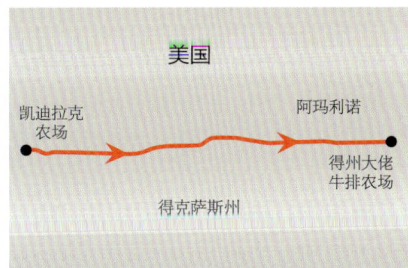

《愤怒的葡萄》（The Grapes of Wrath）以及爵士界传奇——纳京高（Nat King Cole）1946 年的歌曲《66 号公路》（Route 66）。

不过，3939 千米的长距离旅途或许会令人望而却步，而且其中也有部分路段未能延续迁徙遗迹，甚至相当无聊。因此，最好的方法就是从中选择一条最具特色的路段，例如凯迪拉克农场路（Cadillac Ranch Road）。在这条路上，所有人都能体验 66 号公路的历史感和经典的路景。

凯迪拉克农场位于得克萨斯州阿玛利诺西侧 16 千米处，其北边就是 40 号州际公路（曾是 66 号公路的一部分）。农场中有 10 辆凯迪拉克被埋在土中，堪称全世界最独特的汽车景点。这些凯迪拉克都是 1948—1963 年的车型，并且车身上都覆有五颜六色的涂鸦。起初，农场只是 1974 年临时搭建起的艺术品，但很快 66 号公路的旅行者们纷纷来此寻访，于是这一景点被保留至今，而且全天免费对外开放。

从凯迪拉克农场出发，沿着 66 号公路向东行驶就能进入得州古老的牲畜贸易城市阿玛利诺。再往前走就能到达得州另一个著名的景点——得州大佬牛排农场（Big Texan Steak Ranch）。路边建有一座汽车旅馆，旅馆边上则是巨大的公牛模型和戴着牛角的加长版白色凯迪拉克，旅馆中还有依照得州地图形状而建的游泳池。

所有人都可以来牛排农场免费享用 2 千克的牛排和薯条，但如果 1 个小时内吃不完，就必须得支付 72 美元。最快吃完牛排农场牛排的世界纪录由一位女性保持，她仅仅用时 15 分钟就吃完了一整块牛排，随后开始挑战第 2 块。而一头母狮子则保持着全物种纪录，它在短短 80 秒内就吞下了一大块牛排。

这里的酒吧还有"Whisky a Go Go"，在这里诞生了一批又一批的流行乐队，例如大门乐队、飞鸟乐队、范·海伦乐队、克鲁小丑、枪炮玫瑰等。

还有，千万别错过彩虹烧烤酒吧（Rainbow Bar and Grill），这里永远聚集着摇滚乐的创作者和爱好者。基斯·穆恩（Keith Moon）和约翰·列侬（John Lennon）都是这里的常客，摩托头乐队的雷米（Lemmy）更是每天都会来这里玩纸牌。酒吧曾经的名字叫维拉诺瓦（Villa Nova），

得州大佬牛排农场，提供全得州最大的牛排

南美洲

墨西哥湾
墨西哥 伯利兹
危地马拉
古巴

大西洋

委内瑞拉
哥伦比亚
科隆群岛
厄瓜多尔

秘鲁
巴西

太平洋
玻利维亚
智利
巴拉圭

阿根廷
乌拉圭

大西洋

▷ 尤卡坦半岛

墨西哥

金塔纳罗奥州
坎昆
莫雷洛斯港
卡门海滩
加勒比海
释普哈海滩
科苏梅尔岛
墨西哥
图卢姆

驶上这条 129 千米长的大道，沐浴在和煦的阳光之中，便踏上了精美绝伦的尤卡坦半岛和碧蓝的加勒比海的探索旅途。度假胜地坎昆是旅程的起点，那里遍布着令人眼花缭乱的酒吧，然后将驶上一条沙滩路，车道两侧都是水晶般清澈的海洋。随后驶入 307 号公路并沿着海岸线一路向南，右边是琳琅满目的夜店，左边则是椰树林立的沙滩。

途中将经过卡门沙滩，边上是奢华的海滨酒店——能从高处俯瞰整片沙滩与海洋。海对岸不远处便是美丽的科苏梅尔岛，乘船很快便能到达这个水上运动胜地。307 号公路继续向南延伸，穿过茂盛的植被后，最终到达了图卢姆。图卢姆以热闹非凡的工艺品市场而闻名，其中甚至还有一些隐于市井的考古宝藏。

玛雅古城的遗迹耸立在海滩高处、岩石岬角的丛林之中，其中最引人注目的就是悬崖顶部的卡斯蒂罗（Castillo）瞭望塔和平图拉圣殿的壁画。

▷ 跨越安第斯山脉高速

委内瑞拉

蒂默特斯
委内瑞拉
7号公路
梅里达
埃拉吉拉山
阿帕塔德罗斯

安第斯山脉高速长达 1610 千米，穿越了整个委内瑞拉。它由囚犯们在二战之前修建而成，便于军队镇压地方起义。现在，其官方称谓是 7 号公路，也是南美洲最美的公路之一。从委内瑞拉中心沿着道路跨越高耸的北安第斯山脉，一直到达与哥伦比亚的交界处的圣克里斯托瓦尔，人们能在驾驶的同时享受到探险带来的快乐。

不过，即使你无法走完全程，你也可以选择享受其中最具特色的部分，例如从阿帕塔德罗斯（Apartaderos）到蒂默特斯（Timotes）的 48 千米路段。这段路位于埃拉吉拉（Collado del Cóndor）山巅，海拔高达 4118 米，是委内瑞拉境内地理位置最高的路。地形因素影响，这条道路蜿蜒曲折，但铺上柏油路面后行驶也并不困

鸟瞰坎昆的度假区

跨越安第斯山脉的高速公路上蜿蜒的道路

难。天气晴朗时，途中能看到更加壮丽的景色。山巅有一座小教堂、一家咖啡馆、一家纪念品商店，还有标志性的秃鹰雕塑。秃鹰是为了纪念西蒙·玻利瓦尔（Simon Bolivar）在

1813年带领军队跨越了安第斯山脉。跨越山口后，可以继续向前进发，前往马拉开波湖。

▽ 奥林匹克山

秘鲁

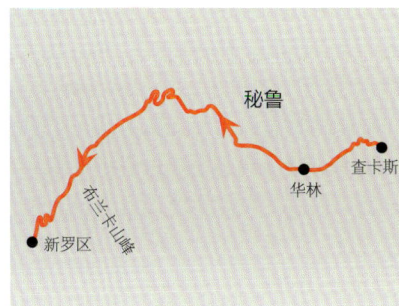

AN-107号公路坐落于安第斯山脉的奥林匹克山，是世界上最高的公路之一，也拥有着世界上最高的隧道。隧道海拔高度为4735米，长度为1200米，能够带给人紧张刺激的驾驶体验。

在隧道建成之前，若想通过奥林匹克山，必须跨越白雪皑皑的布兰卡山峰，但其道路蜿蜒曲折、崎岖不平，是世界上最危险的山道之一。隧道建成之后，人们无须再爬上山顶，秘鲁政府也对隧道以下的路面进行了大幅完善。今天的奥林匹克山坐拥绝美的景色，被当地人称为"千曲之路"，尽管政府只重新修建了46个弯道。

如果想追求更刺激的体验，可以绕过隧道，爬上305米高的山顶，那边还有21个急弯。不过，在隧道修建完成之后，政府再未对这一路段进行维护，因此再次变得非常危险。只有最坚固的越野车才有可能踏上这条被忽视的老路，即便如此，司机也得格外小心。若想更进一步，还可以选择骑越野摩托，甚至穿上登山靴、备上防滑钉，徒步登山。

奥林匹克山的盘旋山路通往奥林匹克隧道

云盖路沿着双子湖湖滨而建

△ 云盖路

秘鲁

科迪勒拉山系中的布兰卡山脉是安第斯山脉的一部分,终年被白雪覆盖,其中最为世人熟知的景点就是双子湖(Llanganuco)——奥科科查湖(Orconcocha)和齐纳科查湖(Chinancocha)。这对优雅的绿松色湖泊坐落于3850米的高山之上,高度与秘鲁最高峰瓦斯卡兰山不相上下。二者在陡峭的山崖之间并排而立,中间被一小片狭窄的陆地分割。

若想前往这片双子湖,可以选择云盖路,或者叫106号公路。这条未经铺设的石子路蜿蜒进入深山中曾经的省府——云盖。1970年,一场

巨大的地震摧毁了这座小镇,20000名居民丧生。云盖路的终点便是山巅,可以在上面俯瞰这座充满悲剧色彩的小镇。

毫无疑问,这条路的驾驶难度相当大。不过对经验丰富的司机而言,这样的路况并非罕见。如果你只会在柏油路上开车,那就变得非常麻烦。除了狭窄的急转弯、崎岖不平的路面之外,时常还会出现陡峭的上下坡。在狭窄的道路上遇到迎面而来的车辆,场面会变得更加滑稽。

▷ 塞拉都里约都拉斯特罗路

巴西

塞拉都里约都拉斯特罗（Serra do Rio do Rastro，以下简称塞拉）是巴西东南部圣卡琳娜州一座奇妙的山脉。塞拉山脉翠绿的山峰距离海岸80千米，仿佛从平原中拔地而起。

山脉比周围的平原高出上千米，因此天气晴朗时可以从山上清晰地望见远处的大西洋。山谷中层层叠叠布满了险峰、石崖、雨林，而山顶却是一片贫瘠的高原，能够纵览山下美景。

高原上有几处生态酒店供人歇脚，但是前往山顶的道路却只有一条——SC390，当地人称之为塞拉路。这是巴西最知名的高速路，从劳罗穆勒开始，穿越一片需行驶25千米的树林后抵达圣若阿金。

在这条道路上冒险仿佛成为巴西的国家传统，每年在这里举办的自行车、汽车赛事不计其数，许多人驱车数百千米只为征服这一险道。塞拉路上兼具挑战与美景，该公路坐落于两

林之中，需经过250余个急转弯才能攀上这座悬崖，其中最困难的部分是前11千米，司机要在这短短11千米内上升1460米。

树林中有多彩的小鸟、奇异的植物、可爱的浣熊，不时还能听到猴子的尖叫。自然风光当然是塞拉路魅力的一部分，但更重要的是这条路本身。行驶在道中，便能不时看到远处迂回曲折的路线。

这条路的铺设材料是混凝土，因此大多数情况下都非常平整。但当地的气候非常极端，路面在夏天会被阳光曝晒，在冬天又会遭受风雪侵袭，因此路面经常开裂。冬天的暴雪与雪崩甚至会导致整条道路被封闭，结冰的路面对车手而言也是巨大的考验。

沿途有大量的急弯，而且大部分都只有一堵矮矮的围墙作为护栏，一不小心，车辆就可能跌入山谷的深渊之中，而SC390公路最令人震惊的

地热谷中神秘的间歇泉

地方，尤其是对丛林道路而言，是它在晚上是常亮的，灯光的电力由风车提供。夜幕降临之后，从远处看，这条道路散发着神秘的光芒，引领着人们穿梭于山林之间。

塞拉路在巴西雨林中蜿蜒穿梭

△ 阿塔卡马沙漠路

智利

阿塔卡马沙漠的面积约为12.95万平方千米，土地贫瘠、少有树木，其间星星点点地分布着咸水湖、火山遗迹和矿产资源，是地球上最干旱的地区。其中的沙漠路段长达88千米，始于圣佩德罗-阿塔卡马，终点在地热谷。整条路都处于高原之上，起点的海拔高度为2130米，而终点则高达4267米，在出发之前甚至需要花上几天时间来适应高原环境。

准备充分之后，就可以踏上B245公路北上了。这条公路非常平顺，也不用担心风雨的困扰，可以直接进入安第斯山脉的深处。路上能够领略不同寻常的沙漠风光，而终点地热谷也是世界上间歇泉最密集的地方，小小的镇子中就包含了多达80座间歇泉。日落时分，在安第斯山脉的环抱下，泡在热腾腾的温泉中，这正是欣赏间歇泉的绝佳环境。

非洲

▷ 猴面包树大道

马达加斯加

猴面包树是非洲东部的马达加斯加岛上最大的树木。这些奇特、巨大的树种只存在于热带地区。

猴面包树粗壮、光滑、闪耀的树干能长到 3 米宽、30 米高，而且只有顶端会伸出树枝，造型如盆栽般的树冠上会长出巨大的花朵和果实。这种外形像恐龙一般的古老树木，寿命

最长的已存活 800 年之久。当地人习惯称这种树为"倒长树""瓶子树"，甚至还有"森林之母"的名号——马达加斯加整座岛都曾是一片茂密的猴面包树林。猴面包树的最佳观赏地点是一条长约 260 米的猴面包树大道。这条大道尘土飞扬、崎岖不平，但两侧却种有 25 棵猴面包树，是全球最令人难忘、最抓人眼球的景点之一。

今天的猴面包树已经成为保护物种，这条大道也变成了国家自然遗产保护区。尽管猴面包树大道地理位置偏僻，往来的游客仍络绎不绝，当地也为游客们提供了特别的车辆接送服务。其中最受欢迎的就是旅行观光车——马达加斯加专属的丛林观光车，可以容纳 15 人。若想自驾游，那就必须开上一辆 SUV，尤其是在天气不好的情况下。

距离大道最近的小镇是岛屿西岸的穆隆达瓦。沿着前往安纳拉维亚的

落日余晖中的猴面包树大道

小路向东行驶 10 千米后，就能看到猴面包树大道的指示牌，然后左转北上。这条路未经铺设，路面坎坷不平，上面还有大量车辙。路边有潮湿的田野、甘蔗种植园、茂密的灌木丛等生态环境。这条道路在旱季时是干硬的土地，在雨季时则会变为湿黏的沼泽。驶过 7000 米后，就到达了目的地——猴面包树大道。游客必须离开观光车，徒步探索这条大道。

日出或日落时最适合前往猴面包树大道，专业的摄影师和摄影爱好者都会将这里作为打卡地点，捕捉灿烂天空下的非洲自然盛景。4 月是一

年中最适合前来游玩的季节，此时雨季刚过，树顶冒出了郁郁葱葱的绿色新芽。

在猴面包树大道游玩是免费的，但许多村民会在大道的起点售卖猴面包树形状的雕塑，这也是绝佳的纪念品。猴面包树对原住民的意义非同小可，这里曾经是祖先们神圣的家园，猴面包树的果实养育了一代又一代的马达加斯加人，因此大家都希望能够保护好猴面包树。

欧洲

▽ 西部群岛

苏格兰

这条 280 千米长的路线由苏格兰群岛与堤道、桥梁、轮渡组成。这可能是英国最激动人心的驾驶旅程。

连接着外赫布里底群岛的道路上有着美妙的海景、美丽的石楠色荒原、惊艳的沙滩。这片充满原始风情的土地让人心旷神怡、回味无穷。海边的水獭与海豹、耸立的巨石、优雅的风笛手、茅草顶篷的石屋，以及苏格兰最新鲜的海鲜，都会为这段旅途增光添彩。道路平坦且安静，路标为司机提供清晰、明确的引导。最大的难题也不过是一些任性的绵羊或是一些佶屈聱牙的地名。

而从主岛出发，沿着巴拉岛卡尔斯贝的轮渡滑道缓缓前行时，你很快就能发现这座岛屿的不同寻常之处。海湾中央耸立着的正是中世纪的基西木尔城堡（Kisimul Castle）。千年来，麦克尼尔（MacNeil）家族凭借着这座堡垒屹立不倒。不过，最近这座城堡已经交由苏格兰历史与环境保护组织维护，麦克尼尔家族每年则会象征性地收取一瓶威士忌作为租金。

哈德诺特小道

英格兰

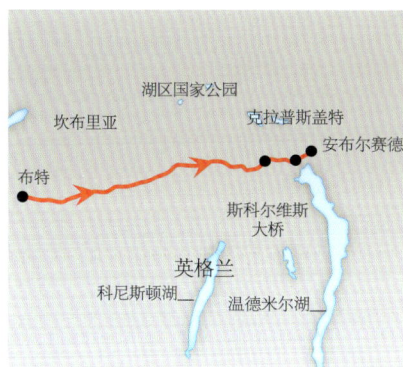

或许你觉得英国湖区国家公园会是一段如画般美妙的旅途，那这 24 千米绝对会艰难得让你大吃一惊。坎布里亚郡的哈德诺特小道（Hardknott Pass）是英国最离谱的道路之一，它对车和驾驶技能都提出了极高的要求。在晴天，或许大部分车还能勉强通过，但天气不佳时，就一定要驾驶四轮驱动汽车。

这条路的起点位于迷人的湖畔，此时便会有标示警告司机们将面临极大的挑战——路上充满急弯、陡坡，最大的坡度甚至可达 33°。即使在晴天，这都是极具挑战性的路段——更何况西部丘陵的晴天少之又少。这里的天气大多相当糟糕，强烈的侧风甚至能让雨滴横向飘洒，柏油马路上更是湿滑不堪。在极端恶劣的天气下，这条道路根本无法通过。

但只要驶过这段道路，惊喜也会随之出现：突然之间，路面平旷、豁然开朗，面前是未被现代文明侵染的世界，瀑布狂野地奔流而下，与陡峭的悬崖构成了丘陵中最极致的景色。夸张的地形与天空连成一片，牛羊在其中悠闲漫步，人类和汽车似乎不属于这片土地。

巴拉岛上的中世纪的基西木尔城堡

米洛高架桥

法国

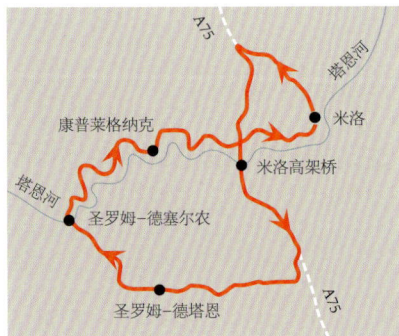

A75 高速公路以巴黎为起点，沿着蒙彼利埃方向一路向南。它仿佛一条混凝土构成的大江，穿越法国的大片河山。车辆也可以穿行于这条高速路，经过法国南部的塞文山区后，直达塔恩河附近辽阔的山谷。不过，接下来的路即使是最勇猛的司机也要敬畏三分——他们将穿过世界上最高的高架桥，即米洛高架桥（Millau Viaduct）。

在过桥时，司机必须全神贯注，牢牢把控好方向盘。这座斜拉桥的最高点离地 343 米，绝大多数支撑塔的高度甚至高于埃菲尔铁塔。整座桥长 2500 米，造价共 4 亿欧元。这座桥堪称艺术品，被评为世界最美桥梁之一。

不过，由于米洛高架桥的桥身并不长，即使放慢速度，通过这座桥也就在转瞬之间。因此，若想完整地、从各个角度体验米洛高架桥之美，可以到高架桥下的郊区去转转。图中"8"字形的环线，能够带你领略米洛古镇中如画般的美景。

2004 年米洛高架桥开放之后，米洛不再是人们长途旅行的必经之地，往来的车流也日益减少。尽管米洛恢复了平静，却也流失了大量的商机。其实，米洛是一座非常有魅力的小镇，但前来游玩的游客数量稀少，大部分人到米洛的目的都是为了做生意。

从米洛出发，稍稍拐几个弯就能驶上 A75 高速公路，向南行驶便能跨过高架桥。过桥后，人们可以选择离开高速路，走法国的乡间小道，欣赏一下圣罗姆-德塞尔农和圣罗姆-德塔恩等法国农村的美景。道路沿着塔恩河谷延伸，穿过米洛高架桥的正下方。此时，你又能从一个全新的角度欣赏这座大桥。

米洛高架桥有时甚至会高于山谷中的云层。在这样的天气下驶过米洛高架桥，绝对会是一次难忘的驾驶体验。

▽ 千曲之路

西班牙

西班牙的布拉瓦海岸是一条游客繁多的海岸线，尽管周围的旅游景点看似都井然有序、老少咸宜，但其实其中隐藏了一条十分刺激的道路——两大著名景点滨海托萨和圣费里乌德古绍尔斯之间的 GI-682 公

布拉瓦海岸的海滨托萨

路。这一路段也被当地居民称为"千曲之路"。其实，若只是想往返于两地，大部分人都会选择走内陆，稍稍绕点道；但是，如果想追求极致的驾驶体验，那就驶上这条路吧。千曲之路会直接跨过一座山峰，让你领略西班牙东北角的布拉瓦海岸最原始的风光。

不过要当心当地的摩托车车手在这条危险而狂野的道路上测试自己的爱车。这条路上下起伏、颠簸不平，急弯更是层出不穷，但百尺以下便是地中海，转头望去便是一片优美的海景。所幸，这条路上有很多观景点，你可以拍照、歇息，然后深吸一口气，继续这段惊心动魄的旅途。

斯泰尔维奥山路在奥特勒阿尔卑斯山脉上百转千回的道路

▷ 斯泰尔维奥山路

意大利

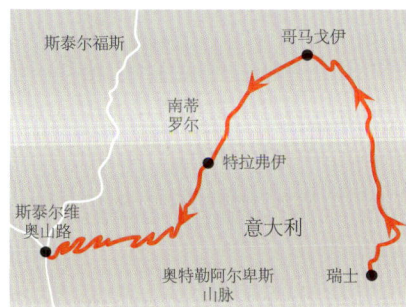

斯泰尔维奥山路长达 19 千米，跨越了奥特勒阿尔卑斯山脉，从意大利延伸至意大利和瑞士的边境，是欧洲海拔最高的公路。或许它不是最美的，但它常年占据全球最佳驾驶公路的位置。英国广播公司（BBC）的著名电视节目《疯狂汽车秀》（*Top Gear*）曾用 3 辆不同的超跑征服这一路段，并将其称为"极致的道路"。很快，这段山路在全球名声大噪。

48 个发卡弯会将你带到 2757 米高的山顶，然后在下坡时你还要再经过 34 个急弯，这正是这条山路最具魅力的部分。这段路对汽车的轮胎、车手的手臂灵活度和方向感都有着极大的考验。

在其他路段，车道狭窄而陡峭，对司机和汽车同样是极大的挑战。但任何征服了这条路的车手在获得了无与

伦比的成就感的同时，都不禁会感慨路边的风景。当然，在斯泰尔维奥山路上开车就没必要追求速度了。

▷ 马拉泰阿悬崖上的救世主耶稣像

意大利

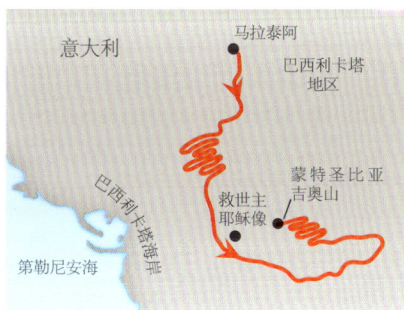

这座 22 米高的救世主耶稣像就在意大利马拉泰阿小镇边，比起巴西里约热内卢的雕像，其服装更朴素，更具 20 世纪 60 年代的风格。这座雕像由佛罗伦萨雕塑家布鲁诺·因诺琴帝（Bruno Innocenti）在 1965 年雕刻而成，矗立在海拔 592 米高的蒙特圣比亚吉奥（Monte San Biagio）山巅。

前往山顶的车道一路蜿蜒曲折，它也是欧洲最惊人的车道之一。18 个急弯错综交替，支撑的立柱更是直接从悬崖边缘伸出。

换挡、打方向盘，循环往复数次之后，终于到达了山顶的小停车场。而这里的美景也不会辜负之前的辛苦旅途。能览山下的小镇和巴西利卡塔海岸从南到北的全景。再回望来时的曲折之路，所有人都会感叹这条山道的鬼斧神工，下山时你还能再体验一回。

救世主耶稣像张开双臂欢迎游客

▽ 德拉福拉路

意大利

在电影《007：大破量子危机》（Quantum of Solace）的飙车戏中，詹姆斯·邦德曾驾驶着阿斯顿·马丁以惊世骇俗的速度征服了德拉福拉路。当然，尽管电影中会有夸张的成分，但是在拍摄过程中，3名经验丰富的特技演员都曾在此翻车，其中一人一头扎进了嘎达湖，一人则被直升机送往了医院。3个人的惨痛经历或多或少证明了这条车道的行驶难度绝对不容小觑。不过，德拉福拉路也是世界上观赏性最强的道路之一。

这条路的官方名称是SP38，长度16千米，从阿尔卑斯山山麓的湖泊旁开始，沿着由布拉萨河形成的裂谷盘旋而上。这里不仅是007电影的取景地，许多汽车品牌都会以此为背景拍摄广告。

这条路线跨过了陡峭的悬崖，凿穿了坚硬的岩石。离开了仅比车身略宽的山间隧道后，在刺眼阳光的照耀下，山底的湖泊映出了迷人的景色。

德拉福拉路在意大利语中的意思是"乔治之路"，虽然它吸引了全球各地的知名车手，却似乎不那么受当地人的欢迎，因为去商店或是上班的路上，人们时不时就要停下来为其他车让路，如果迎面而来的是一辆大卡车，司机甚至还需要倒车让行。

对较宽的车而言，车门经常会被剐蹭，甚至有可能会像007电影中的阿斯顿·马丁一样，在没有车门的情况下行进。欧洲狭窄的轿车，尤其是摩托车，在这条路上显得更具优势。

沿途只有一段矮矮的篱笆将车道与山谷隔绝，在极为狭窄的山间隧道中，司机必须屏气凝神、全神贯注。不过，到达山顶之后，特莱默辛村的美景从未令人失望，所有往来的游客都赞不绝口。

令人难以置信的是，英国前首相温斯顿·丘吉尔（Winston Churchill）也曾征服过这条道路。那他的评价是什么呢？"这是世界第八大奇迹。"他说。

奥西亚歇尔路

奥地利

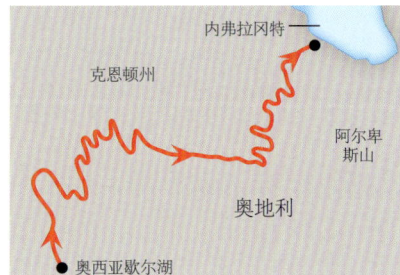

全程15千米的奥西亚歇尔路穿行于阿尔卑斯山脉间，坡度最高可达20°，在这条路上行驶就仿佛开着汽车登山一般。

冬天的大雪会封住这条路，不过到了夏天就时常会有司机来此挑战自我。在短短几千米内，司机要转过40余个发卡弯。除了疾驰而过的汽车外，还有许多自行车骑手也在努力攀登，展现自己征服高山的决心。

这条路的起点是奥地利克恩顿州一条普通的乡间小道，但一个转弯进入混凝土道路之后，这一切就发生了翻天覆地的变化。汽车仿佛缆车一般直接冲过丛林前往山顶，行驶11千米后道路的海拔就升高了2394米。而这条路的终点也藏有惊喜，那就是脚下被阿尔卑斯山的绝景环绕。

▷ 厄勒大桥

瑞典

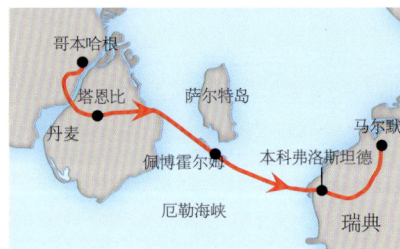

厄勒（Øresund）海峡地处丹麦、瑞典两国之间，将波罗的海与北海相连。这片水域是世界上最繁忙的水域

德拉福拉路以意大利的嘎达湖为起点，蜿蜒盘行

厄勒大桥进入水中后变为隧道

之一，而它的两头分别是两国的大城市——哥本哈根与马尔默。

若想跨过这片海峡，最令人兴奋的方式就是驶过厄勒人桥。这座大桥全长45丁米，是欧洲最长的公路和铁路两用桥，而且还采用了举世瞩目的建筑结构。从瑞典出发，前8000米的道路都在海上，抵达两国之间的人造岛佩博霍尔姆之后，道路入水后变为隧道，再经过4000米后抵达丹麦海岸。这使波罗的海和北海之间的水运变得更加方便。隧道共使用了5500吨的混凝土管道，是全球最大的隧道结构。而厄勒大桥也由于知名影片《桥》（*The Bridge*）在全球声名鹊起。

吕瑟路千回百转地通向吕瑟镇

◁ 吕瑟路

挪威

乍一看，这张吕瑟路的地图就像是孩子的乱涂乱画。但打开卫星地图，从空中鸟瞰，你会发现这条柏油路就如图中一样神秘曲折。这条29千米长的道路的起点处的32个发卡弯和7个陡坡给前来体验的人们一个下马威。沿着挪威海峡的绝壁向下延伸后，吕瑟路将进入一条螺旋隧道，汽车转过360°后到达终点吕瑟镇。之后，你可以选择乘船前往斯塔万格市，也可以掉头再走一遍吕瑟路。

这条路建于1984年，用于为水电站运输石头。此前，吕瑟与挪威其他地区的公路网是相互割裂的，往来的唯一途径只有渡轮。

今天的吕瑟路已经成为汽车爱好者的圣地。拉力赛赛车手们可以在10分钟之内跑完这段道路，而小心翼翼的车手则可能得多花些时间。

落日下的"无尽之路"

△ 大西洋路

挪威

挪威的西海岸由一系列风景优美的峡湾、小岛、雪山组成，政府也花重金在此打造了一套完整的道路、桥梁、轮渡交通系统。而为了吸引更多游客到挪威边境游玩，旅游局授予其中一段36千米长的公路"大西洋路"的称号。当然，这一称号确实名副其实：大西洋路是一条直接带你走向大海的特色道路。

大西洋路就在海滨小镇——"玫瑰之城"莫尔德以北，向北延伸至主岛边缘。它从岩石丛生的小岛蜿蜒而上，穿过浪花飞溅的堤道、宽阔的桥梁、人们的住所，一直延伸到大西洋荒凉的岛屿之中。大西洋路曾被评为挪威的世纪工程，水电大坝、山间隧道、抵御严寒等诸多难题都被一一克服。

1989年，这条线路正式完工并开放，它将曾经孤立的小岛与挪威主岛相连。而今天，它也是挪威国家级旅游线路，而且不收取任何费用。大西洋路上共有8座跨海大桥，天气晴朗时能看到海雕掠过天空、海豹躺在路旁；天气恶劣时，掀起的巨浪甚至能淹没公路。

这条公路中最具标志性的景点就是"无尽之路"（Storseisundbrua），它也是全程中最长的桥梁。它横跨了260米的海域，桥身成弧形，方便船只从桥下通过。到达桥顶后，"无尽之路"急转直下，延伸方向也发生了变化，从远处看就仿佛被拦腰斩断了。暴风雨中的"无尽之路"更是摄影师们梦寐以求的拍摄地。

道路沿途设置了诸多休息站和徒步旅行的线路，海潮汹涌时也可以在休息站暂时躲避。如果你想进一步探索这片土地，也可以沿着修好的木道深入沼泽地中或登上每座岛屿的制高点。也有一些地区为垂钓爱好者们设置了钓鱼点。

如果你是艺术爱好者，就可以在哈加岛上驻足停留，探寻现代艺术家简·葛丽卿（Jan Freuchen）的大理石雕塑。他的作品藏匿于大西洋岸边的岩石之中，有一片交错缠绕的古老白柱的遗迹。

巴赫奇萨赖公路

克里米亚半岛

从黑海边的沙滩胜地雅尔塔出发前往颇具风情的小镇巴赫奇萨赖的路线在广大游客中颇受欢迎。但是，所有司机都要面临一个选择：是选择现代化的、安全平坦的高速路，还是选择老旧的直达路。后者就是声名远扬的巴赫奇萨赖公路。它的官方名称是T0117，也是世界上最艰险的道路之一。这条路总长77千米，穿过了陡峭的山谷和沟壑，全程共有50多个发卡弯。加之道路狭窄且没有护栏，巴赫奇萨赖公路包含了一切高难度路线该有的难点。

当然，大多数情况下，司机都会放慢速度、集中注意力，此时的巴赫奇萨赖公路就是一条优美的景观道，带领大家领略克里米亚半岛的风光。但当天气恶劣、人们又不愿束手束脚时，这一路线自然就成了一项艰巨的挑战。

▽ 科马莱耶路

土耳其

从科马莱耶小镇出发，前往联合国教科文组织认证的世界文化遗产迪

大巴伊大清真寺，需要穿过门祖儿山。这时，人们便面临着选择：绕过高山、驶上现代化的铺设路面或直接穿过眼前这片高地。后者就是土耳其最出名的科马莱耶路，这段山路全长80千米，土耳其花费了近一个世纪才修建完成。这片难以涉足的悬崖依靠劳动者们的双手开辟出了一条道路，其中甚至还包括5000米长的山中隧道。

这条石子路沿幼发拉底河河谷而建

阿塞拜疆的拉吉奇小镇

到了今天，这条石子路已经变成了知名的探险线路，胆小者切莫靠近。科马莱耶路未经铺设、道路狭窄、摇摇欲坠，蜿蜒着穿过幼发拉底河河谷。最深处的便是"黑暗峡谷"，两边的山峰遮云蔽日。在这片幽暗中行驶，人类所能感受到的只有自己的渺小和对建造者深深的敬畏。

△ 拉吉奇山路

阿塞拜疆

拉吉奇壮丽而古老的山谷是阿塞拜疆的旅游胜地之一。这座迷宫般的

小镇坐落于大高加索山的山脚，其中的房子由石头制成，道路上则铺满了鹅卵石。

拉吉奇由于地理位置偏僻，一直以来都人迹罕至，土地的贫瘠更是令人望而却步。数世纪以来，当地居民都自力更生，独自开发基础设施，其中包括了具有长达1500年历史的污水处理系统。他们也发展出自己独特的工艺风格，至今仍以精致的铜器和地毯闻名。

尽管塔扎肯到拉吉奇的距离只有22.5千米，但路途却异常艰难，尤其是对习惯了平整的柏油路的司机而言。这条路线沿着一条干涸的河流而建，穿越了陡峭的深谷。谷中景色宜人，但道路狭窄、坑洼不平，侧面就是没有护栏保护的万丈深谷。因此，人们在欣赏风景的同时，必须要时刻保持高度警惕。出于安全考虑，在这样的深山老林中驾驶时，越野性能也应该是车辆必备的。

亚洲

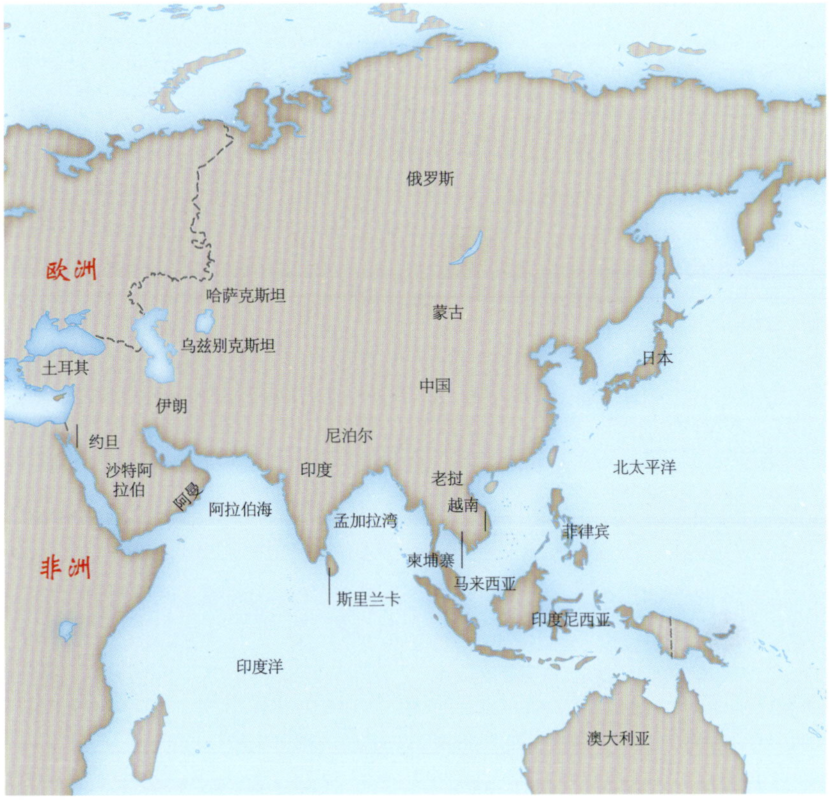

▽ 丘伊斯基公路

俄罗斯

美丽的丘伊斯基公路的起点位于西伯利亚区首府、俄罗斯鲜为人知的第三大城市新西伯利亚，向南延伸959千米，跨过阿尔泰地区和阿尔泰共和国，直达蒙古国边境。尽管这条道路没有被游客挤满，但在行家的心目中，最伟大的长途旅行榜单里永远有丘伊斯基公路的一席之地。

这条公路穿越了一些鲜为人知的地区，因此路边的景观也十分别致。这条路的官方名称为 M52 或 P256，它本身在秀丽的风景之中也极具美感。路面宽阔、铺设整齐，道路的弧度和坡度无不透出柔和之美。遗憾的是，这条路的历史却饱含血泪。这是由西伯利亚古拉格劳改营中的 1.2 万名囚犯修建而成的。在二战前的 20 年内，他们在极为艰苦的条件下将这条道路修建完成。

这条路具有悠久的历史，原是连接远东和俄罗斯之间的一条骡队路线，成吉思汗也曾沿此线路西征，而它也是丝绸之路的一部分。

公路一开始沿着鄂毕河的方向南下，但鄂毕河本身是向北流淌的。鄂毕河是世界第七大河，源头位于阿尔泰山顶，终点则是北冰洋。这条道路绕过了植被丛生的岛屿，匆匆经过了如诗如画的木屋村庄和金顶教堂。

经过塞敏斯基和奇科塔曼隘口之后，公路地势渐渐走高，周围有广袤的针叶林、波光粼粼的湖泊、高耸的山峦，其中一些被积雪覆盖的山峰便是阿尔泰山。在阿尔泰山可以欣赏到成群的驯鹿、遥远的冰川，甚至还有史前人类的洞穴和艺术品。

丘伊斯基公路沿途的风景

俯视通往戴安娜瞭望点的曲折小道

接下来,可以在扎纳-保罗村稍作停留,村中的哈萨克文化博物馆设在一个真正的蒙古包中,值得一看。丘伊斯基公路的终点是广阔的天空下的一片干旱的大草原,穹顶之下是游牧民族与动物们共处的画面。

整条路线海拔最高处为2000米,但良好的路况并不会给司机造成太大的困扰。不过,由于需要长时间在荒郊野外行驶,因此冬天的条件会比较艰苦。而在夏天,沿途的旅馆、加油站、咖啡馆都欢迎着前来探索的游客们。

△ 尼兹瓦至戴安娜瞭望点

阿曼

阿曼苏丹国位于阿拉伯半岛的东南角,国内绝大多数城市都靠近海岸,但最近游客们却爱上了阿曼内陆保留完好的古代建筑。这条路的起点位于充满风情的绿洲城市尼兹瓦(城中的集市环绕着中世纪风格的古堡),一直延伸到阿尔哈贾尔山脉中。这一段是免费的现代化高速路,但之后的路况并不适合普通的车辆行驶。道路开始渐渐进入山区,终点是山间深处的塞克镇。塞克镇所处的位置就是阿曼版的大峡谷——瓦迪谷,峡谷上方约

2000米处有一座天然形成的瞭望点。1986年,英国的威尔士王妃戴安娜曾乘坐直升机来此地观景,并在瞭望点待了几个小时。此处也因此得名"戴安娜瞭望点"。

时至今日,戴安娜瞭望点吸引着成千上万的游客,周围也衍生出了诸多配套设施,例如露天酒吧。在瞭望点欣赏峡谷与落日余晖是相当惬意的体验。

公路上的绵羊导致交通堵塞

△ 列城-马纳利公路

印度

本章中列举的绝大多数路线都具有路程短、刺激、吸引力强的特点，但列城-马纳利公路并非如此。任何踏上这条公路的人都要押上自己的性命作为赌注，迎接一场长达 488 千米的驾驶挑战。

列城-马纳利公路建在异常险峻的喜马拉雅山脉，跨越了印度北部的两个邦。因此，在这段公路上行驶更像是冒险而非普通的开车。公路每年只开放 4 个半月，想要来的话必须利用好这短暂的时间。其余时间这条道路都被厚重的积雪彻底封闭。

其中的部分路段建在高海拔的山区中，例如 5328 米高的塔格朗拉，因此它也是世界上最高的路之一。其中最危险的是若唐垭口，是一条毫无保护措施的、在山崖边缘的碎石路。

公路的维护工作由印度军方负责，包括途中 12 座跨越雪山融水的便桥。其中一些只能在正午之前通过，若再晚一些，便桥就被融水淹没了。道路的维护是一个相当艰巨的工作，而且其所在的高海拔还会带来剧烈的高原反应。有高原反应的游客也被建议不要在此逗留过久。

公路全程的平均海拔约为 4000米，但沿途的风景也是其他公路无法比拟的。远方的喜马拉雅山山巅常年覆盖着积雪，向远处的地平线延伸。山中常有奇峰怪石，野营帐篷和路边小店为这片荒芜的土地增添了一丝人类的气息。山中还能够看见佛教信徒们插下的旗帜。

敢来此地的一般都是非常有趣的人，从勇敢无畏的探险者到轻车熟路的本地司机。骑着摩托车前来探险的人很多，卡车车队也非常常见，但在陡峭的急弯处，通常会堵成一条长龙。这条公路至少要花费 2 天时间才能走完，受天气和路面原因影响，可能要更久。此外，还要准备好备用汽油，因为其中一段 362 千米长的路段是没有加油站的。

▽ 三层急弯
印度

三层急弯在印度东锡金，以喜马拉雅山山脚为起点，在山中陡坡之间来回穿梭。其路线设计之奇妙，乍一看，人们都会以为产生了错觉。由道路引领进入朦胧的深山后，会发现周围的山峰也布满了蜿蜒曲折的路，这些都是三层急弯的路段。从远处看，这些路如同缎带一般将山体微掩。

而在地图上看，这段路就像随机生成的乱码一样毫无章法。道路总长仅 32 千米，却有 100 余个发卡弯，

是世界上最复杂的道路之一。而从高处俯瞰，整座山都好像是由柏油路铺成的。

对司机而言，如此复杂的道路就意味着不断地刹车、打方向盘，并且紧盯路面；而对乘客而言，如果他们充分信任司机，便能享受到沿途极致的美景，还能一瞥世界第三高峰——干城章嘉峰。

这条路也具有非常重要的历史意义。它就坐落于中印边境，曾是丝绸之路的一部分，打通了从日本到地中海地区的漫长贸易路线。

今天，这条路也有着自己独特的美景。人们可以在观景点处停车，回首遥望自己已经征服的路途，看着公路在陡峭的山崖之间迂回。而最佳的停车点自然是最高处的塔姆比（Thambi）观景点。道路就好像在山峰的陡坡之间上上下下、来回往复。这一景象甚是奇妙，因此这些弯道也吸引了大量的游客。道路当然是铺设良好的，但仍有许多地方没有安装保护措施。其海拔高度也令人震惊，在平均海拔 3414 米这样的高原地区，

极度危险的吉隆-基什特沃路

全年都有可能骤降雨、雪，而且还有路面结冰的风险。5—9 月是最好的游览时节，10 月至次年 3 月，道路会因为恶劣的天气而频繁被封。不过无论何时前往，都要做好迎接坏天气、备足燃油。

△ 吉隆-基什特沃路
印度

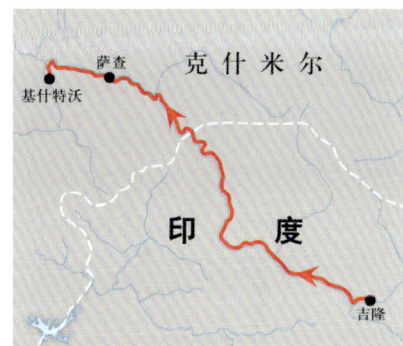

吉隆 基什特沃路是当之无愧的最佳驾驶线路之一。它全长 244 千米，是世界上最耸人听闻的道路之一。即使是步行，许多人都不敢踏上这条道路，更不用说驾车了。

想象一下，行驶在狭窄的单车道中，一边是崇山峻岭，另一边则是 305 米深的山谷裂隙，瀑布的水花会溅到泥泞的砂石路。在急弯的转角可能突然出现一辆迎面而来的大卡车，双方都没有通过的空间，僵持不下，要么选择倒车，要么硬生生地挤过这个狭窄的弯道，将生命置于死亡的边缘。而且在这海拔 3050 米的高山上，天气异常恶劣。这就是这条听起来再平常不过的"26 号国家公路"的真面目。

从塔姆比观景点处看到的三层急弯

▽ 横向高速

不丹

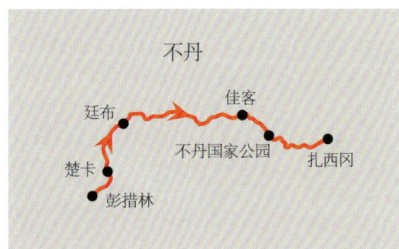

不丹

廷布　　　　佳客
楚卡　　　不丹国家公园　扎西冈
彭措林

不丹是位于喜马拉雅山脉的贫穷国家，而当地人口中的"横向高速"是这个国家唯一的高速公路，因为它自西向东横贯了整个国家。不丹国土面积 38850 平方千米，但直到 1962 年国内只有几千米长的柏油路。60 年代，在邻国印度的帮助下，横

向高速开始动工，将相距 557 千米的彭措林与扎西冈连接在了一起。受经济条件的限制，大部分路段都是 2.5 米宽的单车道。这条高速路穿行于大山之间，遍地沙砾碎石，道路标示没能统一，道路滑坡、积水更是常见。但途中也能看到高耸入云的山林和其间星星点点的寺庙。

这是条相当漫长的道路，不论是驾驶摩托车、公交车，还是超重卡车，都要保持注意力集中。但是，与其他地方的道路都不同的是，在其中行驶能一览这个世界的原始风光。不丹是世界上最宁静的国家之一，在横向高速上行驶你就能感受到这一点。

越南会安古镇中如画一般的船坞

横向高速边的帕罗山谷中的虎穴寺

十八道拐

斯里兰卡

斯里兰卡

奥鲁托塔　　　　古鲁鲁珀萨
康提　　　　　　　　马希延格讷
　兰迪涅戈　麦达瓦哈努玛拉
　拉湖

斯里兰卡岛上这条长 77 千米的路被称为十八道拐（Daha ata Wanguwa），它将前首都康提与马希延格讷相连。而马希延格讷正是斯里兰卡的佛教圣城。

早期，这条路只是一段狭窄的山林小道，跨过了城市之间的高原，而其间的"十八道拐"则令人胆寒。

今天，"十八道拐"的美名依然被保留，但道路已经全部被亚洲开发银行进行了翻新。它依然连接了两座有趣的城市，依然翻过了山坡，安全性得到了大幅提升。如今在这条路上

行驶仍然极具挑战性,不适合新司机,但它还是吸引了络绎不绝的游客。道路周围也修建起了诸多停车点和咖啡馆,以供游客们停车休息、欣赏美景。

不仅路面进行了翻修,弯道处也装上了牢固的保护栏和拓宽视野的广角镜。最重要的是其中的一个弯道被去除了,因此它现在变成了"十七道拐"。

△ 岘港海岸

越南

这条全程 129 千米的道路沿着越南海岸线,连接起两座世界文化遗产,沿途充满了多彩的美景。

会安古镇是行程的起点,这座小镇保留了越南中世纪的风格,港边建有一排木制小屋。沿着海岸向北行驶,跨过一片稻田后又踏上了椰树成林的沙滩。在灵应寺,能看到坐镇海岸的女佛像。随后便进入了岘港的海滨长廊,沿着堤坝行驶并通过 1 号公路桥跨越宋河。

游客可以沿着古老的海云湾路行驶,一路蜿蜒着进入山林之中,途中有诸多停车点供司机欣赏海湾与城市的美景。而在海云关的美国防御工事废墟中,你可以找到不少繁忙的商店与咖啡馆,从那儿向北望去,欣赏到的海景同样迷人。

重新回到 1 号公路,还可以选择环绕巨大的海上潟湖行驶,近距离欣赏它。随后便进入了越南古国的首都顺化。城中有许多被联合国教科文组织认证的古街和纪念碑,而其 19 世纪建造的城堡现在仍被护城河和厚厚的石墙环绕。

▽ 哈尔斯玛高速路

菲律宾

哈尔斯玛公路位处吕宋岛北，跨越了科迪勒拉中央山脉，是菲律宾地势最高的公路。这条公路的最高处甚至比海平面高出 2255 米。

哈尔斯玛公路最初只是一条步行小道，名字来源于它的建造者、美国工程师尤西比乌斯·哈尔斯玛（Eusebius Halsema）。在当地居民的帮助下，哈尔斯玛在 1922—1930 年完成了这条 150 千米长的道路的修建。之后，这条道路被逐渐拓宽，并因为异常危险而闻名于世。

晴天行驶时，人们可能质疑，这样一条高速路怎么能称得上危险呢？道路在山坡的梯田间穿行，路面平整，危险的小角落也被石墙牢牢地围住。道路周边甚至还有停车场和咖啡馆。这条路简直就是雨林风光和农家特色

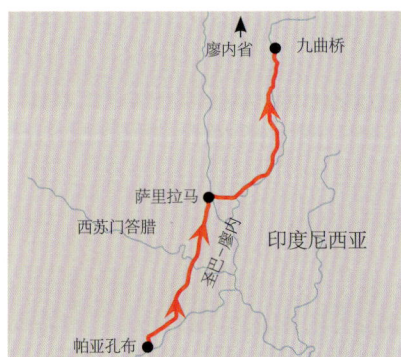

哈尔斯玛高速路深入科迪勒拉中央山脉

去往弗雷泽山途中的雪兰莪大坝

的完美结合，充其量只能称得上是风景秀丽的车道之一。但是，雨天才是它闻名的关键。这里下雨非常频繁，巨大的雨量甚至可能会导致塌方和洪水。森林中的雾气更是会严重影响人们的视野。这才是这条路以危险著称的原因。

△ 弗雷泽山

马来西亚

这条亮丽的短程道路的起点是美丽的小镇库布巴鲁，该镇距离首都吉隆坡仅 1 个小时的车程，当地人也称其为"KKB"。道路通往吉隆坡北部的山林。

55 号公路途经雪兰莪大坝和水库，这一壮观的景点于 2002 年完工，吸引了成千上万的游客。附近设有诸多停车场，人们可以从此出发进行一场徒步旅行。其中最受欢迎的路线包括古都山（Bukit Kutu）和吉令河

（Sungai Chilling）瀑布。吉令河瀑布从山顶奔流而下，涌入雨林中一个圆形的池塘。

除了水库、大坝，55 号公路还途经更陡峭的彭亨山区。这里的景色更加别致，尽管有时会被山雾笼罩。道路的终点是弗雷泽山，也被称作"小英格兰"，因为英国人曾在此殖民。游客们在弗雷泽山能够欣赏到被藤蔓覆盖的古典钟楼和整齐摆放的天竺葵。

▷ 九曲桥

印度尼西亚

印度尼西亚的九曲桥可能是世界上最复杂的道路之一，它蜿蜒于热带雨林之间。这条路其实是百年以前的荷兰殖民者建造的，在陡峭的山崖之间蜿蜒曲折，沿途还有许多相当难行的发卡弯。在此地，交通拥堵再常见不过了，拥挤、陡峭的道路经常让人寸步难行。从帕亚孔布前往廖内通常都要花上半天以上的时间。之后，苏门答腊政府开始进行整修，九曲桥也就变成了现在的样子。

这条 2800 米长的道路由一系列桥梁、高架、交叉道组成，将原来的山谷完全变了个样。当地人说，九曲桥重修之后，从帕亚孔布驶至廖内的时间可以缩短整整 4 个小时。

而对外来游客而言，九曲桥仍是造型非常奇怪的景点。大家聚集在观景台，欣赏九曲桥别致的弯道走势和立体造型。在山顶，还有许多餐饮店，供大家一边观看美景，一边享受美食。从高处往下看，九曲桥可能更像是立交桥，而且是设计相当失败的立交桥，但事实上它是一条完整的路，

一条受到地形限制而不得不如此修建的道路。

对驾驶者而言，这绝对会是一次难忘的体验。如果你认为这只是条普通的路，无非是从一端进，另一端出而已，那你就大错特错了。这条路绝对比想象中难走得多，高耸的立柱支撑起 6 座桥梁，形成 3 个 "S" 形弯道，跨越了整座峡谷，令人眼花缭乱。在这条路上驾驶时，人们经常会怀疑自己是不是走错了路，是不是在往反方向行驶。但只要你对这条路和它的

设计师保持充分的信任，坚定地沿着路向前行驶，那你就能到达正确的目的地。爬上这条路需要经过 9 个大弯，因此得名"九曲桥"，它形象地描绘出驾驶员们的感受。九曲桥路面相当平稳，在此行驶也能享受到操控汽车的乐趣，尤其是中置发动机汽车。摩托车车手们也尤其喜欢征服这条蜿蜒曲折的路，在山风中一览广袤的雨林美景。

体验九曲桥对司机和观赏者而言都是一种享受

大洋洲

终点是一座停车场，从停车场出发稍走几步就能到达萤火虫洞穴。这里也是世界上观赏萤火虫的最佳地点之一。废弃的火车隧道中幽暗潮湿，大量萤火虫在此聚集。

这里的萤火虫是蕈蚊幼虫，由于体内的化学反应而发出蓝色的光芒。这些光芒本身是用于吸引蚊子及其他猎物的，但没想到还吸引了大量的游客。保持安静，关上手电筒，这里便是陆上的银河。

▷ 海滩大道

澳大利亚

378 千米长的海滩大道坐落于昆士兰的海岸边，在白色细沙上驾驶将是一种非常独特的体验，因为它根本不是传统意义上的"路"。这里是全世界最美的海滩，这也是全世界最长的海滩道路。

人们在太平洋岸边的海滩大道上驾驶

▷ 萤火虫洞穴路

澳大利亚

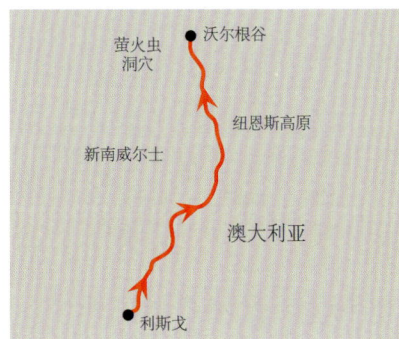

萤火虫洞穴路位于澳大利亚新南威尔士州，以利斯戈为起点到萤火虫洞穴结束，沿着一条具有百年历史的石油铁路建造，全长 35 千米。今天，这里的轨道已经被移除了，但洞穴仍具有浓厚的铁路运输风格。大部分隧道都只有一车之宽，因此随时都要做

好倒车让行的准备。

穿越雨林和山谷时，这条路会变得更加险峻，要小心随处可见的野生袋鼠和毛鼻袋熊。在雨季，这里会变得湿滑泥泞，甚至无法通行。

位于利斯戈的一条铁路隧道

这条路线将澳大利亚的阳光海岸和世界文化遗产费沙岛、费沙海岸相连。它也以种类繁多的野生动物闻名，包括袋鼠、鲸鱼、乌龟、澳大利亚野狗、考拉、鸭嘴兽，还有各种鸟类。

这条"公路"沿途经过了 2 个联合国教科文组织规定的生物圈保护区、1 个世界遗产海洋公园，还有世界上最大的沙滩岛屿。在沙滩上驾驶自然要选择四驱车，有些地方还得准备好特殊的驾照。不过不用担心，在旅途的起点蒂万廷会有人为你提供这样的服务，甚至还会有全程的导游陪同。

如果是自驾游，最好在海边和涨潮线之间较硬的沙子上行进，并且一定要远离脆弱的沙丘。在沙滩上驾驶

应该降低胎压，保证轮胎在沙子中的牵引力。退潮前、后的 2 个小时是最合适的驾驶时间。

这条路线就沿着太平洋海岸，穿过了五彩斑斓的提瓦海滩、高高的沙丘和冲浪胜地——彩虹沙滩。途中可能还有几处需要搭乘渡轮。踏上返程道路之前，还要绕过天堪湾和大砂海峡，穿过内陆的灌木丛和保护区。其中的孔达利拉瀑布国家公园中栖息着100 多种鸟类，还有一座 90 米高的巨大瀑布。

若想完整地享受这一路线，大部分游客都需要花上几天时间。晚上也有各种各样的住宿选择，既可以是路边豪华的酒店，也可以在沙滩上搭起野营帐篷。除了野生动物之外，沿途还有秀美的小溪、船只残骸、海中

灯塔、废弃木厂、热带雨林，各种风景应有尽有。这里还有着悠久的历史，或许还能找到早期殖民者们的足迹。

如果热爱大海，可以乘上小皮艇去海中与海豚嬉戏，观看鲸鱼迁徙；当然也可以选择躺在空旷的沙滩上享受和煦的阳光。

麦基洛普斯路

澳大利亚

麦基洛普斯路的官方名称是C6II，是澳大利亚东部维多利亚州山区的主要道路。途中会沿着雪河国家公园的边缘行进 80 千米，穿过河谷深处和陡峭的山林，以及几处景色秀丽的观景点。整条路将乌古默朗和博南相连，大部分路面都未经铺设，粗

糙不平、坑坑洼洼，道路的侧面有时就是陡峭的悬崖。新司机、普通轿车、低底盘的越野车在这段路上都会吃尽苦头。

这条偏僻路线的亮点自然是跨过了雪河与德迪克河交汇处的麦基洛普斯桥。这座桥由木头和钢铁搭建而成，长度 224 米，是数千米内少有的跨河桥梁。大桥建于 1935 年，在当时是一项重大的工程壮举，许多本地人至今仍因它而备感自豪。但是，开车驶过这座嘎吱作响的木结构仍会令人不安。而对划船爱好者而言，乘坐独木舟探索这片山谷也会是一场相当独特的冒险。

千回百转的雅各伯阶梯

△ 雅各伯阶梯

塔斯马尼亚岛

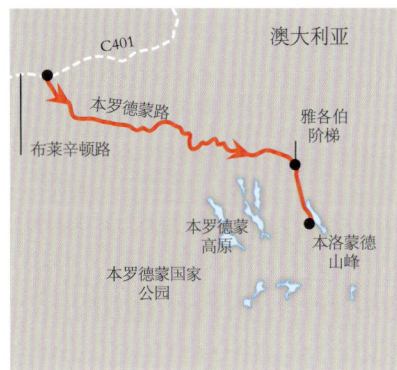

雅各伯阶梯位于塔斯马尼亚岛东北部的本洛蒙德国家公园，是全球最惊险的发卡弯公路之一。踏上这条路之前，无论是在山顶还是山脚，随处可见红黄相间的路标提示这条道路的危险性——"落石危险""高危区域""小心刹车片失灵""低挡前行""保持车距"等。全程只有11000米，限速30千米/时。

尽管雅各伯阶梯如此危险，却仍是车手们最喜欢、最难忘的车道。沙砾路面盘旋着攀上令人战栗的山顶，途中的几处悬崖也没有保护栏杆，巨大的岩石还不时会从山顶坠落。然而，这里的景色却相当迷人。雅各伯阶梯也是通往高1524米的本洛蒙德山峰的唯一道路。塔斯马尼亚岛的天气更是变化多端，从大晴天到鹅毛大雪通常就发生在转瞬之间。

▽ 林迪斯山口

新西兰

在新西兰南岛的阿尔卑斯山深处，有一条63千米长的双车道高速路，它穿过了海拔914米高的山口。人们将这段路称为林迪斯山口路，而它正是连接麦肯锡盆地和奥塔哥高原的要道，也是新西兰南岛地势最高的道路。

它的官方名称是8号国道，路面宽敞、起伏平稳，铺设了平整的柏油路面。在这条路上驾驶非常舒适，周围的美景也会牢牢抓住眼球。道路在陡峭的山脊之间蜿蜒，不时便能看到山脊背后雄壮的阿尔卑斯山。道路所处的小山丘上长满了棕色的小草，远看仿佛盖上了一层皮毛。根据季节不同，积雪或停留在山顶，或降到了道路两边。到了夏天，林迪斯山口则会开满羽扇豆花。

林迪斯山口是自然保护区，因此周边没有被开发或建设城镇。但是沿途仍设有不少野餐点和徒步线路指引。

皇冠峰山路

新西兰

这是新西兰北岛最经典的旅行线路之一，将这座岛屿的知名旅游景点串联在了一起。整条路线长193千米，始于北岛最大的城市奥克兰，起点就在哈勃大桥旁的海滨处。

1号国道——这座城市最重要的道路，将人们带到奥克兰之外，领略北岛海岸线的风光。穿过欧玛拿地区公园清新的树林，来到马拉泰柔软的沙滩；之后沿着东海岸路一直行驶，近距离欣赏豪拉基湾的海洋与山峦；随后进入25号高速，绕着湾区行驶到科罗曼德半岛的西岸。

这里的景色也非常宜人，既有郁郁葱葱的雨林，也有起伏的山峰，还有茂盛的农田和金色的沙滩。沿着海岸一直行驶便抵达了豪拉基湾远端的港口小镇科罗曼德尔。这里充满了波西米亚风情，吸引了艺术家、游客和当地的渔夫。

林迪斯山口边的羽扇豆花

致　谢

英国DK出版社感谢以下人员：顾问Lawrence Ulrih，校对Alexandra Beeden，摄影Gary Ombler，索引制作Vanessa Bird，篇章页制作Phil Gamble，设计助理Renata Latipova、Steve Crozier（BCS Ltd）、Alan Chandler（Petroliana.co.uk）、Rob Arnold（Automobilia.co.uk）

出版方还要感谢以下个人和机构惠允使用其图片：

（页面位置：a-上部，b-下部/底部，c-中部，f-远端，l-左部，r-右部，t-顶部）

1 Dorling Kindersley: Petroliana.co.uk / Gary Ombler. 2–3 BMW Group. 4 Alamy Stock Photo: Chronicle (tr). 5 AF Fotografie: (tr). akg-images: mauritius images / Karl Heinrich Lämmel (br). Bridgeman Images: Private Collection / Avant-Demain (tl). Getty Images: Art Media / Print Collector (bl). 6 akg-images: (tl). Getty Images: Car Culture, Inc. (tr); Hulton Archive (bl); Tom Kelley Archive (br). 7 Alamy Stock Photo: Peter Lopeman (tl); David Wall (br). Rex Shutterstock Airbus / Italdesign / Handout / EPA (tr); Sipa Press (bl). 8–9 Rex Shutterstock: Magic Car Pics. 10–11 Alamy Stock Photo: Chronicle. 12 akg-images: Heritage-Images / Art Media (bl). 13 akg-images. Getty Images: SSPL (bl). 14–15 akg-images. 14 akg-images: Universal Images Group / Universal History Archive (tr). 15 akg-images: De Agostini Picture Lib. / G. Dagli Orti (br); Heritage-Images / English Heritage / Historic England (tc). 16 Bridgeman Images: SZ Photo / Scherl. 17 akg-images: Imagno (clb). Bridgeman Images: Look and Learn (cr). Daimler AG: Mercedes-Benz Classic (br). 18 akg-images: Heritage-Images / Oxford Science Archive (cl). Louwman Museum-The Hague: (bl). 18–19 akg-images: Heritage-Images / Art Media. 19 akg-images: Heritage-Images / National Motor Museum (tl). Musée des arts et métiers–Cnam, Paris: photo M. Favareille (br). 20–21 Alamy Stock Photo: Shawshots. 22 Alamy Stock Photo: Chronicle (tc). 22–23 Getty Images: Hulton Archive (b). 23 Bridgeman Images: Look and Learn. Getty Images: Hulton Archive (tc). 24–25 akg-images: Heritage Images (b). 25 akg-images. 26–27 Getty Images: Science and Society Picture Library. 28–29 Getty Images: Kirn Vintage Stock / Corbis. 29 akg-images. 30–31 Getty Images: Art Media / Print Collector. 32 akg-images: Heritage-Images / Art Media (tr).

Getty Images: Science and Society Picture Library (bc). 33 Getty Images: Science and Society Picture Library (tc, b). 34 akg-images: G. Dagli Orti (cl). 38–39 Getty Images: ullstein bild Dtl. (b). 39 akg-images: Heritage-Images / National Motor Museum (br). Getty Images: Science and Society Picture Library (t). 40 Alamy Stock Photo: Art Directors & TRIP (tc). Dorling Kindersley: Gary Ombler / R. Florio (fbr). National Motor Museum, Beaulieu: (tr). 40–41 National Motor Museum, Beaulieu. 41 National Motor Museum, Beaulieu. 42 akg-images. 42–43 Getty Images: Science and Society Picture Library (b). 43 Getty Images: Heritage Images (tc). 44–45 akg-images: Interfoto. 46 akg-images. Getty Images: Bob Thomas / Popperfoto (bc). 47 Getty Images: Schenectady Museum; Hall of Electrical History Foundation / CORBIS. 48–49 Alamy Stock Photo: ClassicStock. 50 Getty Images: Culture Club (br); Stefano Bianchetti / Corbis (bl). 51 Alamy Stock Photo: Interfoto (br); Universal Art Archive (bl). 52 Alamy Stock Photo: Motoring Picture Library (cl). Dorling Kindersley: Gary Ombler / R. Florio (bl). Getty Images: Stefano Bianchetti / Corbis (br). 53 Bridgeman Images: Private Collection / Avant-Demain. 54 Getty Images: Culture Club. 55 Alamy Stock Photo: i car (tc). Getty Images: A. R. Coster / Topical Press Agency (bl); Topical Press Agency / Stringer (br). 56 Alamy Stock Photo: My Childhood Memories (tr); JHPhoto (br); Dinky Art (cl); My Childhood Memories (cra). Buddy L Toy Museum (buddylmuseum.com): (crb). Rex Shutterstock: Associated Newspapers (bl). 57 Alamy Stock Photo: My Childhood Memories (tl); Chris Willson (tr); My Childhood Memories (cl); Mike Rex (cr); Paul Cox (crb); JHPhoto (bl). Mattel, Inc.: Hot Wheels ® (clb). Rex Shutterstock: Jonathan Hordle (br). 58 Bridgeman Images: (crb); DHM (cl); Granger (bc). 59 Alamy Stock Photo: Granger Historical Picture Archive. 60–61 Citroën UK. 62–63 Getty Images: Topical Press Agency / Stringer (b). 62 akg-images: WHA / World History Archive (tr). 63 Getty Images: Chris Graythen (br); Sports Studio Photos (tr). 64 akg-images: Heritage-Images / National Motor Museum (cl). 64–65 State Library of South Australia: (t). 65 Getty Images: Car Culture ® Collection (br). 66–67 Getty Images: H. Armstrong Roberts / ClassicStock. 68 Alamy Stock Photo: Heritage Image Partnership Ltd (cl); Lordprice Collection (br). 69 Getty Images: David Paul Morris / Bloomberg (tc); Topical Press Agency (b). 70 Alamy Stock Photo: Universal Art Archive (cl). Dorling Kindersley: Imperial War Museum, London /

Andy Crawford / Imperial War Museum (tr). 70–71 Getty Images: Science and Society Picture Library (b). 71 Dorling Kindersley: The Tank Museum, Bovington / Gary Ombler (tr). 72 Alamy Stock Photo: Daniel Valla FRPS (bl); PjrTransport (tr); dpa picture alliance archive (cl); Falkensteinfoto (crb). 73 Alamy Stock Photo: Derek Gale (c); Phil Talbot (cra); Phil Talbot (bc). Getty Images: Chesnot (br). radiatoremblems.com: (bl). 74–75 Getty Images: Austrian Archives / Imagno. 76 akg-images. Bridgeman Images: Musee de l'Ile de France, Sceaux, France (tr). 77 Bibliothèque nationale de France, Paris: Département Estampes et photographie, EST EI–13 (248) (t). Louwman Museum-The Hague. 78 Alamy Stock Photo: National Motor Museum / Heritage Image Partnership Ltd (crb). Getty Images: Popperfoto (bl). Mary Evans Picture Library: Retrograph Collection (cl). 79 Alamy Stock Photo: Interfoto. 80–81 Giles Chapman Library. 82 Alamy Stock Photo: Heritage Image Partnership Ltd (b). Dorling Kindersley: R. Florio (tr). 83 Reprinted courtesy of the Amherst News: Reprinted courtesy of the Amherst News (tc). Getty Images: Keystone-France (crb). 84–85 TopFoto.co.uk: Roger-Viollet. 86–87 Bridgeman Images: Underwood Archives / UIG. 88 Getty Images: Fay Sturtevant Lincoln / Underwood Archives (br). Mary Evans Picture Library: Onslow Auctions Limited (bl). 89 Getty Images: General Photographic Agency / Hulton Archive (bl). Mary Evans Picture Library: Illustrated London News Ltd (br). 90 Getty Images: General Photographic Agency (b). Mary Evans Picture Library: Illustrated London News Ltd (tr). 91 Alamy Stock Photo: National Motor Museum / Heritage Image Partnership Ltd (t). Mary Evans Picture Library: Sueddeutsche Zeitung Photo (br). 92–93 Getty Images: ISC Images & Archives (b). 92 Alamy Stock Photo: chrisstockphotography (tl); National Motor Museum / Motoring Picture Library (tr). 93 Alamy Stock Photo: National Motor Museum / Motoring Picture Library (t). Getty Images: National Motor Museum / Heritage Images (cr). 94 Dorling Kindersley: Automobilia.co.uk (ftl); Petroliana.co.uk / Gary Ombler (tl, tc, ca, tr, ftr, fbr, bc, br). Getty Images: Austrian Archives / Imagno (fbl). 95 Dorling Kindersley: Petroliana.co.uk / Gary Ombler (tl); Petroliana.co.uk / Gary Ombler (tc); Petroliana. co.uk / Gary Ombler (l, tr). 96–97 Getty Images: ullstein bild. 98 AF Fotografie: (tr). Alamy Stock Photo: Bob Masters Classic Car Images (tl). Getty Images: The LIFE Picture Collection / Bernard Hoffman (bc). 99 Getty Images: Fay Sturtevant

227 Richard Emblin: (bc). Kelvin Kent: (tr). 228–229 Getty Images: Tom Kelley Archive (bc). 228 TopFoto.co.uk: (tl). 229 Alamy Stock Photo: Michael Wheatley (br). Getty Images: Loomis Dean / The LIFE Picture Collection (tr). 230–231 Getty Images: Spence Murray / The Enthusiast Network. 232–233 magiccarpics.co.uk. 232 Art–Tech Picture Agency. magiccarpics.co.uk. Rex Shutterstock: Underwood Archives (cr). 233 magiccarpics.co.uk. 234 Getty Images: Teenie Harris Archive / Carnegie Museum of Art (cra); Rust / ullstein bild (bl); Time Life Pictures / Pictures Inc. / The LIFE Picture Collection (br). 235 Getty Images: John Pratt / Keystone Features. 236–237 Giles Chapman Library. 238 Rex Shutterstock: Tim Graham / robertharding (tc). TopFoto.co.uk: Sputnik (b). 239 Getty Images: Francois Lochon / Gamma–Rapho (br); Behrouz Mehri / AFP (tr). 240 The Advertising Archives. Alamy Stock Photo: Interfoto (cr); The Print Collector (tl); The Print Collector (ftr); Jeff Morgan 04 (fcr). Giles Chapman Library. Mary Evans Picture Library: John Maclellan (tr). Rex Shutterstock: Snap (fcl). 241 The Advertising Archives. Alamy Stock Photo: (cr); Lordprice Collection (tl); Shawshots (tr); Interfoto (ftr); DWImages (br). Giles Chapman Library. Rex Shutterstock: Magic Car Pics (bl). 242–243 Fordimages.com. 244 Dorling Kindersley: Matthew Ward (tr). Getty Images: Rogge / ullstein bild (b). 245 Getty Images: Ron Eisenberg / Michael Ochs Archives (tc). 246–247 Getty Images: Bettmann. 246 BIGFOOT 4x4, Inc: (bl). 248 Alamy Stock Photo: Everett Collection Inc (crb); Photo 12 (t); Photo 12 (bl). 249 Alamy Stock Photo: PvE. 250–251 Hyundai Motor Company. 252 Giles Chapman Library. 253 akg–images: Heritage-Images / National Motor Museum. 254–255 Getty Images: AWL Images. 256 Getty Images: (br). Rex Shutterstock: Sipa Press (bl). 257 Alamy Stock Photo: Design Pics Inc (bl); dpa picture alliance (br). 258 Alamy Stock Photo: Dmitrii Bachtub (tl). magiccarpics.co.uk: John Colley (bl). 259 Alamy Stock Photo: YAY Media AS (tr). 260–261 Rex Shutterstock: Magic Car Pics (b). 260 Rex Shutterstock: imageBROKER / Martin Siepmann (tr). 261 Getty Images: FPG / Hulton Archive (br). Renault (UK): (tr). 262–263 Giles Chapman Library: Mitsubishi Motors Corporation. 262 Honda (UK). Peter Nunn: Mitsubishi Motors Corporation (tl). 263 Giles Chapman Library: Suzuki Motor Corporation (tl); Suzuki Motor Corporation (tr); Suzuki Motor Corporation (c). 264–265 Used with permission, GM Media Archives. 265 Rex Shutterstock: Sipa Press (bl). 266 Getty Images: David Madison (tr). magiccarpics.co.uk: John Colley (bl). 266–267 Getty Images. 267 Giles Chapman Library: Lancia (tr). 268 Alamy Stock Photo: Dave Cameron (bl). Getty Images: National Motor Museum / Heritage Images (crb); Chris Niedenthal / The LIFE Images Collection (cl). 269 akg–images. 270–271 Rex Shutterstock: Sipa Press. 272 Getty Images: Hulton Archive (cla); Frederic Pitchal / Sygma / Sygma (bc). 273 akg–images: Sputnik. 274–275 Alamy Stock Photo: Bhandol (b). 274 Giles Chapman Library. 275 Getty Images: Ulrich Baumgarten (br).

Giles Chapman Library. 276–277 Getty Images: Dong Wenjie. 278 Alamy Stock Photo: Carnundrum (tr); Rod Williams (tc); Adrian Muttitt (c); National Motor Museum / Motoring Picture Library (cr); Tim Gainey (fbl); supermut (bl); pbpvision (br). Mary Evans Picture Library: Onslow Auctions Limited (cra). 279 Alamy Stock Photo: Carnundrum (cr); Mark Scheuern (br); imageBROKER (tc); Goddard New Era (fcl); Mim Friday (fcr). Bridgeman Images: Christie's Images (cl). Mary Evans Picture Library: David Cohen Fine Art (tr). 280–281 Rex Shutterstock: Magic Car Pics. 280 Alamy Stock Photo: Performance Image (tr). Dorling Kindersley: James Mann / John Mould (tl). 281 Alamy Stock Photo: Evox Productions / Drive Images (tr); Performance Image (tl). Getty Images: Eric Rickman / The Enthusiast Network (br). 282–283 Alamy Stock Photo: Design Pics Inc. 284 Getty Images: Heritage Images (cra); Ullstein Bild (bl). 285 Rex Shutterstock: Carlos Osorio (br); Sipa Press (t). 286 Alamy Stock Photo: The Image Barrel (tl). Getty Images: The Image Bank / Eric Van Den Brulle (tr). 286–287 Alamy Stock Photo: Peter Lopeman (b). 287 123RF.com: tupungato (tr). Getty Images: Dorling Kindersley / Dave King (tl). 288 Alamy Stock Photo: dpa picture alliance (b). 289 Dreamstime.com: Anizza (br). Getty Images: Boston Globe (ca). 290 291 Rimac Automobili. 292 Getty Images: John Macdougall (br). Nissan Motor Company: (bl). 293 Morgan Motor Company Ltd: (br). Courtesy of Volkswagen: (bl). 294 Getty Images: Bettmann (cra). Giles Chapman Library. 295 Alamy Stock Photo: Everett Collection, Inc. (clb). Giles Chapman Library. Rex Shutterstock: Electric / Sony / Kobal (tr). 296–297 Nissan Motor Company: (b). 296 Alamy Stock Photo: eVox / Drive Images (tl); Joseph Heroun (tr). 297 Alamy Stock Photo: Marco Destefanis (tr). Getty Images: AFP Photo / Pierre Andrieu (tl); Bloomberg / Jin Lee (br). 298 Alamy Stock Photo: Jiraroj Praditcharoenkul (b). 299 Alamy Stock Photo: dpa picture alliance (crb). Getty Images: Bloomberg (t). 300 Getty Images: STR (tl). 300–301 Getty Images: Bloomberg (b). 301 Alamy Stock Photo: Dave Ellison (cra); Renaud Rebardy (ca). 302–302 Bugatti Automobiles S.A.S.. 302 Ferrari: (tr). Courtesy Mercedes–Benz Cars, Daimler AG. 303 Alamy Stock Photo: eVox / Drive Images (tl); WENN Ltd (tr). 304–305 Honda (UK). 306 Alamy Stock Photo: Kropp (tr). 306–307 BMW Group UK: (b). 307 Alamy Stock Photo: Jeffrey Blackler (br). Getty Images: Car Culture (tr). 308–309 Morgan Motor Company Ltd. 308 Alamy Stock Photo: Tom Wood (tr). 309 Alamy Stock Photo: Newscom (cra); Matthew Richardson (tl). Bristol Cars: (tr). 310 Alamy Stock Photo: Steve Lagreca (bl). Dorling Kindersley: Tuckett Brothers (cra). 311 Bugatti Automobiles S.A.S.: (cr). Dorling Kindersley: David Ingram, Audi UK (tc); Paul Self / Porsche Cars Great Britain (cla); Paul Self / Honda Institute (bl). Rex Shutterstock: Magic Car Pics (crb). 312–313 McLaren Automotive Limited. 314 Getty Images: milehightraveler (b). 315 Alamy Stock Photo: Jim West (b). Getty Images: Scott J. Ferrell (cr); John

Macdougall (tl). 316 Alamy Stock Photo: ZUMA Press, Inc. / DARPA (bc). Giles Chapman Library. 317 Alamy Stock Photo: Tesla Motors / Dpa (t). iStockphoto.com: chombosan (br). 318 Jaguar Cars Limited: (tl). Courtesy Mercedes–Benz Cars, Daimler AG. Rex Shutterstock: Airbus / Italdesign / Handout / EPA (bl). 319 Honda Motor Europe Ltd: (tr). Toyota (GB) PLC. Courtesy of Volkswagen: (b). 320 4Corners: Hans Peter Huber. 322 Gregory Melle: (bl). 323 Alamy Stock Photo: Stanislav Moroz (t). 324 Alamy Stock Photo: Steve Bly (b). 325 Alamy Stock Photo: Andre Jenny (tl). Getty Images: J.Castro (b). 326 Getty Images: Doug Steakley (t). 327 Depositphotos Inc: Maks_Ershov (t). Getty Images: Onfokus (bl). 328 123RF.com: Mirko Vitali (t). 329 Alamy Stock Photo: Stephen Saks Photography (b). 330 BORIS G: (br). 331 Amanda & Andrew Prenty: (b). Rex Shutterstock: Eye Ubiquitous (tl). 332 Alamy Stock Photo: John Michaels (t). 333 Alamy Stock Photo: Andre Seale (b). Getty Images: MyLoupe / UIG (tr). 334 Alamy Stock Photo: Neil McAllister (tr). 335 Alamy Stock Photo: allan wright (br). 336 Alamy Stock Photo: Panther Media GmbH (b). 337 Alamy Stock Photo: Vito Arcomano (br). Getty Images: Sandro Bisaro (t). 338 Alamy Stock Photo: Eye Ubiquitous (bl). 339 olino.org: (bl). Daniel Tengs: (t). 340 Imagelibrary India Pvt Ltd. Benjamin gs (t). 341 123RF.com: alizadastudios (tr). iStockphoto.com: Cenkertekin (bl). 342 Alamy Stock Photo: Maxim Toporskiy (b). 343 Getty Images: Westend61 (t). 344 Imagelibrary India Pvt Ltd: Andrey Armyagov (t). 345 Alamy Stock Photo: Panther Media GmbH (bl). Tarun Goel: (tr). 346 Getty Images: Sean Caffrey (bl). 346–347 Imagelibrary India Pvt Ltd: Steve Phan (t). 348 Alamy Stock Photo: Adwo (bl). Getty Images: annamir@putera.com / Moment Open (tr). 349 Jez O'Hare. 350 Alamy Stock Photo: Stephanie Jackson (bc). 350–351 Alamy Stock Photo: David Wall (t). 352 Getty Images: Photolibrary (tl); Puripat Wiriyapipat / Moment (br)

Endpaper images: Front: Alamy Stock Photo: ClassicStock ; Back: Alamy Stock Photo: ClassicStock

All other images © Dorling Kindersley
For further information see: www.dkimages.com

所有其他图像 © Dorling Kindersley
更多信息参见:
www.dkimages.com